人工智能(AI)

基本构想和发展

Artificial Intelligence

The Basic Ideas & their Development

陈歆 著

加拿大国际出版社

Canada International Press

书名：人工智能基本构想与发展

作者：陈歆

出版：加拿大国际出版社 www.intlpressca.com

Email: service@intlpressca.com

印刷版 ISBN: 978-1-998479-46-7

电子书 ISBN: 978-1-990872-47-4

版权所有@2025 翻印必究

Book Title: Artificial Intelligence

              The Basic Ideas & their Development

Author: Chen, Xin   (Robert Chen)

Publisher: Canada International Press

www.intlpressca.com

Email: service@intlpressca.com

Print ISBN: 978-1-998479-46-7

EBook ISBN: 978-1-998479-47-4

Copyright @2025. All Rights Reserved.

No part of this publication may be reproduced, stored in a retrieval system, or transmitted in any form or by any means, electronic, mechanical, photocopying, recording, or otherwise, without written permission of the publisher. For information regarding permission, write to service@intlpressca.com

作者简介

陈歆（Robert H. Chen）是太空物理学 (Ph.D.) 和法律学的博士 (J.D.)，曾读过密歇根、史丹佛和伯克莱等大学/研究所，任职过电脑、集体电路、液晶显示器和法律事务所的部门主管和副总经理。他的著作包括英文的四本相关个人电脑、液晶显示器、爱因斯坦的相对论，人工智能技术科普本和知识产权的五本中文有关专利权、专利案例解读、契约法和著作权与新技术的教科书，以及发表数件在国际科学月刊的文献和研讨会的演讲。

欢迎对本书的批评和建议，请以电子邮件联络 robgaoxiong@gmail.com

本书简介

人工智能是在逐渐深入人生社会，而即将引起社会的重大新变革，则社会人士早晚需要了解人工智能的来龙去脉，而真正的了解是需要至少懂一点人工智能的数学基础和发展过程。本书所需的数学程度只是基础微积分，更进一步的数学，比如线性代数和张量分析，会在相关章节示范和解释。即在认知人工智能的同时，也会引起对数学的兴趣和尊重，并多了解计算机的运作原理。

前言

他的长相并无特色，有常见的姓氏和姓名，在美国中西部堪萨斯州的小康家庭长大，受的是地区小镇的普通班教育，尔后读了当地的社区大学；表面上是一位典型的中产阶级青年。但是和谐个性和朴实外表的亚瑟塞缪尔往后会成为一全新技术领域之创造人。

他非凡的生涯是在大学读电机系的优越表现开始，塞缪尔则远离家乡而进了著名工程学圣堂麻省理工学院就读电机学硕士，并被邀请留校当讲师。但是，第二次世界大战就开火了，而美国迟迟的在 1941 年就参战，塞缪尔则被招揽到正在研究真空管之战地通讯和空中雷达的全球闻名贝尔实验室。

塞缪尔曾有重大的研究贡献，但是战后贝尔实验室就恢复了通讯和电子研究，而他对在 1947 年发明的晶体管就看清此固态、娇小、冷却的主动电子组件必定会替代气态、笨重、烫手的玻璃真空管，而除适用在消费电子产品之外，可成为刚崛起的大型电脑心脏。

塞缪尔于是就转到正在开发大型电脑的伊利诺大学。但是，五顿重的「伊利诺自动电脑」ILLIAC 的 2800 真空管的研究资助费快要用完了，而塞缪尔在 1949 年就受邀到富足储备金的「大蓝」上班，他一到，就投入 IBM 世界上第一台商业电脑的开发，即 IBM 型号 701。

原本谨慎从事业务的塞缪尔早在伊利诺时在看电脑的记忆体矩阵就不免想到他小时玩跳棋的棋盘，而他觉得只要将跳棋的棋规编码， IBM 701 可学跳棋。

他知道美国乡下小镇人人都喜欢玩跳棋，则「能思

考的机器」可与人互动，而若是游走全国各州而挑战当地的跳棋高手就会扩展 IBM 的科技形象并促进电脑电子产品的销售。

　　兴致勃勃的塞缪尔就向上司提案，但是 IBM 总裁托马斯·华生即便是重视公司的形象，他不但没有支持塞缪尔的推销计划，反而是坚决反对。他深怕 IBM 热卖的可爱电子打字机和办公室设备，若能思考，会变成吓坏客户的电子弗兰肯斯坦怪物。

　　锲而不舍的塞缪尔只好在下班时自己努力教导IBM 701 跳棋。他编写棋规程序之后，就使用了「运筹学」的「决策树发动器」、博弈论的「最小化最大化」(minimax) 算法和「α-β 修剪」来减少决策树的大量棋子途径组合。[1]

　　IBM 701 学会了玩跳棋，但是欠缺技巧的 IBM701 只能到业余跳棋的程度。所以，塞缪尔就找了当地的跳棋高手来教导 701 学跳棋的「诀窍」（比如，棋子多的一方应该多挑战对方来交换棋子）。[2]

　　持有诀窍的 IBM701 现在可到跳棋好手的程度，但塞缪尔的目标是打败跳棋冠军。IBM701 于是必须学习更高程度的跳棋战略和战术。塞缪尔于是请教区域的跳棋冠军，但是他们主要的战略是来自了解对方的下棋倾向，而攻其短。其他的技巧主要是难以捉摸而量化的

[1] 亚瑟·塞缪尔 Arthur Samuel 1901-1990 年。有关搜寻树的运作和「α-β 修剪」，参见本书第 6 章、ILLIAC Illinois Automatic Computer、「运筹学」operations research、「决策树步伐发动器」decision tree move generator、「α-β 修剪」alpha-beta pruning。

[2] 「诀窍」heuristics」的意思是经验所累积的类似「know-how」。

「感觉」和无法断定的纯「揣测」。即若跳棋仅是编码而成，冠军程度是不可能的事。

塞缪尔现在就知道了，从电路和编码的决策树和诀窍，「由上而下」的「专才系统」只能构成一台能打跳棋的机器，而难以加强它的「棋艺」到冠军的程度。塞缪尔于是将跳棋专刊之冠军赛步伐记录输入 IBM 701 的资料库当一套「训练集」，而以「监督学习」教导 IBM 701 冠军级棋手的棋艺。[3]

塞缪尔继而编写了基于数值的加分「好棋」和减分「劣棋」电脑程序，而经由昼夜不停的「强化学习」，IBM 701 就逐渐就学会冠军程度的棋艺。

志在超越跳棋冠军的 IBM 701，基于强化的磨练就夜以继日的对决自己一直更先进的版本以自力更生的「自修学习」锻炼而熏陶棋艺。

监督、强化和自修学习往后是成为人工智能「由下而上」的机器学习模范，而由塞缪尔自己取名为「机器学习」[4]

经过塞缪尔整整十三年的断断续续研发，IBM 701 在 1962 年轻取了全国排名第四的康涅狄格州跳棋冠军罗巴·尼尔利。赛后，尼尔利稍带自负的口吻说，「自从 1954 年我最后输的一盘棋以来，我从没有遭遇过如此

---

[3] 「由上而下」top-down、「专才系统」expert system、「训练集」training set、「监督学习」supervised learning、「自修学习」self-supervised learning 或 unsupervised learning。

[4] 「强化学习」(reinforcement learning)、「自我学习」(self-supervised learning) 原称之为「无监督式学习」(unsupervised learning)、「由下而上」bottom-up、「机器学习」machine learning。本书接下来的章节会逐一解释人工智能的学习模式。

的惨败」。

任何活动的顶尖选手会说他的成功是来自他对该活动的热爱所能促使他孜孜不倦的练习，即成功是需要意志力，而此毅力的来源是他与同等级棋手比上下所催生的快感。

冷酷无感的机器不会「热爱」活动而产生不眠不休的练习毅力，即它只要电压就可孜孜不倦的锻炼，而更毋需对局的快感。塞缪尔的 IBM 701 一直到 1977 年连续十五年没有输过，而最后打败它不是一个人，而是杜克大学研发的另一台跳棋电脑。[5]

[5] 塞缪尔的背景主要取材于 Editors of Time-Life Books. Artificial Intelligence, 1989.

目录

第一章　机器计算的起源

西方的科学历史学家一般认为欧洲「科学革命」的起源是 1543 年，波兰的天文学家哥白尼教士，经由数年的天文观察和推论，就认定太阳不是环绕地球，而实则相反的，地球是环绕太阳。但深怕他如此的亵渎神明会被专制的教宗惩处而面临酷刑。他于是等到重病而要逝世的那年，才敢发布他的《De Revolutionibus》一本涵盖他研究的历代书。

哥白尼的「观察、假设及确认」，即「科学方法」，推翻了当时宗教的天文信仰，而欧洲随之而来的文艺改革就是让化学、物理、数学和医学等科学的务实作用会开始取代宗教和迷信。

牛顿和莱布尼兹的微积分的预测功能是新机械社会的驱动器，即于物体的位置 x 与时间 t 之一阶导数是速度 v，则 v 的导数就是加速 a，而依照牛顿第二定律，施展在质量 m 的物体之力道 F 就能以 $F = ma$ 制定，而该物体就会以 a 加速，

$$F = ma = m\frac{dv}{dt} = m\frac{d^2x}{dt^2}$$

即依据此简单的公式，人可精准的预测多少力道会产生 m 质量的物体之多大加速，而反之依然，可预测多大的加速 a 能移动 m 质量的物体 x 距离，即可由精准的物

理定律，设计施工的机器发动所需的力道。

接着，该力道乘速度的（$t_1 \rightarrow t_2$）时间是等于该力道施展在 s 距离的净工量 W，则可预测机器执行该净工量 W 所产生的动能量，而相反的，需要多少动能才能产生该净工量，即

$$W = \int_{t_1}^{t_2} F \cdot v \, dt = \int_{t_1}^{t_2} F \cdot \frac{ds}{dt} \, dt = \int_{s_1}^{s_2} F \cdot ds$$

及

Net Work = Kinetic Energy

净工量 = 动能

公式中的「d」是代表微小的变化，即微积分的「极限」概念；比如从 A 点到 B 点的距离，连续以减半可极限靠近 B 点，但永远达不到 B，即 A 到 B 的距离可极限小。由此能精准地预测距离、时间、速度、力道、工量、能量等的效应，而任何动态的系统就能极详细地预测和计算机电系统的作用。

在人工智能的机器学习，向量微分之梯度下降法和返馈传播可最小化人工神经元激发布局与训练集数据布局的差异，以致人工神经元网络可学习或诠释训练集数据所涵盖的资讯。

英国十八世纪末的工业革命主要是基于罗伯特·博伊尔发明的蒸汽引擎所驱动的牛顿机器，则能以机器取代人、牛、马的劳力而机械化几乎任何工程和作业。接着，法拉第的实验和麦克斯韦的物理数学则是证实一个旋转的磁场可在一条「定子」产生电流，而反之依然，定子里的电流能产生一个旋转的磁场而转动该「转

子」，则发电机和马达能建立全新的制造和交通产业。[6]

即使用烧煤来气化水成蒸汽的气压所能转动电磁铁的转子而产生电力，在 1882 年，爱迪生和特斯拉分别建造了纽约和伦敦的巨大发电厂。大量的电力不但是驱动工厂的制造机器，也是提供灯光给伦敦和纽约的居民读书、聚会和做工，即电力是深刻地改变人生和社会。

利奥·贝克兰在 1907 年所发明的塑胶和亨利·福特在 1908 年的内燃汽车量产生产线，是基于加热和压力的原油裂解化合物，则原油和塑胶就霸占了 20 世纪的工业。

然而，新的制造生态几乎全废除了传统的工艺，即以前的专才师傅被降级为伺候机器的工人，而量产制造也引发了各工业化国家劳动阶级的暴动，且是社会和共产主义的引火线。是以，如今的机器人只会加剧人的忧虑，而机器终于若能思索，恐怕会废除人的存在价值。

但是，虽然在工厂人是伺候制造机台，在家先是冰箱、洗衣机和吸尘机，尔后收音机和留声机是提供信息和音乐，而现在是电视、个人电脑和智能型手机都是在伺候人。

在东亚，十九世纪的日本则看清了西方的工业革命，尤其武器的进展，而「维新的三杰」启发的明治维新颠倒了日本的传统社会等级的武士、农夫、技工和商人尊卑制度，即崇高节俭的武士是放下身段而从事贪赃的民政事务和见利忘义的经商。

祖先皆保住武士精神的岩崎弥太郎，在 1870 年就建立了日本第一企业协会，而经 60 年越来越大的三菱

---

[6] 「定子」stator、「转子」rotor。

重工业暨造船财阀在二次世界大战结束之后，由于闻名「零式」战斗机和「大和号」战舰的威力，三菱财阀被美国解散，但在韩战和随后与苏联的冷战，三菱重工业就摇身一变成了制造家电的名大厂。

基于德国研究的物理学，量子力学的「海森堡不确定性原理」，由于电子不能同时确定共轭的位置和动量或者共轭的时间和能量，电子则是有穿隧半导体电位障的概率，而可由闸门控制电流。美国的贝尔实验室在1947年发明的触点式和接面型晶体管，而在1958年由德州仪器和「快捷半导体公司」和继承的英特尔各自发明的集体电路，也成为如今驱动电子装置的微处理器芯片。而美国的 RCA 和通用电子就成为消费电子的先驱公司，但是于八十年代开始被日本索尼和东芝的精致消费电子取代。

经历战争摧残的南韩，在总统朴正熙推动的工业政策，即财阀-银行-政府的密切合作，栽培了三星、乐星、现代和大宇四大家族财阀于八十年代大量的生产钢铁、造船、家电、以及后来汽车和半导体。

同时，经由美国和中华民国的「综合贸易协定」，台湾可免税进口美国「台湾制造」的纺织品、塑胶日用品、金属工具、及被动电子组件，而经由1976年与 RCA 签署的「集体电路发展计划」技术移转，台湾的电子制造业，包括未来的个人电脑，于此而生。即南韩和台湾就是以低成本将物美价廉的新电子产品散布全球，使得创新的美国 RCA 和西屋就销声匿迹。

然而，美国德州仪器的晶体管袖珍计算机和苹果及IBM 的个人电脑就扳回一城。当时的消费电子供应链典范是欧洲的科学、美国的产品化、日本的设计和南韩

及台湾的量产；但被晾在外的巨龙中国，仍未睡醒。

现今的「新技术公司」是在 20 世纪末叶开启，美国的研究大学，以及麻省理工学院附近的第 128 公路和靠近史丹佛及伯克莱大学的硅谷吸引了全球的科技菁英，而如微软、苹果、雅虎、谷歌、脸书和亚马逊等就建立了网际网路服务和商业，而多媒体个人电脑和智能型手机就开始汇集大数据」，并唤醒了沉睡的中国，而华为、阿里巴巴、百度和腾讯等新技术公司就成为全球的资讯强权。

计算机进化成电脑

法国的布莱兹·帕斯卡和德国的莱布尼兹分别创造了连接齿轮之逐步转动计算机，即以螺丝刀定下齿轮的结合模式之后，就以转手执行加减法，而累积的转动亦能乘除；他们的机械计算设计竟是未来三百年的基本计算原理（公共领域影像 W. F. Meyer 所照，公共领域）。

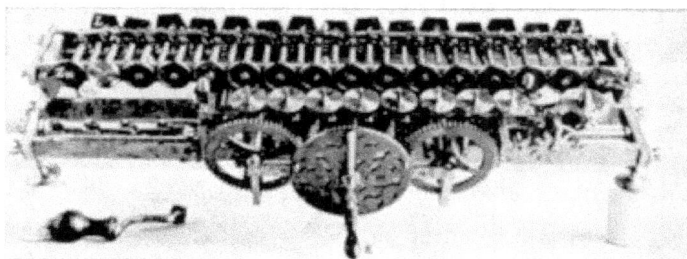

查尔斯·巴贝奇在 1822 年发明的「微分计算机」是以互动的齿轮微小蚀刻，转变而逐步迭代变数和因变函数的导数来解答微分方程。该微小蚀刻是代表微积分无限小

的 *dx*、*dt* 和 *ds*，然后以加函数乘上小的变数计算函数曲线以下的变化，而如此的微分加起来是积分力道 F 从 s_1 到 s_s 所施加的净工 W，即 $W = \int_{s_1}^{s_2} F \cdot ds$. 巴贝奇如此可以计算微积分的导数和积分。

巴贝奇在 1834 年所设计的由蒸汽驱动的与火车头大的「分析计算机」是可容纳一百 40 数位的「齿轮记忆体」以及能撷取数据的「磨坊」，而执行迭代（do-loops）、条件语句（if-then）和传输（go to）等现代电脑程序的基本运作。

不幸，因为缺乏资助，巴贝奇的「分析计算机」并没有建造成功，但其计算程序原理会成为未来所有计算机的基本功能。

逾百年之后，麻省理工学院的万尼瓦尔·布什仍然是用诸位前辈的齿轮原理计算，但是他的「微分分析机」是改用真空管和电压器取代齿轮，而计算的结果是显示在一台示波器。机械型的计算机改用三极真空管的时候，机器的名称也应该改为「电脑」。

然而，布什的「微分分析机」设定仍然是用螺丝刀和扳手，而是以十进位计算，且真空管一烧坏，计算要重头重做。

在其《逻辑数学分析》一本书中，乔治·布尔回顾了莱布尼兹曾研究过的《易经》二元原理，即天定均为二象，比如阴阳、黑暗与光亮、上下、左右、善恶等，而由此想到使用对数底 2 而计算，则他制定的「布尔二元逻辑代数」就是取代十进位的计算。

所有算数可由布尔代数的 AND、OR、及 NOT 逻辑，而 NOR、NAND、及 XOR 可以简化计算的程序。逻辑闸门的阵列是能执行计算。高或低的闸门电压可由

布尔代数而依照「真值表」就指令运算。

因为任何计算可由一阵列的二比特闸门执行，布什的研究生克劳德·香浓就在其 1938 年的硕士论文《继电和开关符号逻辑的分析》就奠定了电子的二态「开关」代表所有的逻辑闸门状态，而其组合就是指令电脑的处理，比如 8 可由二元的 1000 代表（从右到左都连续增加 2 的次方），即关、关、关、开（$2^3 = 8$），所以比特（bit）的开关组合可以完全由逻辑闸门之阵列表决字节。[7]

电脑运算的基本原理是由艾伦·图灵在 1938 年在剑桥大学发布的研究报告，即一条无穷长的纸带「行径表」，原则上可执行任何逻辑运算，他的「万能机器」是冯诺伊曼十年后的基本电脑结构基础。[8]

图灵于二次大战的「万能机器」*Collosus* 曾是用来解码德军的通讯加密器 *Enigma*。原先由波兰加密专家所研发的 *Enigma* 编码器是使用旋钮对照不同字母和传讯插头的排序加密，而虽然每天三次更换字母的对照，以及变更插头的排列，图灵的解码团队所设计的装有 2000 真空管的 *Collosus* 电脑，基于波兰游击队所拦截之

---

[7] 「byte」原先是定义为 8 比特而可代表 $2^7=128$ 字符，但是已增加到 16、32、64 等比特的字节。类比的讯号，比如语音和音乐，的数字化是将类比的电压以连续抽样，而变换成一字节，愈多比特的字节，愈多比特和精准的「类比转换数字器」（ADC）清晰度。数字化的讯号若换回类比（比如音乐），可由「数字转换模拟器」（DAC）恢复模拟的讯号，而因为数字化的样本不会传达杂音，光盘和 MP3 的音乐是比原先的类比讯号清晰。

[8] 图灵的「万能机器」universal machine 的学说当时就引起了不少的争议；参见 Turing, A.M. (1936), "On Computable Numbers, with an Application to the Entscheidungs problem", *Proceedings of the London Mathematical Society*, 2, vol. 42。

德军传讯，图灵的「概率加密分析」以光电扫描器当时
惊人的每秒 5000 字符就读取针孔的长纸带的字符排列，
而解码德军的传讯；参加解码团队的数学家曾说，[9]

　　　　我不会说图灵所作的就是让我们赢得战争

　　　　　　但我敢说没有他我们恐怕会输

在 1942 年，约翰·阿塔纳索夫在爱荷华州立大学所设计
的真空管布尔代数逻辑电路和电容存储器，在 1974 年
是被专利局视为既有技术，继而 ENIAC 所申请的电脑
专利案被驳回，即阿塔纳索夫就是被法定为数字电子电
脑的发明人。
　　在 1890 年，一台戴上金属刷毛会扫过针孔卡而若
穿过洞，会接触在下的一池通电的水银，通电则会在制
表机的计数器计下。被使用在当年的美国人口统计调
查，该制表机可快速计算、分类和统计分析。制表机的
制造厂就是 IBM 的前身 CTRC，而在第二次大战被使
用来计算陆军大炮的弹道，尔后也是适用来处理原子弹
的统计数据。[10]
　　战后，IBM 与哈佛大学合作设计的一台可处理一般
科技运算的大型电脑；即十进制取名为「哈佛一号」是

---

　　[9] 「概率加密分析」probability cryptanalysis. 引述是由与图灵
在 Bletchley Park 一起参加解码的英国数学家 I.J. Good。
　　[10] CTRC Computer Tabulating Recording Company。氢弹不像
依赖大量稀有的 ^{235}U 或 ^{239}Pu 的原子弹，氢弹的威力是来自无限的
氢，即可随意增强火力。

装有 3,304 整流替续器、500 英里的电线和 750,000 机械式开关；所读取的 50 公尺长的针孔纸带上的指令和数据能于一天完成以前所需的几个月的计算量。

　　哈佛一号第一任务是计算海军战舰大炮的弹道。送达海军基地时，老华生原是想以光滑发亮的钢铁和玻璃外壳展现 IBM 的现代化形象，但是哈佛的主管郝华·艾肯是坚持用简单的机架以便监管和调整里面的组件。

　　在 1944 年的展示记者会，艾肯在宣布「哈佛一号」时，几乎没有提到 IBM。气急败坏的老华生与艾肯的怨恨就带到九泉之下。

　　战争却是在继续燃烧，德国的「沙漠之狐」埃尔温·隆美尔在北非海岸的肆无忌惮游走，而联军在海滩的炮台之后坐力在沉进软沙而歪曲瞄准，则原从陆地的弹道表必须改算。但是，国家战争部的电脑是无法运算如此复杂的动态问题，而拨了 $400,000 美元向宾州大学求助。

　　计划主管的约翰·茂奇利曾拜访过阿塔纳索夫而操作他的电脑之后，就与皮斯帕·埃克特建造了真空管和电容器的 80 英尺长、30 吨重、比哈佛一号快千倍的

ENIAC 电脑，准备运算新的沙滩火炮弹道。[11]
然而，建造完成时，第二次大战已经停火了，而
ENIAC 就成为无用武之地的电脑。但是，ENIAC 马上
就有更重要的任务，即美国应付苏联的冷战核子武器军
备竞赛就开始了，而关键的新氢弹是需要大数的「受控
核聚变反应」的运算，而 ENIAC 又要整装而再一次披
上了军服。

在 1952 年，爱德华·特勒所领导和斯塔尼斯拉
夫·乌拉姆的 ENIAC 蒙地卡罗模拟的氢弹完全气体化太
平洋的「伊鲁格拉卜」岛的珊瑚礁。ENIAC 虽然是在
战争的灰烬诞生，与许多科技创作一样，往后也会对社
会有益。[12]

比如 IBM 的 SSEC 是免费处理非军事用途的光
学、流体力学、化学和高精准度之星历表，也曾运算
1969 年阿波罗探测月球的导航。SSEC 仅是字母缩写的
大型电脑之一，即前后有 ENIAC、ILLIAC、IAS、
ANIAC、EDVAC、EDSAC、UNIVAC、SSEC 和
BINAC，但是每一新大型电脑只能昙花一现。[13]

ENIAC 的缺点是由于只能以每一新运算必须要花
几天的时间以手动插头重新设定。另外，十进位的结构
是需要处理 17,468 真空管之每秒 100,000 电脉冲，即每
秒超越 17 亿可能发生的故障事件。为避免真空管的过
热，ENIAC 智能以低电电压以及繁多巨大的冷却电风
扇运作，但即使能降低故障率到仅一周两次，由于电脑

---

[11] 美国陆军 ENIAC 公共领域影像，匿名摄影师。

[12] Electronic Numerical Integrator and Computer (ENIAC)。

[13] Selective Sequence Electronic Calculator (SSEC)、天体位置
表 ephemeris。

一般的连续运作，一旦真空管被烧坏的，运算就要从头再来。

继承 ENIAC 的二元逻辑 EDVAC 可以减少真空管，而在 1945 年的研发报告中，他将电脑分成「算数逻辑」和「状态寄存器」的「处理器」，以及「指令状态寄存器」和「整数器」的「中央控制单元」；储存指令和数据的记忆体是被「输入输出状态寄存器」控制的外装「集体储存单元」；亦即，是如今所有的普通桌上和笔记新电脑用的「冯诺伊曼结构」。[14]

然而，第一使用冯诺伊曼结构的是剑桥大学的 EDSAC 电脑。比 EDVAC 问世早两年的原因是茂奇利与埃克特认为著名的 EDVAC 研究报告过于奉承冯诺伊曼而忽略了他们的贡献。[15]

由于当时大学职员不得在校的研究商业化，以发财来缓和感伤，茂奇利与埃克特就离开了宾州大学而创办 UNIVAC 电脑公司，而由于改用了磁带来输入电脑程序和数据，就可称得上第一台真正的通用电脑。

然而，缺乏营业本领的两位电机教授的公司很快就亏损累累，则在 1950 年被大电机公司 Remington Rand 并购，而新经营的公司成功的卖了 46 台基于 EDVAC 的取名为 UNIVAC 的大型电脑。而由于一台就预测了美国 1952 年总统选举的艾森豪威尔威尔胜利，也就让人注意电脑的传奇功能。

IBM 老华生眼看 UNIVAC 的成功就下令要尽快完成 IBM 的第一台通用商业性电脑，也就是阿瑟·赛缪尔

---

[14] Electronic Discrete Variable Computer (EDVAC)。

[15] Electronic Delay Storage Automatic Calculator (EDSAC)。

正在教导打跳棋的 IBM 701。

此时，在英国曼彻斯特大学的福瑞德·威廉斯是正在研究阴极管所发射在荧光粉层的二元点和破折号的扫描仪，而以转成电流就记录在一片集电板，即他发明了「随机存取记忆体」（RAM），而可让电脑依照指令随时撷取程序和数据。IBM 就是利用此「威廉斯管」在其 IBM 701。

为处理大量的数据，王安的「脉冲转移控制器」的磁芯记忆体，由于一共轴反旋向的电流会产生磁场的不同转向，就可指定铁芯的二位状态而储存大量的数据；IBM 704 和 705 的大型电脑则是使用王安的新磁芯记忆体。[16]

当时还没有商业意识的哈佛大学是让王安取得个人的专利权，而他在 1951 年所建立的「王安实验室」是销卖桌上的小计算机、文字处理器、及科学和商业用的微电脑，即第一台个人电脑。

当时多用在收音机和电视的真空管若有 10^{-6} 秒的短路也就不要紧，但是易于烧坏的三极真空管如此的短路不能使用在电脑执行的连续运算。电脑的更进一步发展是需要比较小却稳定的计算组件。

---

[16] Universal Automatic Computer (UNIVAC)、「威廉斯管」Williams Tube、「脉冲转移控制器」pulse-transfer controlling device。

第二章　晶体管和集体电路

通用的电脑是正在快速发展，但是功能愈多，所需的真空管也愈多，而不但是笨重、高压、容易烧坏的三极真空管的问题，电子组件之间的盘根错节电路是在妨碍更进一步的电脑发展。而虽然在一般的电子装置，比如收音机，百万分秒的短路并无多大影像，但是在当时全是连贯性的电脑计算，任何小故障会妨碍整个的电脑运算。

又是贝尔实验室出马解决问题。约翰·巴丁和沃尔特·布拉顿回顾了以前小男孩喜欢玩的「猫须晶体收音机」，即一条薄电线（猫须）接触硅质晶体会整流和解调无线电波之讯号。

他们知道一颗三极锗质半导体其中的两极之间有可观的电压，而经由另一极的低电流所产生的底压电场可以促使锗质中两极之间的电流。但是，锗质的表面电子是在挡住第三极的流电，于是用了一条小弹簧（猫须）来推进两块金箔而释放了锗质表面的电子，则如此就释放锗质两极之间的传电，即控制和扩大锗质的电流。

贝尔实验室在 1947 年所发明的「弹簧电线点触锗质晶体管」能以轻小低温和底压的晶体管取代真空管而提供耐热的电流扩大和开关半导体。

然而，易碎的弹簧和金箔使得量产很难，而贝尔实验室的晶体管研究主管，威廉·萧克利，嫉妒他部下人的突破性发明，于同年就研发了一较为坚固的「锗质平面结合晶体管」，也就仍然是现代半导体的基本结构。然而，虽然这无疑是电子学的突破，即使每一晶体管只要 8×10^{-4} 盎司的锗质，由于只能从煤炭灰及锌、银、

铅和铜矿的附产物提炼，锗的价格比黄金还要贵。

每一个晶体管的 $8 美元价格，比起当时的七毛钱真空管就没有竞争力；何况电阻、感应器和电容器等被动组件的价格只要几分钱，即尽管新的固态晶体管的优越技术，因为成本，它并没有取代旧的真空管。

锗的电子迁移性虽然比化学兄弟硅高，而硅的「作能带隙」比较宽，而耐高温、且是与海滩上的砂一样多而便宜。但是提炼纯硅不容易，而且由于纯硅的粗糙表面易碎，注入少数半导体载流子掺杂物的不同热力膨胀系数就难以处理。

纯硅的提炼问题是由「切克劳斯基」晶体伸长法可达 99% 硅锭纯度就解决第一个问题，之后的发展却是纯偶然的运气所致，即贝尔的工程师在试探在氢气炉注入掺杂物时，纯硅锭突然着火，而由于硅与空气中氧气的亲和性，一层平滑类似玻璃的二氧化硅（SiO_2）就铺上硅锭，而此自然的绝缘物就可以作半导体的保护层，且可使用氟化氢蚀刻而顺速注入掺杂物。[17]

德州仪器公司在 1953 年就把贝尔的硅质晶体管制程简化而降下单价到 $2.50，即德仪的量产晶体管开始使用在广受欢迎的东芝小型晶体管收音机和德仪的袖珍型计算机。

但是，晶体管 $2.50 单价还是比三极真空管的七毛钱贵三倍，而大型电脑是无法支撑所需的万级晶体管数

---

[17] 有关晶体管的原理和发展，参见笔者著作《晶理法》2001年、和 Chen, R.H. 2011,《*Liquid Crystal Displays, Fundamental Physics and Technology*》, Wiley。有关晶体管的商业发展历史，参见 Burgess, M.,《*Early semiconductor history of Texas Instruments*》。

量之成本。幸好，有美国政府所抚养的庞大军工复合体和国家航天局（NASA）对成本之漫不经心态度；即作战的武器、战斗机和战舰等的电讯，以及太空探索的导航系统、火箭、宇宙飞船等等所用的各种电子装置必须稳定，低压、冷却、既小又轻和低维护率，除价格之外，也都是硅晶体管的强项。

握有政府的稳定采购单，晶体管制造的规模经济促使得价格降下，则硅质晶体管就从战争到太空，再进消费市场，一直到大型电脑，逐渐就完全取代三极真空管。

然而，大型电脑所需的晶体管已经接近两万颗之多，而跟随越来越多的晶体管和组件，盘根错节的电线连接问题也越来越严重。

当时的晶体管制造是先在大的纯硅质晶圆以光刻工艺蚀刻，而剪开成个别晶体管之后，需要年轻女生的纤手焊接各晶体管和被动组件成电路板（据说会有高达500,000焊接点）。

大量组件之紧密耦合快要窒息电脑发展，但解决问题的不是电子学，而是意大利的厨师。即宛如传统的意大利面的面条是连接但与肉丸分开，电线（面条）和晶体管（肉丸）是切分成肉酱而加上干酪的保护层。结合在一起就成了集体的千层面（lasagna），如上图所示：

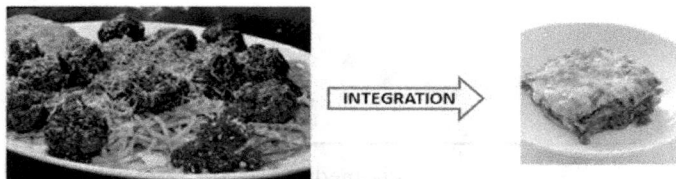

INTEGRATION

发明人杰克·基尔比在 1958 年在展示他设计的集体电路相移振荡器，在示波器可清楚看到一条直线改成一

漂亮的简谐正弦曲线；参加展示的上司马上就拨出开发经费，而命令法务部立刻申请专利。

但是，在急忙中，专利律师不慎而使用了没有显示被塞进硅质的电线示范图案，即基尔比的发明申请案是仍然有在体外的「飞电线」图案。

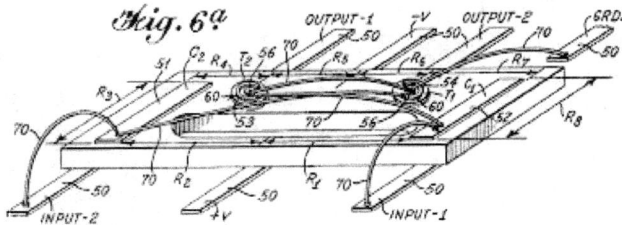

几乎于同时，罗伯特·诺伊斯在飞兆半导体公司，是正在将基尔比的「飞电线」熔化而嵌入晶体管的二氧化硅质（SiO_2）绝缘层，而嵌入已经布置的「印刷电路」加一微小闸门孔洞；整体是构成晶体管的硅质「有功效层」和电路的「金属层」，如下图所示，[18]

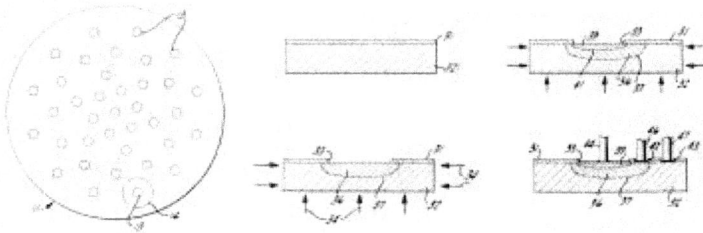

---

[18]意大利面图案取材于 wikimedia 公共领域，飞电线图案是 US Pat.No.3,138,743、诺伊斯专利图案 US Pat. No. 3,150,299。专利图案均系属公共领域，是显示「有功效层」active layer、「金属层」metal layer、。

　　故而，笨重的烫手玻璃三极真空管很快就走入历史，即被冷却但易碎的点触晶体管取代，却同年被压平成平面的结型晶体管，一直到集体电路的芯片。

　　诺伊斯是以适合电脑用的「正反开关」而示范他的平面结型晶体管。现在整体的主动和被动的组件均可处在一片半导体芯片，而「集体电路」如今的自动化「平面制程」是毋需电线的焊接苦工，即释放了数千苦命的焊接女生，而越来越小的组件之微米距离蚀刻和电流之半光速，就是摩尔定律于焉而生的缘由。[19]

　　飞兆和英特尔的中央微处理器继而是与被动组件整合，而所建构的集体电路的体积和售价就逐渐下降，而取名为「中央微处理器」（CPU）就成为电脑的脑细胞。

　　电脑的记忆体也是使用晶体管来控制电容器的读写，而记忆体容量很快就　就以数量级增加到德仪的「动态和静态随机存取记忆体」（分别 DRAM 及 SRAM）之「记忆体细胞」。

　　在 1963 年发明的冷却、零电压静态（只在换 *0/1* 之间用电）、低杂音、超薄闸门、「互补金属氧化半导体」（CMOS）是同用 *n*-型（NMOS）和 *p*-型（PMOS）晶体管而在制程的密集「工艺规则」就是符合摩尔定律而成为各种电子装置的通用芯片。[20]

––––––––––––––––––––––––

　　[19] 摩尔定律是说，每隔一年半，集体电路产出量会增加一倍，即每隔一年半成本可降低一半。、「正反开关」flip-flop、「平面制程」planar process。

　　[20] 负-型（negative）半导体的多数原子电荷载流子是负值荷电子；正-型（positive）半导体的多数载流子是正值荷洞。由于每一晶圆的晶体管瑕疵一般是常数，较大的晶圆和较小的晶体管（微小工艺规则），会减少平均面积晶体管的缺陷量（增加良率）。如此，较大的晶圆、较小的晶体管、和更有效率的制程会降下成本

　　如今，所有的大型和个人电脑是用 CMOS，而其薄膜型也是用在液晶显示器，以及取代光学用途却比较贵的「电荷耦合器」（CCD）。如今的笔记型电脑、平面监视器、电视、智能型手机、车上导航系统都是依赖 LCD，而移动支付、随身即时资讯、购物、外送、呼叫车等等服务都是从 LCD 所衍生的新互联沟通社会。[21]

　　于六十年代末，IBM 的 System Series/360 几乎是垄断大型电脑的市场，但是，在北加州的硅砂海岸，可以看到不但会缩小大型的电脑，也会缩小 IBM 公司本身。

　　史上第一个微处理器，载有 2,250 晶体管的 4 比特英特尔 4004 在 1971 年是先用在日本 Busicom 公司的袖珍型计算机，翌年改进版的 8 比特 8008 可组合 256 的不同 1 到 0 排列而处理所有的字母数值和标点符号；8008 微处理器改用比较宽的 NMOS 的 8080，与 Zilog 的 Z80，就成为男生玩的成套小初级电脑之核心。

　　史蒂夫·沃兹尼亚克在 1976 年的第一台通用个人电脑 Apple I，在史蒂夫·贾伯斯所推销的 Apple II 就迫使 IBM 不得不跟进而制造自己的个人电脑。以避开美国司法署的反托拉斯调查，IBM 的 PC 没有使用自家制造的组件，而外保诺伊斯新创立的英特尔公司的中央微处理器、德仪的记忆体和微软的作业系统。

　　IBM 的技术开放是让如美国康柏和台湾宏碁被授权复制 IBM PC 而贩卖自己品牌，以及代工 IBM、惠

而减少晶体管的单价。

[21] Dynamic random access memory (DRAM)、Static random access memory (SRAM)、Complementary Metal-Oxide Semiconductor (CMOS)、Charge-Coupled Devices (CCD)、「工艺规则」(design rules)、「图案微处理器」Graphical Processing Unit (GPU)。

普、戴尔、东芝和索尼等个人电脑制造。

　　以上所述的电脑，加上覆盖全球的网际网路，是二十世纪的事，二十一世纪会是超级电脑和人工智能神经元网络的巨大并行图案处理器 GPU 的年代，尔后是量子计算的神秘叠加及纠缠时代，而全球民众只有拭目以待电脑的未来。

第三章　软件

于 1804 年，法国的约瑟夫·马里·雅卡尔发明了一台可自
动交织不同彩色的布料，
即一堆针孔卡是控制几条
带有不同彩色布料的活动
木杆之穿梭，而交织不同
彩色的布料布纹。他的
「机械编织器」的原理如
今还是在纺织工厂使用，
而编织器的「出色」表现
就让它的后裔升官成驱动
科学和工程的计算机。
　　巴贝奇在 1834 年设计
的火车头大的代数「分析引擎」助理竟是英国著名诗人
拜伦的美丽女儿，即自修数学的爱达·勒芙蕾丝是用连
续有序的针孔卡来指令巴贝奇分析引擎的计算，故而巴
贝奇的分析引擎是世上第一台被「程序」控制的计算机。
即爱达·勒芙蕾丝就加了一个解释，她只要改变针孔卡
的次序就可改变分析引擎的运算。如此说，爱达·勒芙
蕾丝应该是世上第一位程序设计师，她在分析引擎的操
作说明书写道：[22]

---

[22] 由于当时的大学是不收女生学数学，爱达·勒芙蕾丝的数学
是全自修的，且应该是各大学的大损失。因为政府没有继续赞助
巴贝奇的「分析引擎」，它并没有被建成，但是与 1991 年，伦敦
的科学博物馆，以当时的技术程度曾建造成一台能运作的分析引
擎模型，而如此就证实了巴贝奇的设计概念。爱达的引述是取材

我能适切地说

与雅卡尔机所能在布条上交织花卉和叶子一般

分析引擎是编织代数的逻辑计算

往后用的计算机针孔卡的秩序则是计算机所能读取的
「指令集」，即如今指令一台二元电脑的「机器语言」
的两个比特（亦称「位」），「0」和「1」，的组合。原先，
八个比特是组合成一个「字节」（亦称「位组」），而字
节是组合成字母数字的「字符」和寄存器的地址；亦即，
字符之比特排列是制定指令和储存的地址。比如在比较
简单的电脑运算，八比特字节的前四比特是指令电脑的
运算动作，而后四比特是制定指令的寄存器地址。简略
地说，字节的组合和秩序就是执行电脑的「指令集」。

　　因为一台电脑是具有约 200 不同的「基本动作」，
而早期的大型计算机的结构都不同，个别电脑对于同一
运算会有不同的运算模式，所以如果出错，电脑工程师
需要追踪各指令和寄存地址才能查出运算的错误，而且
查出错误的方法也不能用在不同结构的电脑，总而言之，
「去虫」就是电脑工程师的噩梦。

　　面对原是冗长乏味的机器语言，以及个别电脑工程
师的不同编码方式和格调，机器语言的标准化显然是势
在必得。

于 *BBC Science Focus Magazine*, 13 October 2020。雅卡尔的「机械
编织器」图案取材于维基百科的公共领域影像资料库。

于 1946 年，由于不悦 1945 年发布的著名《EDVAC
报告》 是过于奉承冯诺伊曼，加上宾州大学不允许教
职员将在校所研究的技术商业化，约翰·茂奇利和皮斯
帕·埃克特，拟以发财平息怨气，就离开宾大而创办了
成立盈利的「埃克特-茂奇利公司」。

他们知道若想推销大型电脑，机器语言必须简化，
而他们在 1949 年邀请原协助哈佛一号开发的葛蕾丝·霍
普当助理工程师，而她的第一个任务是开发一般工程师
可以容易学而操作的电脑运算语言。

霍普在哈佛时很清楚使用者对大型电脑机器语言之
详尽无疑比特和字节编码厌烦是妨碍电脑的使用。她一
开始就意识到重复的电脑执行程序可组合成仅一「宏指
令」，比如「下载」LOAD 和「转到」GO TO 和简单数
学函数如「平方根计算」SQRT 等常用的基本电脑指令；
亦即，使用者毋需知道机器语言的比特和字节安排细节，
只要学会运用宏指令执行电脑的运算，则一套宏指令可
构成一「组合语言」。公司的新 BINAC 电脑是安装组合
语言自动转成机器语言的「编译器」。[23]

在哈佛时，有一天霍普在操作「哈佛二号」时，电
脑的运算不知何故就突然停顿，而在察看电脑里面的电
路，霍普就发现了卡在继电器中的一只飞蛾的尸体。而
从此事件起，电脑程序的故障叫做「虫」(bug)，而排
除电脑的故障就被称之为「去虫」(de-bugging)。

组合语言尽管比机器语言容易学和使用，一般使用

---

[23] 「指令集」instruction sets、「机器语言」machine language、
「寄存器」register、「组合语言」assembly language、「编译器」
compiler。

者还是不会编码组合语言，即电脑的一般使用还是需要更符合工程术语；亦即，更高阶的电脑语言。

约翰·巴卡斯在 1957 年在操作 IBM 704 时就是需要比较接近工程师的术语指令，比如「指定」ASSIGN、「进行」DO、「条件性」IF-THEN、「返复运算」DO-LOOP 和「档案终点」ENDFILE 等，以及数学函数，比如 sin, cos, ln 等。使用者就在大学开始学巴卡斯名为「FORTRAN」的高阶语言，甚至可以自修而通，则主要是设计为处理科学和工程学的数学运算，而新的版本如今还是在使用。

容易学的 FORTRAN 就是促进大型电脑的高阶语言标准化，即电脑一开，机器语言的指令会先指示电脑的「中央微处理器」CPU 读取所储存的「作业系统」Operating System (OS)，而撷取「唯读记忆体」ROM 的 FORTRAN 操作语言。然后，电脑的编译器会自动编译高阶的程序语言成组合语言和机器语言，而电脑的「随机存取记忆体」RAM 一般会储存所编写的程序和数据。电脑的 CPU 则会输入记忆体的数据而开始执行 FORTRAN 的程序指令。

霍普则将 FORTRAN 的语言更简化，即她参与研发的「通用商业语言」COBOL 是更接近普通的言语，而是设计来方便处理商业经营的业务，比如预算的编制、职员的工资表、经营报告等日常的商业公司作业。

COBOL 之近乎自然语言有使用在日常生活的实案，霍普在日本一家电脑中心参观完而想回去时，与当场日本工程师难以沟通，所以她就先指一指自己，而在一张纸条写了 COBOL 的「MOVE」指令，然后指公司外头而说「GOTO」Osaka Hotel。日本的工程师就清楚而帮

他叫计程车而指示地点。

　　主要在欧洲使用的高阶语言 ALGOL 是由电脑科学家视为比较符合电脑科学论述为名，而目却是对抗美国 FORTRAN 的霸占之实。ALGOL 的昙花一现是因为以维持弹性就没有设定若干标准的动作，比如连输入/输出的共享作业系统。

　　为了扩展电脑到一般民众的使用，约翰·柯梅尼在达特茅斯学院在 1964 年就编写了几乎任何人可以用的「初级广义符号指令编码」BASIC 简化的电脑语言。比尔·盖茨在 1975 年编写了第一成套微处理器 Altair 8800 之 BASIC 作业系统和运算程序（而要求了每套 $500 的报酬）。如今几乎所有的电脑是安装 BASIC 来编写较为简单的电脑程序。

　　微处理器也开始被用在小而功能远不如大型电脑的「迷你型电脑」，但「去中央化」的分散电脑功能作风之下，迷你电脑可以当场编码用户所需的特殊程序。「数字设备公司」DEC 的 PDP-n 系列是抢了头香，但是公司或学校所安装的作业系统和机器和组合语言都不同，所以相互交换电脑程序是不可能的事。[24]

　　此时，肯·汤生在贝尔实验室所编写的「太阳系模拟程序」是安装在一台带有良好绘图功能的 PDP-7，但他发现他的迷你型电脑是缺乏比如档案管理和文字编辑的指令集，所以他就以组合语言编码了自用的作业指令集而安装到贝尔新买的 PDP-11。

---

[24]「时间分配」time-sharing、「批处理」（batch processing）、「笨终端机」dumb terminals、「迷你型电脑」minicomputer、「数字设备公司」Digital Equipment Corporation、*Programmed Data Processors* (PDP-n)。

贝尔的同事欣赏汤生的「游走太空」动态图案程序，其实是对其作业系统更有兴趣，而就想他在他们的PDP-11也安装。不愿意到每一部门去建立作业系统的汤生，就编写了一本取名为「*UNIX*」的PDP-11作业系统执行手册。

在1972年，升级的UNIX作业系统的「核心」是处理用户所编写的程序和处理100多实验仪器的运作和提供基本操作、排序、连接和数据分析的模组，而以（外壳）分配程序到他人的PDP-11。

汤生的UNIX很快就成为科学和工程处理所用的作业系统和各种功能，且以外壳相互连接他人的电脑。

然而，大多数的贝尔实验室研究员并不会组合语言，遑论机器语言，所以汤生在1973年就编写了可用在UNIX之名为「*C*」的「命令式程序」，也就是现今人工智能所用的「对象导向语言」之「宣告式程序」*C++*之母。[25]

电脑科学软件理论而言，以上所述的高阶电脑语言都是基于所谓的「命令式程序」，即程序在执行冯诺伊曼结构的运算时，程序设计师可随时知道电脑的每一步骤的状态。

另外一个电脑程序模式是「宣告式程序」，即用户只要表明程序要达到某计算的目标或功能，而毋需指定哪一程序或计算方法，即是宛如现在的流程图。宣告式程序也可有助于指定哪一电脑语言是最适合达到所指定的目的，即是极有弹性的程序编码方法。虽然几乎所有

---

[25] 取名为「C」是跟从贝尔实验室正在用的 *Basic Combined Programming Language* （「B」）。

的人工智能算法是用命令式程序，「生成式预先训练转换器」（GPT），即由于只要指定程序的目标，GPT 会编写适当的程序，而如此可说是一超级宣告式程序编码师。[26]

1960 年起，先是带有程序和数据之针孔打卡分批输入处在「电脑中心」的大型中央电脑，尔后电脑打卡被只能读取的「笨终端机」替代；1970 年起，分散的迷你型电脑是独自或接连中央大型电脑而处理各公司或实验室的科学和工程程序。1980 年起，个人电脑在商业办公室就普遍使用越来越新的软件，而不单是快速的执行各种运算，也负担曾是行政助理和秘书的工作。

1990 年起，文字处理、音乐和影像都会出现在多媒体的卓上和笔记型电脑的屏幕，而网际网路就开始提供各种资讯，而 1994 年成立的雅虎网路目录和在 1998 年成立的谷歌网路搜寻网站就促进社会大众对商业网路的过高热忱。而 2000 年开始，在缺乏盈利的商业模型，商业网路就泡沫化，但是 2004 年的脸书社群网站、2007 年的苹果智能型手机和 2009 年的呼叫车 Uber 就是商业网路泡沫破灭后浴火重生的驱动力表现，而各种网路购物和服务的网站就卷土重来而深切的改变了社会。

---

[26] 「FORTRAN」 Formula Translation、「中央微处理器」 Central Processing Unit（CPU）、「作业系统」Operating System（OS）、「唯读记忆体」Read-Only Memory（ROM）、「随机存取记忆体」Random Access Memory（RAM）、「通用商业语言」Common Business Oriented Language（COBOL）、「算法语言」Algorithmic Language（ALGOL）、「初级广义符号指令编码」Beginners' All-purpose Symbolic Instruction Code（BASIC）、「绝对式程序设计」imperative programming、「宣告式程序」declarative programming。日文的「Hotel」是英文的音译ホテル。

　　2010 年起，电脑和智能型手机就开始搜集消费者的「大数据」，而人工智能的监督学习训练集就是获得大数据和源源不绝的数据滋养。[27]

　　电脑一直扩展的范围就从纯数据延申到物件为主的标的，而对象的分类、分析、预测和互相关联就扩大了电脑的运算范围。即现今的机器学习一般是由「对象导向」*OOP*（亦称「面向对象」）程序的 *C++*、*PHP*、*Python*、*Ruby*、*Java* 和 *JavaScript*，而或许除 *C++* 之外，都是比较容易学而使用，比如最高阶的 *JavaScript* 是适合处理动态互动及互联网站的设计和智能型手机的应用程序。比较基础性的人工智能机器学习算法开始是用较为接近组合语言的对象导向 *C++* 电脑程序，而如此是比较有弹性而适合用来设计新的算法构象。[28]

　　基本的数学运算，如线性矩阵代数、微积分、微分方程解答、向量分析等软件可在比如 *Matlab* 和 *Octave* 免费下载，而各方技术的特殊应用程序，比如化学、物理和工程相关的运算和优化软件亦可在网路寻得，各种电脑语言不但可以免费下载，也有无数的教学网站、发展工具和机器学习本身的算法和特殊的应用程序。

　　对象导向的程序可使用各种处理器，即 CPU 是一逻辑、计算和输入输出的中央微处理器；图案处理器 GPU 是快速并行尤其矩阵计算。谷歌在 2015 年开发的

---

[27] 「电脑辅助设计软件」Computer Aided Design（CAD）、「电脑辅助制造软件」Computer Aided Manufacturing (CAM)、「通用产品代码」Universal Product Code (UPC)、「笨终端机」dumb terminal（只能输入程序和数据）。

[28] 「对象导向程序语言」object-oriented programming language (OOP)、。有关巨大并行处理，参见本书第 26 章。

加速「专用集体电路」ASIC「张量处理器」TPU，虽然不贩售 TPU 本身的芯片，从 2018 年起，TPU 为主的「终点至终点」(*E to E*) *TensorFlow* 平台可下载而免费使用。桌上和笔记型的 64 比特电脑都可以执行 *TensorFlow*。

　　TensorFlow 的「数据流图」上的每一节点 (node) 之间的关联是一个张量，而依照算法的程序，可以快速并行处理数据、概率和函数的关联和相互影响；即能有效率的执行较大规模、多数据和多参数的人工智能算法。

　　新的人工智能模型开发主要是在主办电脑编码平台如 *Github*、*Red Hat*、及 *AWS*，以 Linux 和其衍生的作业系统，设计、试验、执行、取得技术支持、企划和版本管理、更多的寄存记忆体和与同仁在部落格对话、互补、合作和解决问题。

　　在讨论面向对象编程 (OOP) 之后，探索在人工智能 (AI) 开发中使用的多样化编程语言和范式是至关重要的。虽然 OOP 为软件设计提供了结构化的方法，但 AI 领域通常涵盖各种编程风格。

　　在 AI 领域，基本或理论算法通常使用 C 或 C++等接近汇编语言的语言，这些语言提供了更高的灵活性。相反，声明式编程不会明确规定语言或方法，而是依赖于特定领域的语言 (DSL)、一个目标，以及可能的流程图。SQL 是一个显著的例子，允许程序确定实现目标的最佳方法。

　　尽管声明式编程具有灵活性，但大多数 AI 程序是用命令式编程编写的。然而，一些任务可能会受益于命令式和声明式风格的结合。Python，一种流行的命令式语言，以其紧密类似英语的语法而脱颖而出。它采用解

释器执行代码，可以立即提供反馈，实现高效的编程。Python 拥有丰富的框架库，包括机器学习的云算。

生成式预训练变压器（GPT），作为 AI 领域的革命性模型，采用了声明式的方法。它只需简单的指令，说明程序应该完成什么任务，并可以相应地生成多种语言的代码。ChatGPT，这个对话型 AI 模型，具体使用 Python 进行编程，依赖 PyTorch 框架，并与 TensorFlow 平台集成。它主要通过从大型语言模型（LLM）中提取和粘贴数据来执行相关的数据和信息，主要利用全球计算机网络、互联网以及云服务提供基础设施、平台和软件支持。这种编程语言和范式的组合突显了在人工智能这个动态领域所需的适应性和多样性。

第四章　开源软件

电脑软件的开放分享理念可说是在 1946 年在麻省理工学院的「学院火车模型社团」(TMRC) 诞生，即团员的轨道设计、车站和环境模型、铁路的交叉场控制、以及各火车的运行电路，都是给任何有兴趣的人分享。

　　然而，火车模型的规模越来越大，而在电脑崛起时，团员就向校方申请使用新买的 IBM 704 之「电脑时间」，但是，以「704 有更重要的用途」被冷酷的拒绝。无奈的团员则只能断断续续的借用学校部门迷你型电脑PDP，即一面设计火车模型的控管系统，另一面自己学电脑编码，而兴趣自然而然地从旧的火车模型转到新的电脑游戏，而由此「黑客」(hacker) 的新名称于此而生；意思是「砍掉」问题一直到解决为止的勤奋精神。

　　七十年代，在北加州的青少年是在迷上新问世的套装微处理器 Altair，而他们创办的「家酿电脑俱乐部」培养了不少新黑客，而经由《热门电子》杂志的封面，套装微处理器就是穿梭全国而催促爱玩电子青少年的想象力。各地的青年，在展现个人的电子编码才能，就会广义的分享所编写的微处理器程序，即就是「开源软件」OSS 的诞生。

　　然而，在西部的高中生比尔·盖兹就不满黑客同仁免费分布他编写的 Altair BASIC 作业系统和程序，而史蒂夫·贾伯斯就是不同意他朋友斯蒂夫·沃兹尼亚克分布他的 Altair 电路卡设计和驱动软件。

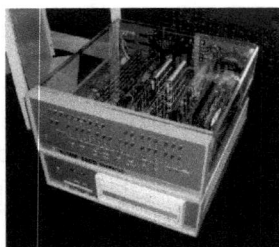

1976 年，沃兹尼亚克果然就将他的 Altair 8800（上图左）微处理器与键盘和电视机萤幕驱动作业系统组合成世上第一台个人电脑（上图右）。仍然忠于黑客精神的沃兹尼亚克当时就想将「Apple I」的设计分享，但是有一件事情就是让他明白商业的价值。[29]

有一天沃兹尼亚克在常去的史丹佛大学粒子物理直线加速器图书馆看电子学术月刊，读了一篇有关 AT&T 仍然在使用的声调交换器报导，而觉得应该可以模仿转换讯号的音调，而免费打当时昂贵的长途电话。

他于是就设计了一个免费长途电话模组，而自满地给他的朋友贾伯斯看。还在念高中的仅 17 岁的贾伯斯就展现了他往后闻名的推销才华，即立刻想到目标客户应该是经常打电话回家的住校大学生。他于是到了附近的史丹佛和柏克莱学生宿舍，在各走廊的每一房间贸然敲门，使用他们的电话机示范他免费长途电话的「蓝盒子」。他很快就以 $170 美元的价格卖了近 100 个蓝盒子，赚给他自己和沃兹尼亚克不少零用钱。多年之后他还回

---

[29] 《热门电子》即《Popular Electronics》。Altair 8800 的影像是由 Michael Holley 在 2004 年摄影，Apple I 影像取材于 Wikimedia Commons。

顾反省了蓝盒子对他和沃兹尼亚克的这段辉煌生涯，[30]

> 我们若没有制造蓝盒子，今天也就不会有苹果电
>
> 脑公司，即蓝盒子是给与我们能创造新技术的信
>
> 心...即我们感受到我们有影响全世界的能力...

然而，长途电话的收入对 AT&T 的利润影响不可小觑，而快要被警察和联邦调查员追上的两位史蒂夫就不得不放弃他们第一个商业合作案。

　　盖兹在中学就开始玩学校的远端「通用电子」(GE) 电脑而编写了一「井字游戏」，而他编写电脑程序的能力被校方注意到而被请编写学校的课程注册表。他在 1975 年看了《热门电子》有关 Altair 8800 的微处理器而迷上设计 8800 的作业系统和应用程序。名列前茅的盖兹念了一年的哈佛大学，时间就全花在软件开发。他就辍学而创立他自己的软件公司。经过几年不甚成功的经营，盖兹的微软公司很幸运地被 IBM 选择来提供 IBM 新个人电脑 PC 的 PC-DOS 作业系统。

　　苹果和微软往后皆是利用知识产权来霸占市场，前者是选择以全封闭技术占领高端电脑的市场，即决不授权而以著作权和专利侵权的官司打压竞争者；盖兹则是以源代码的保密和严峻的授权条件维持 IBM PC 的作业系统 OS 市场垄断，即商业盈利就是让他们俩忘掉黑客

---

[30] 伯斯引述取材于 Haden, J. Aug. 1,2019, *Inc.*杂志。

精神的初衷。

免费自由散布开源软件观念很意外是在严守知知识产权的 AT&T 开拓，但却并非 AT&T 自愿。六十年代起的美国电话系统，以「公共设施的标准化」为由，全被一家 AT&T 垄断，而所有的电话机、通讯设备、交换台、中继站等都是由 AT&T 的子公司「西部电子」包办制造。

为了限制 AT&T 垄断的扩展，政府司法的「反托拉斯总协定」禁止 AT&T 进入正在崛起的个人电脑领域，故而贝尔实验室所研发的 UNIX「远端多用户分时作业系统」的源代码被公布而免费提供给大学和仅以 $20,000 美元手续费授权给商业公司使用。

此「广义公共授权」（GPL）在 1970 年代被学界和大科技厂商履行，如升阳、惠普和 IBM 都曾使用来与关系企业公司联络。[31]

然而 1983 年，美国政府开放了国家的电话通讯系统，即解开了 AT&T 的电话市场垄断，而逼迫 AT&T 解散成多家独立的「贝尔娃娃」（Baby Bells）区域性电话系统。从此，西部电子公司所制造的笨重全黑色转盘式电话机终于走入历史。不幸被殃及池鱼是闻名创新技术的贝尔实验室。从「反托拉斯总协定」释放的 AT&T 紧接着就恢复原形，即立刻宣布 UNIX 为专属资产而限制其新源代码的披露和相关技术的散布。

知识产权的基本法理是以促进工业化和文艺发展，政府是赋予发明人和著作原创人有期限的专属权，条件是新创作的充分披露，以便社会大众知道而经由授权可使用最新的技术和欣赏新创的著作。依此「充分披露」

---

[31]「广义的公共授权」General Public License（GPL）。

取得知识产权的电脑软件应该披露软件的源代码，但是以程序源代码的大量行数为由，各先进国的专利和著作权局并没有强制源代码的全部公布。[32]

除作业系统和应用程序之外，连「应用程序接口」（API）也不用公布源代码，而电脑软件虽然可合法独立开发和还原，欲搭乘 IBM PC 为头的垄断 PC 作业系统和共享苹果的高端产品市场，欠缺平台的应用程序业者也只好「听话」而顺遂微软和苹果的严峻规定。[33]

苹果虽然仅占电脑和手机约二成的市占率，因为其个人电脑和智能型手机的诱人设计和贾伯斯的推销才华，以绝不授权的 Mac OS 和 iOS 的作业系统，贾伯斯就可合法的排斥模仿者。现在只有中国华为搭载自己开发的全新作业系统鸿蒙的高档智能型手机可以媲美苹果。

爱控告他人侵权的微软、苹果和 AT&T，其实原本就是抄袭别人的技术，比如微软早期的 MS-DOS 就是「西雅图电脑产品」当时最热门的 CP/M 的复制作业系统；苹果是抄袭帕罗奥图 SRI 和 PARC 的鼠标和监视器的重叠画面。而最可恶的是 AT&T 在 1992 年控告了合作开发 Unix 的「柏克莱软件散布」（BSD）全免费的作业系统著作权侵害；苹果的 macOS 和 iOS 竟然是基于 BSD 的 *FreeBSD* 平台；而微软不但是抄袭了苹果所抄袭的鼠标和重叠画面，也是在 Windows2000 使用了 BSD 的作业系统。微软、苹果和 AT&T 三家名公司显

---

[32] 软件专利亦同，也毋需公布程序的原代码。

[33] 「应用程序接口」Application Program Interface (API) 的使用却被重审为合法的「合理使用」。参见笔者著作《技术与著作权》，元照 2023 年。

然是藐视「己所不欲勿施于人」的道义。[34]

　　知识产权是赋予微软和苹果一个合法的有期限垄断权，但他们维持市场优势的非竞争手段就引起了欧美司法屡次的反托拉斯调查。然而尽管被惩罚，微软和苹果有的是储备金，而司法部的命令并没有实质的改变他们的反竞争行为。何况近几年，各先进国家司法已经转向谷歌、脸书及亚马逊等新兴技术大商下手。[35]

　　法律学者曾批评过微软和苹果的反竞争行为，但是温文尔雅的学者不是狂热商人盖兹和贾伯斯的对手。幸亏有直言不讳的狂人电脑科学神才理查德·史托曼的单枪匹马对抗。他谴责微软和苹果「源代码的保密或者任何受限之授权无非是压抑电脑技术发展的反社会行为」。

　　他在 1985 年所创立的「自由软件基金会」(FSF)是推动源代码的公布、电脑软件的全免费使用，而软件完全自由散布的运动。即 FSF 是反对「数字权管理」（DRM）、软件转利和任何软件的专属权」。开发新软件的唯一条件应该是任何改编和更新也必须公布而免费散布所贡献的编码。他的主张显然是与微软的源代码保密和苹果的封闭系统直接对峙，即是与「Copyright」

---

[34] 帕罗奥图 Palo Alto、「史丹佛研究学院」Stanford Research Institute (SRI)、Palo Alto Research Center (Xerox PARC)。

[35] 对微软的反托拉斯调查包括给与他厂商与微软的应用程序点选的同等萤幕位置待遇，比如，Netscape 的浏览器必须与后上市的微软 Internet Explorer 在视窗有屏幕上同等的位置，而点选必须方便。苹果的电脑和智能型手机并没有垄断市场，但反竞争的经销手段极为明显。苹果面对反竞争的指控，虽然有正式的反抗，还是被欧盟委员会重罚，但凭借品牌的超高价格连同供应厂商的成本挤压，苹果筹备金是轻易的足以支付。参见笔者著作《新技术与著作权》，元照 2023 年。

（英文 right 有权利的意思也有右边的意思）的基本理念完全相反，所以史特曼自己命名他的主张为「Copyleft」（著作权相左）。[36]

极度理想主义的史托曼甚至曾说，「著作权侵害并非罪行，妨碍软件的取得才是刑事罪」，他坚决的信念是彰显在全球都在哀悼史提夫·贾伯斯在 2011 年逝世的时候，史托曼被记者问起他对贾伯斯的追悼感言时却竟然说，「我并不高兴他死了，但我很高兴他走人了」。[37]

史托曼以身作则就开发了仿效 UNIX 的全免费且源代码公布之完全符合「著作权相左」主义的「递回缩写」作业系统「GNU」，以及免费使用的「GNU 研发工具箱」来促进 GNU 的广泛使用。[38]

骑上凶猛的角马（GNU）、怒目四射的史托曼在奔跑到各大学电脑科学部门反对封闭的软件。他跑到芬兰科技大学演讲时，观众中有正在研究作业系统的赫尔辛基大学生李诺斯·托瓦德斯。他回到本校就使用了史托曼的「角马发展工具箱」，而志在提供完全开放的个人电脑作业系统，就编写了取名为「Linux」的免费个人电脑作业系统核心（kernel）。他接着在 1991 年在网路

---

[36] 理查德·史托曼 Richard Stallman、「受限之授权」restrictive licensing「自由软件基金会」Free Software Foundation，（FSF）、「数字权管理 Digital Rights Management」（DRM）、「软件的专属权」proprietary software。

[37] "I am not happy that he died, but I am glad that he is gone." 引述取材于维基百科所公布的史托曼个人部落格。

[38]「递回缩写」recursive acronym，"GNU is Not Unix"。由于 GNU 是完全独立开发的，就不侵害 AT&T UNIX 的著作权。「GNU」的意思是「角马」。「众包」（亦称「群体供应」）crowdsourcing。

上传了完全符合著作权相左主义的「Linux 测试版」给
网友作实地测试。因为 Linux 的源代码都被公布，不满
窗口而痛恨微软之保密作风的黑客，就热烈地响应而参
与 Linux 的研发和改良。

免费而开放的源代码自然会延揽各方的编码好手，
即是如今的「众包」(亦称「群体供应」的大众化测试
和评论，则一直改进的 Linux 会吸引更多人的参与而改
进，而此良性循环很快就是建造了远远超过微软视窗的
作业系统。如今，尤其因为源代码的公开，几乎所有的
新开发软件是用 Linux 的核心为新软件的作业系统平
台。之后，深怕会错过软件新技术发展，连最严格保密
的微软公布了视窗作业系统的源代码。[39]

史托曼和托瓦德斯主张的软件「广义的公共授权」，
即「Free and Open Source Software」(FOSS) 有四个不
同的意义：「Free」是「免费」又是「自由」的意思，
而「Open」是「开放」又是「公布」的意思，而所谓
的「开源软件」Open Source Software（OSS）的基本哲
理是基于「资讯是渴望自由的发挥」。

由于一般软件专利的权利范围是受限于所嵌入的执
行机器，著作权就是创新软件的主力保护法，则由于独

---

[39] 李诺斯·托瓦德斯 Linus Torvalds、「角马研发工具箱」GNU
Development Kit、不同与窗口，每一次修改后，Linux 是毋须 re-
boot，而由于专业使用者的监督，电脑病毒比较难以传染，其「寄
存」repository 也是众多 Linux 使用者可随时用的记忆体，而其应
用的弹性是方便新系统的改良和应用程序的设计，Linux 也不会像
微软而搜集使用者各自的资料。Linux 的主要缺点是其与窗口的不
兼容以及其下载非 Linux 体系软件的困难。基于其开放性，目前
近九成的服务器、超级电脑、和智能型手机是使用 Linux 的作业
系统。

立开发的软件并非著作权侵害，以及一般软件可合法的「还原」，开发和应用程序的 OSS 已经是人工智能的主力开发软件。然而，仍未法定的人工智能法律还是逼迫尤其制造机器人公司的专利申请。[40]

不出意料，全开放是被软件商业界批评为过于理想化而带有反商业的意识。则承担投资风险应该有适当的投资回收才会鼓舞更多的投资而促进软件产业的发展。业者认为软件的全免费和自由散布只是不切实际的幻想。

软件大厂是坚持控制软件之下游散布和源代码的保密，要不然，他们所开发的有价值的新软件一上市马上就会被抄袭，而所投资就荡然无存，以致软件产业的发展就停滞不前。[41]

开放软件的提倡者和商业软件厂商各自有理，合作则需要达成协议。第一提案是软件自由派组合成的「开源倡议」(OSI)，即软件厂商可以免费使用开源软件（主要为数学的演算程序）来开发「商业性」的软件，即可贩卖而获利，但源代码还是要公布且允许他人使用和散布，且不得主张任何下游交易的专属权。[42]

---

[40] 有关「开源软件」的知识产权，参见笔者的《技术与著作权》，元照 2022 年。

[41] 史托曼曾建议可由政府的税收分配支付软件开发商和软件工程师，即是仿效以前加在录/播放机和录音/录影带和光盘给唱片商和艺人的「消费税」(excise tax)，但是免费的开源软件是没有课税基础，只有特殊的应用软件和开发平台的加持费用会加税，而税收金额恐怕不足为补偿软件供应者的权利金损失。

[42] 「开放原代码倡议」Open Source Initiative，「开源软件的使用者不得主张任何下游专属权」the OSS user cannot exercise downstream proprietary rights, but can use OSS software development for commercial use。响应 OSI 的 GPL 有 AGPL（AferoGPL）、LGPL（Lesser GPL）、EPL（Eclipse GPL）、CDDL（Common

软件商认为 OSI 的提案只不过是一稻草谬论，即其中的「商业性」虽然是允许软件的「商业化」，则是缺乏「商」的本意，即软件厂商的提案是源代码必定可保密，而下游交易的专属权是厂商所有，即与普通商品交易完全一样。

两边南辕北辙的折衷是由律师所提的「宽容式软件授权」（PSL）解决，即授权条件只是厂商开发的软件必须注明所使用的 OSS 软件以及其来源，而所研发的软件得以贩售，且毋须公布源代码，亦可保持下游交易的著作权。提案是有助于公布 OSS 对新软件的贡献，然而其他条件似乎是与普通商业交易一样。

PSL 的概念是与 AT&T 合作开发 UNIX 的「麻省理工学院授权」（MIT License）和「柏克莱软件散布」（BSD）主导；最早的使用者包括「摩兹拉」的浏览器及电子邮件服务和「阿帕奇」的「电脑集群架构」等大量资料库，以及软件资源管理的服务平台。[43]

目前几乎所有相关人工智能的数学计算软件如 *Matlab* 和 *Octave*，电脑程序如 *C++*、*Python*、*PHP*、*Ruby*、*Java* 和 *JavaScript*，以及主办电脑编码平台如 *Github*、*Red Hat*、*AWS* 和 *TensorFlow* 等都是开源软件，而使用者所开发的商业性软件可由 PSL 授权。

至于软件的所有权，用户是拥有所发展的软件的著

Development and Distribution License）。

[43] 「宽容型软件授权」Permissive Software License (PSL)。、「麻省理工学院授权」MIT License、「摩兹拉」Mozilla 之 Thunderbird 电子邮件、和 Firefox 浏览器、及摩兹拉和「阿帕奇」Apache 的「电脑聚落架构」cluster computing framework。参见笔者著作《著作权与新技术》，元照 2023 年。

作权，但是发展的平台是被授权可转授权用户所研发的
软件，授权费和权利金是以个别案而制定，但是平台一
般会收到「经手费」。

　　由于任何新软件开发会催生「计划的难处和规模
化」的问题，主板电脑的编码平台也会提供付费的更多
寄存记忆容量、专用的应用程序、特殊技术教导、问题
的解决方案等更进一步的支持。

　　然而，尽管 *GitHub* 和 *Red Hat* 从未盈利过，但是
2018 年 *GitHub* 以年营业额整整三十倍的七十五亿美元
被微软并购，而曾是最注重软件专属权的微软公司一夕
之间就变成开源软件的主要提倡者。翌年 IBM 则以三
百四十亿美元并购了 *Red Hat*，取得其「数据中心关联
系统」（*OpenShift*），就可以独立设计、开发和管理用户
的云端应用程序，比如 *IBM Watson* 的人工智能系统。[44]

　　急于赶上现代人工智能算法发展，微软和 IBM 的
新领导团队有意跟随「开源软件」的新氛围，而内部的
封闭作风难以改变，就以并购青年使用者的主办电脑编
码平台，似乎有意改邪归正，即是杠杆用户而「异花授
粉」再造。

　　但是，长久以来以专属为信条的大公司，若在主办
电脑编码平台发现有商业价值的新软件，微软和 IBM
难道不会想办法从而牟利呢？

　　比方，依据资料库可受著作权保护和法院的判决，

----

[44] 「主办电脑编码平台」Host Computer Coding Platform、「数据流图」dataflow graph、「张量微处理器」tensor processing unit (TPU)。「指令工具」command line tool「寄存器」repository、AWS Amazon Web Services、「张量流传」TensorFlow、「张量微处理器」Tensor Processor Unit（TPU）。

数据是具有商业价值而是受著作权保护，而人工智能目前的趋势是注重机器学习的训练集数据，即数据现在不仅是「量」而也是「质」有价值。往后的著作权官司应该会逐渐成为数据的知识产权为主题。

数据，不同于比如石油的有限自然资源，不会被耗尽，反而是一直在增加，而应该被充分的利用。即愈多和愈有品质的数据会产生愈准确的机器学习，则不应该让此宝贵的资源被专属化而限制其使用；即「资讯是渴望自由」也就是开源软件的基本哲理。

法庭往后的主要问题会是要如何诠释「宽容式软件授权」PSL 的条件，开发新软件的青年编码师只有拭目以待。

第五章　专才系统

1956 年在达特茅斯学院的一堂暑期人工智能研讨会，约翰·麦卡锡和马文·明斯基的研究提案是一台能项人工智能「专才系统」，他们即写道，[45]

本研究方案的前提是

学习之每一角面和任何智慧之命题

原则上可以被精准地断定

以致可由机器来模拟

麦卡锡和明斯基的臆想是基在 17 世纪著名哲学家史宾诺沙的「心物一元论」，即「心」（脑筋）和物质（机器）不可分，因而物质的机器可以「有心」而即可思考，故而一台能思考的机器是可能的事。

笛卡尔的「心物二元论」哲理反而是说「心」和「物」是全分开的，因而物质的机器是不可能「有心」，故而一台能思考的机器是不可能的事。

两位参与研讨会的人，兰德智库和卡内基梅隆大学

---

[45] 达特茅斯学院的人工智能研究研讨会 *Proceedings of the Dartmouth Summer Research Project on Artificial Intelligence* 1956。塞缪尔也参加了研讨会。

（CMU）的电脑科学暨认知心理学教授艾伦·纽维尔和同为 CMU 的行政暨心理学教授赫伯特·赛门，看来是史宾诺沙哲理的信徒，而与兰德智库的电脑工程师克里夫·萧在 1956 年，以数学为最能代表纯真的思考，单刀直入的面对麦卡锡和明斯基的臆想。

他们想以机器证明数学的定理，而勇敢的探索以机器证明阿尔弗德·诺思·怀特黑德和波特兰·罗素的经典数学大作《数学原理》*Principia Mathematica* 中的数学定理。即从最基本的公理（亦称「不证自明」），经由纯符号逻辑演绎，推导《数学原理》里面的定理。

符号逻辑，比如简单的「恒真句」（亦称「重言式」），比如「所有未婚的男人是单身汉」；「实质蕴涵」（亦称「实质条件)」）$a \rightarrow b$；「传递性属性」，若 $a \rightarrow b$，而 $b \rightarrow c$，则 $a \rightarrow c$；以及数学的「唯一性」（$\exists!$）和「完备性」（若 $\Gamma \vDash \varphi$ 则 $\Gamma \vdash \varphi$）等逻辑推理；以及更复合的逻辑公理和其演绎的数学定理。[46]

怀特黑德和罗素的 *Principia* 之严格且完备的证明方式，比如是用 29 公式才证明「*1*」是一个数值和一 379 书页来证明「*1 + 1 =2*」。可见若仅是以基本公里而经由符号逻辑来证明较为复合的数学定理会是多大而必须精密的逻辑计算。

被命名为「逻辑推理机」是纽维尔、赛门和萧在1956 年编写的符号逻辑电脑程序，即是如今仍然在使

---

[46]赫伯特·赛门 Herbert Simon 的「组织行为」研究获得 1978 年济学家的诺贝尔奖、克里夫·萧、Cliff Shaw、不证自明（亦称「公理」）axioms、定理 theorems、「恒真句」tautology、「实质蕴涵」material implication、「传递性属性」transitive property、「唯一性」uniqueness、逻辑推论器」*The Logic Theorist*。

用的 *LISP* 前身之 *IPL* 电脑程序。证明的处理是先将个别单字和句子编译成二元符号，然后从搜寻树根源的假定，搜寻每一树枝的符号逻辑演绎链，一直到树叶的一条定理；途径若没有成功的达到一树叶的定里，就回到搜寻树的根源而在另一树枝重头再来，一直到达到一树叶的数学定理；搜寻的符号逻辑树枝通道则是定理的证明程序。

结果，逻辑推理机竟然是成功地演绎《数学原理》第二章前 52 之 38 定理，而非凡的证明方法就令罗素本人既惊喜又钦佩。

就数学哲理而言，罗素和著名数学家大维·希尔伯特的「纯逻辑主义」（亦称「形式主义」）是说任何问题可由纯逻辑解决。纽维尔和赛门的逻辑推理机的理想运作是，只要输入臆想，出来的就是相关的数学定理或者臆想的否决。而以此类推，任何问题的结论可以由未来的超级专才逻辑推理机解决，即是一台能思考的「专才系统」模型。[47]

「由上而下」的专才系统理念是将大的问题分成「子-问题」而逐一以条件性」（*if-then*）的程序步骤处理，然后组合所有的子-问题成大问题的结论。程序是由机器搜集相关所指定的目标课题数据，而以「手段-目标分析」由搜寻树的树枝行径以条件性（*if-then*）的步骤判断某途径是否有效力，然后将个别结果回馈，而从个别结果之回归选择最有效力的途径，而该途径就是

---

[47] 「LISP」list processing、IPL information processing language、「纯逻辑主义」（亦称「形式主义」）logicism、formalism、「手段-目标分析」means-end analysis。

定理的符号逻辑证明。

然而，从《数学原理》以上所述的 379 书页之曲折符号逻辑程序才证明「1 + 1 =2」，比较复合的定理，不假思索可知，详尽无遗的探索搜寻树的每一树枝途径以及不同树枝途径的组合会造成「组合爆炸」，连最有功率的电脑也是无法计算，因此逻辑推理机只是证明机器能胜任的极有限而直截了当的简单定理。仅此是称得上思考和智慧呢？

何况，数学家不会如此详尽无遗的逐一探测每一可能的途径来寻得解答。如此的运算方式是称之为「爬山」，即若想到山顶找解答，应该一直往上爬。然而，在反映任何问题的复合度，假如在山上行径之下面的另一边，若有一条带绳子的上山路径，其实不继续在原途径往上爬反而比较容易达到山顶。即达到问题的解答有不同的方法；比如数学的「反证法」、西洋棋的「皇后牺牲」和围棋之到远地发展的「脱先」之诀窍。[48]

以上所述的范例是彰显，，也有纯逻辑之外的诀窍，但除自身经验之外的诀窍是如何取得呢？有一些人就是比一般人聪明，一台机器是否如此的聪明呢？

以数学的运算能力为思考的试金石，古代的柏拉图和现代科学之父的伽利略是看数学为苍天所赐予少数人的思考能力，而著名数学家布劳威尔和庞加莱认为此能力是源于「直觉」。因此，此「直觉」是人不可复制来自苍天的赐予，故而仅凭恃纯逻辑的推论无法取得数学

---

[48] 「反证法」假设要证明的命题是虚假的（false）而会引导矛盾是该命题的证明，即依据「排中律」，任何命题不是真的就是假的，没有第三个真值的可能 the *Principle of the Excluded Middle* (PEM)；Hallman H. 2006 *Great Feuds in Mathematics* (Wiley)。

的直觉。

　　而且尽管纯逻辑的精密严格，仍然会得出不能解决的矛盾，比如，「我在撒谎」若是真话，因为你在撒谎，同时也是假话，而纯逻辑的机器对此就会束手无策，即只能带人到门口而已。

日本的第五代专才系统梦想

八十年代，快速崛起而霸占全球的半导体、汽车、电子消费品和家电市场的日本，令「通产省」(MITI) 筹划专才系统为主的「第五代」电脑在十年内，变换产业和社会。即依照《孙子兵法》之「知己知彼，百战不殆」而 16 世纪的英国作家法罗杰·培根之「知识是力量」提到最多的字是「知」，而通产省是提出全新的「知识产业」倡议，包括能听懂和讲话、翻译、辨认影像、学习、联系、推理和决策；亦即，如今的人工智能机器。

　　第五代的电脑会是基于由大型的中央电脑联如「逻辑推理机」联系符号推理的分散系统日本 MITI 无疑是对专才系统的展望保有最高的愿景。[49]

　　即在自然资源欠缺的日本，第五代的专才系统会依赖其强大的人力资源，而与专才系统推理的功能，解决全球的资源短缺、环境破坏、人口老化，教育、语言沟通的困难，亦即提升国内的各种工业效率，并提供社会大众更为简便的取得知识和服务。

---

[49] 参见 Feigenbaum, E.A., & P. McCorduck 1984, *The Fifth Generation*, Signet，第五代的前四个电脑时代是 (1) 玻璃空管、(2) 数字、(3) 积体电路、(4) 超大型积体电路（VLSI）。

或许最重要的是，日本亦可出口「知识」和「知识技术」以及知识产业的机器设备。亦即，不同于一直耗竭的如石油的自然资源，知识则是一直在增加而质量在改进，而日本会领导一全新贸易货物的产业。

抵抗不住 80 年代日本工业的扩散，美国也感受到日本第五代系统的威胁，而少数电脑科学学者也是在劝告政府应该也开创同样的倡议而提出预算，要不然美国会更落后日本各方面的工业。但是，提案虽然会偶尔出现，美国总是没有起步和跟进。

然而，八十年代的大型电脑的微处理器和记忆体很贵、个人电脑才刚刚问世，智能型手机还是二十多年之后的数据搜集和商业交易器、而网际网路还没有弥漫天空，即电脑功率以及其辅助装置是不足以支撑通产省的大计划。

结果，美国幸好没有跟进，因为 MITI 第五代的全国电脑化倡议，经十年的研究和实验没有达成任何所宣布的企划目标，在 1990 年宣告失败而放弃，唯一的效应是滋生长达十年的寒冷第二「AI 冬季」。

日本第五代倡议原则上是预测四十年后的人工智能时代，通产省倡议的错误是于八十年代高估了专才系统电脑的功能，可以说唯一的差错只是提案得太早，要等到大数据、巨大并行处理器和人工智能的神经元网络。尤其如今的「大语言模型」(LLM) 所促成的「生成预训练变换器」GPT 系列应可胜任 MITI 所梦想的知识时代美梦。而换成美国和中国来实现电脑的第五代。

第六章　决策树

IBM 的第一台商业性电脑 IBM 701，经由亚瑟·塞缪尔的设计和程序编码，在 1962 年打败了跳棋冠军。经过三十多年的微处理器、集体电路和电脑程序的发展，电脑科学的学者自然而然地看下一步应该是研发会打西洋棋的电脑。但是，一台机器是要如何打败西方人认为是持有最顶尖智慧的西洋棋大师呢？

与塞缪尔的跳棋专才系统一样，西洋棋电脑也是使用搜寻树来寻得棋步。来源历史虽然不明确，从科学文件至少知道英国的生物学家威廉·贝尔孙在 1959 年曾是使用倒立决策树来分类生物，然后与 1972 年伯克莱和史丹佛大学编写了第一个倒立决策树的电脑程序，如今尤其克劳德·香农的倒立决策树是普遍用在人工智能研究和决策的实施。

由人类制成的集体电路和芯片，加上电脑科学家所设计的算法来驱动硬件，也是构成当时典型的高端「由上而下」人工智能专才系统。

西洋棋的棋盘是具有 64 方格和 32 不同走子棋规的棋子，而棋子的不同走子和双方的相互走子似乎不免会构成接近无穷大的可行组合；则用机器来选择一适当的棋步究竟是如何能做到呢？

决策树最上面的「根源节点」是代表整体决策过程的启示，西洋棋机器而言，是棋步的「静态决策」。「静态」的意思是在棋盘的对决，双方有「完备的资讯」，即棋盘的棋子布局是全表露而在走子前不会变（即「静态」）。从根源节点展开的「树枝」和树枝所伸展的树枝

「小孩」而小孩树枝所展伸的更多树枝小孩等等，整体是构成一颗大张开的繁多阶梯节点。

从树根源到「树叶」如此多的树枝和节点所能组合的不同连接途径，会造成巨大数的不同行径，如下图所示，

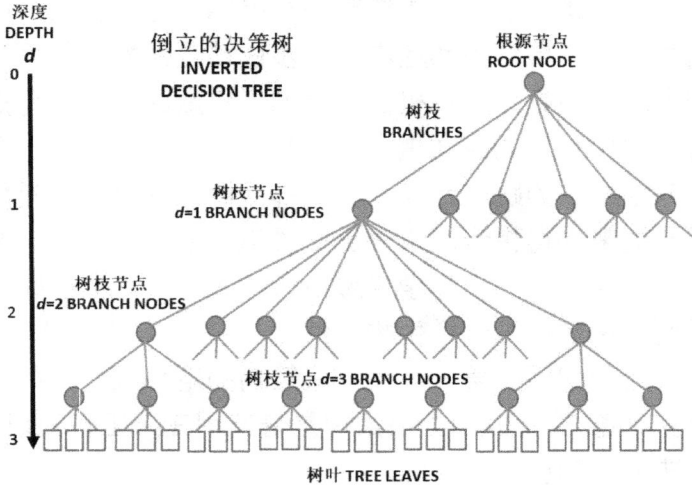

棋步选择是由博弈论的「最小化最大化」（minimax）算法执行。对局开始时，只有树叶节点是具有被估值的数值，而在每一棋步前，树枝节点统统都没有被「估值」。从树叶起，每一层的树枝节点的估值是比较前一层节点的估值而选目前的节点，而如此就往上爬一直到决策树的根源棋步决策。

可见愈深的决策树，愈多的节点要估值，而根源的决策会愈适当。「深度」（d）是从树根到树叶的层次数量（一般是等于一局棋双方的棋步量）。但是，增加 d 会以指数式曾加节点的数量，而以深度 d 指数增加，但更可怕的是正在指数式增加的节点数量，可能的连接组

合量也会以指数式增加。比方二元为数基的 2 是常数，但阶乘式（数基是在增加）是增加一正在增加的数值。

比如，在二元的决策树（每一节点有两个小孩）节点指数式增加是 $y=2^d$ 和阶乘式若是 $y=d!$ 增加（即是再增加所正在增加的数值）；即若 $d=20$，

$$y \text{ 的指数增加} = 2^{20} = 1,048,576 \approx 1 \times 10^6$$
$$y \text{ 的组合增加} = 20! = 2,432,902,008,176,640,000 \approx 2.4 \times 10^{18}$$

由此可见阶乘式的增加确实可怕，即数基的增加的不同组合量很快就增加而会引发「组合的爆炸」。

西洋棋盘的 64 方格和 32 棋子的深度决策树所需的节点组合联系显然就是有组合爆炸之虞，所以要想办法减少节点的联系途径。[50]

MINIMAX

在双方开局之后，只有树叶节点被估值，其他的树枝节点都是没有被估值。如下图所示，一颗仅 $d=2$ 决策树有最上面的树根节点，而每一节点是有两根树枝（「分支因素」$b=2$），即深度 $d=1$ 之 x 节点及 y 节点，如下图所示，

四篇树叶节点估值是由西洋棋大师顾问评估，依据他们对棋盘布局的利弊和特征，会以「线性评分多项

---

[50] 「组合增加」combinatorial growth、「组合的爆炸」combinatorial explosion。

式」的程序运算树叶的估值。

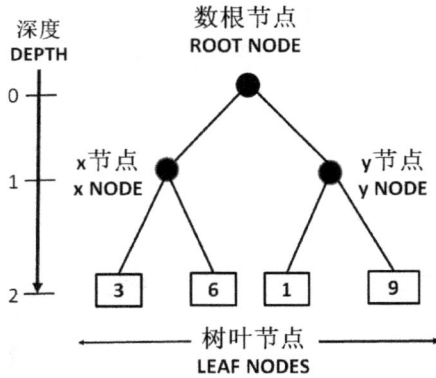

决策树的树叶节点估值 S 是由一带有 f_i「特征」（比如皇后的发展位置、马是否在棋盘的中区、小兵的布置、重级棋子的数量等）的线性评分多项式函数 g 计算，

$$S = g(f_1 + f_2 + f_3 + \dots + f_n),$$

特征 f_i 是乘上一个反映该特征的重要性之参数 c_i，即

$$S = (c_1 f_1 + c_2 f_2 + c_3 f_3 + \dots + c_n f_n),$$

而如此就求得决策树的树叶节点估值，即在上图的 3、6、1、及 9 估值。

　　博弈论是假定双方会合理地选择对自己最有利的动作，而设法最小化对方的动作。西洋棋大师，经由数多的重大对局经验和下棋的才华，会辨认棋盘布局而判断最优的动作。

　　在上图，对方于 $d = 0$ 层的棋步应该是想「最大化」（max）他的棋步利益，依照决策树，另一方在

d=1 层的棋步应该是「最小化」（min）对方的「最大化」棋步的功效，而看下去有两个选择：*x* 或 *y* 节点可走。若是选择 *x* 节点，在往下看树叶节点的 *3* 和 *6* 估值，以对应对方的「最大化」棋步，应该选择比较小的 *3* 来「最小化」对方的「最大化」棋步。所以 *x* 节点估值现在是 *3*；若是选择 *y* 节点，往下看的树叶节点是 *1* 或 *9*，所以因为要「最小化」，当然会选择 *1*，而深度 *d=1* 的 *y* 节点估值是断定为 *1*。

　　现在再轮到对方的下一静态决策，而如果他想再「最大化」他的棋步，从树根节点，他看到深蓝的 *d=1* 棋步之后，而他要继续「最大化」他棋步的功效，他应该选择他认为比较有利的 *x =3* 而非 *y = 1*，所以他会选择 *x =3* 的节点。

　　可见，双方每一回合的轮流「最小化最大化」（minimax）执行会提升节点估值的断定到决策树的上一层，而以此类推，双方就会从树叶爬上决策树而断定经过的树枝节点的估值，一直到决策树根源的静态决策。

　　西洋棋高手可由比较深的决策树而增加途径的节点估值，即作比较「长期的打算」（look-ahead），即决策树搜寻的深度是反映棋艺的程度，业余程度是 *d≈6*，而 *d≈14* 是西洋棋大师的程度。

　　如果节点的分支因素 *b* 不同，可以用 *b* 的平均值而减少计算。在一般对决，各方有 50 棋步，所以整局有 *x=* 100 棋步，而一般决策树的平均分支因素 *b=10*，因而决策节点数量是 $b^x =10^{100}$，即是远超越全宇宙所有原子的数量。因而，详尽无遗的每一树枝的探索显然是不可行，即子氧气的机器必须要设法减少决策树所搜寻的

节点和节点联系组合的数量。[51]

α-β 修剪

在以上图的简单范例，在对方的静态决策和所引起的反应之后，双方都没有选择 y 节点，所以该节点和其所有的树枝小孩以及树枝的小孩，一直到树叶节点，均是没有被考虑到来断定下一静态决策。

　　因而，从 y 伸出的一切树枝和树枝小孩可置之不理，即剪掉；此所谓的「α-β 修剪」机会可在决策树搜寻常出现，则会相当减少决策树要搜寻的树枝数量，如下图所示，

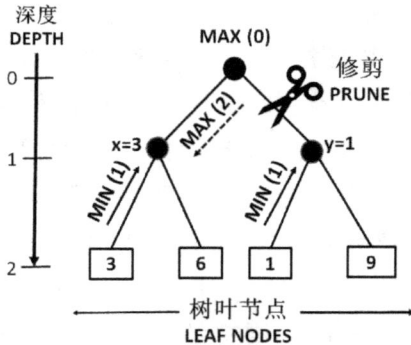

「α-β 修剪」是减少多少搜寻计算呢？职业西洋棋会「长期打算」平均是高达十个棋步，而经由 α-β 修剪，所计算的节点约 $2b^{x/2}$，即比起没有 α-β 修剪」的 b^x 是造成指数式的减半，即是相当可观的简化。[52]

---

[51]「分支因素」branching factor。10^{100} 是一个「googol」，即 Google 公司的名字的来源。

[52] 参见网路 Winston, P., "Minimax", MIT Fall 2010 *Lectures on artificial intelligence*。

第七章　深蓝

当塞缪尔的 IBM 701 打败了跳棋冠军罗巴·尼尔利的新闻一出， IBM 的股价马上就有 15% 的升涨，而老华生对能思考的 IBM 机器的态度就有一百八十度的转变。在儿子小托马斯·华生的推动之下，IBM 就举办了一百万美元奖金的「盛大人机对决」系列比赛。第一对决自然是从简单的跳棋晋升到一般西方人认为是需要最崇高智慧的西洋棋。

从 IBM 701 的跳棋胜利，而经由三十多年的芯片、集体电路和电脑程序发展， IBM 的电脑工程师认为一台能打冠军级西洋棋的电脑无疑是可能的事。

不过，IBM 当时并没有在研究西洋棋的电脑，但是听闻从台湾大学毕业而在美国卡内基·梅隆大学读电脑科学的许峰雄是正在设计名为「深思」的西洋棋电脑硬体。筹备金充足的 IBM 则干脆就招揽了他全队和几位西洋棋高手的顾问，而经过整整十年的按部就班研发，终于完成了改名为 IBM 的「深蓝」。[53]

自信满满的深蓝团队在几次与西洋棋大师成功的对弈之后，决意挑战被公认为西洋棋天才的世界冠军，俄罗斯的加里·卡斯珀罗夫。卡斯珀罗夫仅 17 岁时就晋升为西洋棋大师、在 22 岁时就登基为历来最年轻的世界

---

[53] 「深思」Deep Thought、「深蓝」Deep Blue （名称是来自 IBM 当时的绰号「大蓝」）。卡斯珀罗夫在 1999 年的 FIDE Elo 2851 分数是当时历来最高的记录，但是仅 13 岁时就晋升为大师，瑞典的 Magnus Carlsen，在 2014 年的 2882 分水就打破了卡松帕罗夫的记录。

冠军，而他的 255 个月的卫冕也是世界记录。傲慢不逊的卡斯珀罗夫就浩然接受了深蓝的挑战，而是看 IBM 的一百万元奖金为囊中之物。[54]

如此辉煌的成绩究竟是如何取得呢？研究西洋棋大师为实验品的神经科学专家指出，与一般人不同，西洋棋高手能快速辨认合理的棋盘布局，所以很快就知道要如何对应。因为西洋棋的冠军都是童才，此快速辨认能力并非全由经验而记得，而是来自纯天赋，即大师能同时对付十几个人和全局各方只有 30 分钟的「快速对决」成功为证。

比赛中，高手脸上若露出惊讶和困扰不安的表情，而一时不知所措，肯定是因为面对的是极为不合理的异常布局，

比如，右图所示的离谱白方小兵防御链确实不大会出现，而只是心理学实验的考研。即仍有多重量级棋子的黑方，无论如何是无法攻破白方的小兵防御链，而白方的国王只要在防御链之后方逍遥自在的徘徊而取得和局的半分。

但是，依照纯硬体

---

[54] 被宠坏的卡斯珀罗夫闻名的傲慢可由他母亲的宠爱所致，他们要求举办单位布置自己选的沙发、大椅、床，而提供他私人的更衣室、洗手间、比赛大椅、特别烹饪的异国风味零嘴及饮料、自己设计的 Audemars Piguet 象棋计时钟等等；亦即，母亲坚持「妈宝」应得的优待。

逻辑的电脑，白方可轻易无损地用小兵掠夺对方的重量级城堡。不过，「小兵立大功」无意中破解了自己原为坚如盘石的防御链，而仅几棋步之后就认输而让黑方取得满分。连最初级的业余棋手不会犯如此的错误；即虽然能展现超人的机能，西洋棋的电脑也会愚蠢 ...。[55]

　　卡斯珀罗夫，与所有西洋棋高手一样，赛前会仔细地研究对方的长处和弱点，只不过对方现在是西洋棋的电脑，经过许多对决模拟，他意识到，无论如何，一个人是无法比得上电脑的彻底搜寻和详尽无遗的棋步评估算法。但是，他发现西洋棋电脑的共同点，即在全是以硬体结构和纯数值逻辑的算法，面对怪异的布局或者极不寻常的步伐，如以上所述的遵照逻辑而无意破解小兵的坚不可摧的防御链，电脑只能以其固定的合逻辑硬体反应。卡斯珀罗夫故而拟定了他的「反电脑」策略，即一怪异的棋盘布局扰乱深蓝的纯理性电路判断。

　　1996 年在费城举行的首次对决，卡斯珀罗夫轻取了深蓝 4-2，而胜利就加强了他对「反电脑」策略的信心。然不服气的深蓝，经过一年之硬体升级和算法调整，重整而再出发的新深蓝现在是具有 36 新设计的「西洋棋加速器」和 316 特表设计的芯片，而由巨大并行处理的 IBM RS/6000 SP 工作站。倒立的决策树之 30 节点的每一节点是具有 120 MHz P2SC 微处理器及 480 特别设计的 VLSI 西洋棋微处理加速器，而以 C 语言软件和 AIX 的作业系统，以 32-比特的微多频道串行总线。

　　深蓝现在能离开惯例的决策树搜寻而以「扩充搜

---

[55] 小兵防御链范例取材于 Seymour, J. & D. Norwood 1993, *New Scientist*, 139, No. 1889, 23-6。

寻」应付不寻常的步伐。卷土重来的深蓝的决策树能搜寻到八度深，而每秒评估高达 2×10^8 可行的棋步。新款深蓝确是一可畏的西洋棋专才系统。[56]

西洋棋常见的战术是所谓的「潜在城堡列道」和「主教对角列道」，即一条城堡或主教以直线针向对方后排的重量级棋子，而用小兵或其他棋子来掩盖盗猎的企图。则可等机会以小兵相互掠夺或者马士移开，可以清除隐藏的列道。对方若能先看出端倪，他就会知道重量级棋子被胁迫，而可进行防御措施纾解对方的长距离压力。

前一章节是表述深蓝的决策树树叶节点估值 S 是由一带有 f_i 特征的线性评分多项式函数 g，而乘上一个反映该特征当时的加权参数 c_i，即

$$S = g(c_1 f_1 + c_2 f_2 + c_3 f_3 + \ldots + c_n f_n),$$

则潜在的列道可由 f_i 特征表述，而对局的棋子布局可由 c_i 随状况而调整。

深蓝对卡斯珀罗夫的对弈

在受全球、的瞩目，在纽约市举行的「国际世界西洋棋总会」（FIDE）认可的正式西洋棋世界冠军对局在纽约著名摩天大楼举行，而挤满的中央大厅有职业选手、评论家、新闻记者和不少支持卡斯珀罗夫的棋迷，但与以

---

[56] 「微多频道串行总线」microchannel bus、「扩充搜寻」blow-up searches。

往的冠军赛不同，观众也有大批的电脑科学学者。[57]

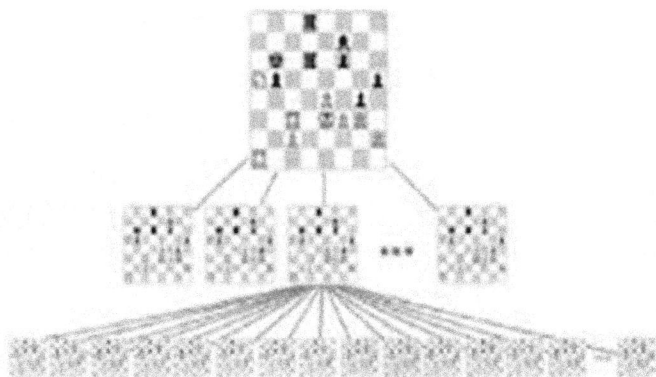

冠军赛的第一局，具有白方下第一棋步的优势，卡斯珀罗夫并没有采取一般冠军赛的开局，而在第一局的过程，

纵使看到深蓝的主教潜在对角列道端倪，他的重量级棋子始终没有离开棋盘的后方。前九棋步，双方都是保守进行，但在第十步，卡斯珀罗夫并没有下寻常的 *10.e4* 而促使小兵交换，反而走了令人不解的

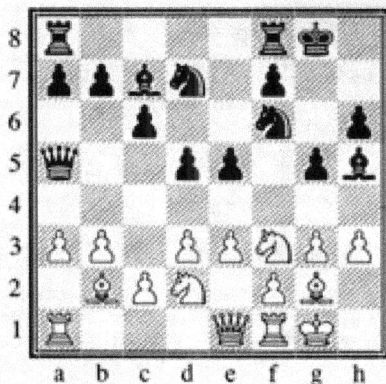

---

[57] 「国际西洋棋总会」（*Fédération Internationale des Échecs*）。深蓝影像取材于 James the photographer, CreativeCommons.org, 2.0 Generic-CC BY2.0 公共领域、倒搜寻图形画取材于史丹福大学 （Stanford University CS221）个人传讯，由于基于数据的图形是不受著作权保护。

10.e3，而就证实了他按重兵不动的怪异战术，如右图之第 14 棋步后之第一局所示。

但是，深蓝并没有理会对方的怪异棋步。原因是深蓝的棋步发动器在评估棋步的估值时，面对卡斯珀罗夫的离谱小兵和重量级棋子的布局，是依据小于最小棋步的估值，则没有分辨最低估值与一个更低的布局估值，而按照电脑程序，只好提出预设的安全反应棋步。结果，卡斯珀罗夫掌握了第一局的极为保守的主导权，而得了一满分的胜利。但更重要的是，得意万丈的卡斯珀罗夫对他的反电脑战略更加信心。

第一局结束之后，深蓝的团队就调整了 *10.e3* 所引起的「低估值饱和虫」，而因为知道为什么会输第一局，没有气馁，而充满信心地准备第二天的对局。

第二局开始了，卡斯珀罗夫就是继续令人不解的重量级棋子逗留在后方的策略。然而与第一局不同，深蓝就趁机而以城堡的潜在列道和主教的潜在对角胁迫，牵制了卡斯珀罗夫的重量级棋子，而积极的占领棋盘中央。结果，深蓝就是扳回一城而取得一满分。

惊愕失色的卡斯珀罗夫，因为不相信一台硬邦邦的机器能辨认他怪异的后方布局，遑论懂得趁机占领祺盘中央的优势。他于是塞后就指空深蓝团队一定是违反双方赛前同意不得在对局中调整电脑的运算，他说，

你知道吗？

我的反电脑策略是正在成功的运行时

策略突然间就受挫而

深蓝就找到破坏我的小兵防御链

而建造了对它极有利的布局

卡斯珀罗夫的指控被深蓝团队否认，即除应付怪异步伐之外，深蓝最后的 **Ra6** 虽然令评论家「存疑」，最后被认为是「让对方震撼的颇有效用的棋步」。

　　疑神疑鬼的卡斯珀罗夫就难以克服他偏执狂的心理，而仿佛在分心就错过他顾问所查看的和局机会，卡斯珀罗夫则失去了黑方取得半分的机会。

　　休息两天之后的第三局，即使有白方先下的优势，卡斯珀罗夫仍然是执行他逗留在后方的反电脑策略，即开局就是在大赛恐怕从未见过的 **1.d3**，而安然的等待深蓝的错愕反应。然而，因为卡斯珀罗夫没有前进攻击，深蓝可建造难以破解的小兵防御链，如右图所示。

　　卡斯珀罗夫和深蓝双方之第三局防御为主的结果可预期，也就是保守的和局，而从白方的观点看，卡斯珀罗夫无谓地失去了半分。右图可以看到孤零零的 **1.d3** 小兵仍然在原地等候助一臂之力的机会。

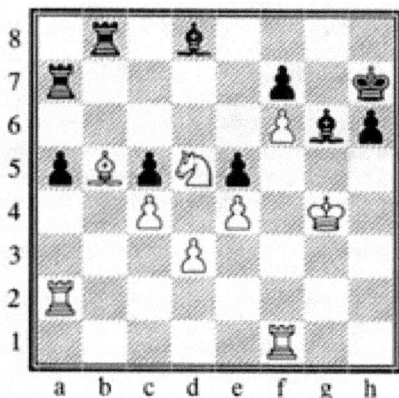

　　在第四局，白方的深蓝就踢到铁板，面对卡斯珀罗

夫的不甚精彩第 42 棋步，深蓝突然间就当机了。即并
行处理若是低于原先被订为最低的效率，程序就会自动
地停止计算。懊恼的许峰雄则必须重新启动深蓝，而依
照比赛规则，所花的时间会记在深蓝的时限。许峰雄能
勉强的及时重新开机，但是卡斯珀罗夫因而有时间分
析，而可推测深蓝只有一个普通的第 44 棋步。

且虽然调整过，饱和虫又一次出现。轮到第 56 棋
步，深蓝的残局 ROM 就以僵持的城堡为由，预测对弈
必然会和局。卡斯珀罗夫也看到必然的和局，而在还没
有下对应深蓝的第 56 棋步，就摊开双手而提议，「和局
吗？」。持有白方优势的深蓝，无奈就握手而接受了对
弈的和局而丢掉了半分即给心满意足的卡斯珀罗夫。

休战三天之后的第五局，深蓝虽然为黑方，还是积
极的推出重量级棋子。但是，引起争议的 *11.h5* 棋步就
将黑 *h*-列道的小兵推下两步（第五局 *11.h5* 的下图右之
箭头所示）。惊讶的深蓝团队和顾问团就是你看我、我
看你而摇头，但是许峰雄知道深蓝是在警告卡里帕罗
夫，「你如果「国王边入堡」，我会击杀你！」。世上嫌少
人敢如此要胁威风十足的卡斯珀罗夫。卡斯珀罗夫恐怕
还是难以摆脱第二局的疑虑和第五局的小兵威胁，他局
后惊愤的对他的团队说，「一台电脑不可能走 *h5*！」。但
是许峰雄则是清楚深蓝的「想法」，他说，[58]

当我看到深蓝的 *11.h5*，我就知道是哪一些硬体在

---

[58] 国王边入堡」kingside castle、「加权线性组合」weighted
linear combination、「小兵通路到后排而升级」passed pawn。许峰
雄的引述取材于 Hsu, F.H 2002, *Behind Deep Blue,* Princeton
University Press。

驱动那一棋步。在比赛前两个月的芯片设计，我彻底地改变了保护国王的评估硬体，在国王入堡之前，深蓝的硬体会计算三套国王的安全评估：

一个国王边的入堡、一个皇后边的入堡和一个为留在中间之等三个选择。国王的安全评估是依据相对三项动作之一「加权线性组合」，以及入堡的困难度…在一般的布局，深蓝总是能安全的以皇后边入堡，所以从深蓝的立场看，*h5* 是极为合理的选择…

卡斯珀罗夫虽然曾有一个「小兵通路到后排而升级」的机会，他或许仍在疑虑 **11.h5** 而错过机会。结果，深蓝的国王就无忧无虑地前走而开启了一个重复棋步次序和局。而黑方的深蓝就获得宝贵的半分。右边图是在深蓝第 11 步之后的第五局七班布局。

面临最后的第六局就是一掷乾坤的 2½ - 2½ 平手，除非黑方的卡斯珀罗夫取得一满分，深蓝会成为历来能平局或打败正在卫冕世界冠军的第一台机器。

评论家认为在第六局白方深蓝若能一开始就主导局势，它能展开对方很难以抵挡的攻势，而深蓝果然以 **11.Bf4** 就是开对角线而控制了黑方的三个小兵的三角方格，如下图左所示。在完全漠视对方棋子的奇异步伐，深蓝就以 **19.c4** 攻击而迫使卡斯珀罗夫留在后方，而他只能苦涩的称臣。下图右边是第六局在深蓝第 11 步之后。下右边图是第六局的历史性结局棋盘。

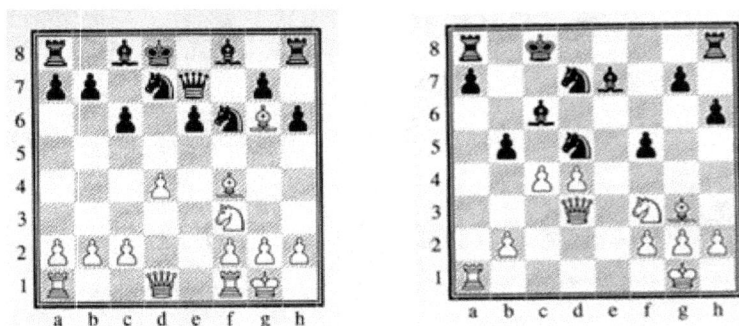

尽管第六局的惨败，卡斯珀罗夫并没有承认深蓝的棋艺比他优，即他的反电脑策略是没有让他发挥他能胜过任何人的「棋艺」，但是，无论如何，他不能攻下深蓝的彻底搜寻和程序逻辑之「机艺」。[59]

在大赛结束之后的记者会，迎接卡斯珀罗夫上台是热烈的鼓舞掌声，但深蓝的团队一上台，尽管他们卓越的技术成就，观众只是淙淙低声的轻拍手；即不像其他的技术突破，深蓝团队没有引起瞻仰，而在冷漠的氛围

---

[59] 往后，卡斯珀罗夫就稍微收回他对深蓝团队的指控说，「我并非想写情书给 IBM，但我提高对深蓝团队的尊重，而降低对我自己的表现。但是，如今人人就可以买安装于笔记型电脑的打败深蓝的象棋引擎」（但他没有说该象棋引擎亦可轻取他自己）。

就萎靡不振的下台。

　　属于人类的观众支持「自己人」在人机对决是一自
然的反应，而尽管卡斯珀罗夫惯性的傲慢，大楼的中央
大厅竟是弥漫怜悯的气氛。老华生早就知道民众会对能
思考的机器唤起不安、威胁、甚至敌意，而人的潜伏反
机器心理将是一直围绕着人工智能的发展。

　　卡斯珀罗夫曾在对局进行时要求看深蓝的对弈记录
来查寻他怀疑的人为干预，但是深蓝坚决的拒绝，即是
等于在局中告诉对方自己正在执行的策略。赛后，IBM
确实给卡斯珀罗夫整个对弈的记录，但是卡斯珀罗夫的
团队并没有发现任何干预的痕迹。[60]

　　深蓝的历史性胜利是证明「由上而下」的专才系统
可在有限的领域比得上顶尖的人类高手，而无疑是一卓
越的技术成就。但是从此，人对人的西洋棋大赛往后不
会是至高无上的智慧对决，而西洋棋的大师不再能气派
轩昂的看世人，即真正的西洋棋冠军不是一个人，而是
一台机器。

　　如今，所有的西洋棋大师都是使用电脑练棋，而所
模拟的相似度恐怕是冠军赛连续不断的和局收场。现在
的世界冠军，挪威的马格努斯·卡尔森和意大利裔美国
人的法比亚诺·卡鲁阿纳与 2018 年的冠军赛的结果是
12 盘和局。最后卡尔森在延长对弈（各方只有总 30 分
钟的快速下棋），就勉强而不令人满意地卫冕。

----

[60] 卡斯珀罗夫引述取材于 Wikipedia 公共领域资料。祺盘图
案取材于 Hsu, F.H 2002, *Behind Deep Blue: Building the Computer
that Defeated the Chess World*, Princeton University Press 以付费的
Creative Commons 正式授权；。笔者建议，为避免西洋棋冠军赛的
和局泛滥，因该考虑如围棋的五场冠军赛。

　　深蓝的胜利并没有让它成为电脑科学的明星电脑，即突破性技术的宿命是解剖。即只有深蓝的外壳是留在IBM总部展示，而主要的电路、西洋棋加速处理卡和芯片等内装组件是交给 IBM 的测试实验室，剩下的组被置放在实验室的零组件架柜。

第八章 感知器

希腊古代的普拉图和现代科学之父伽利略和著名数学师布劳威尔和庞加莱是相信数学才华是苍天赐予地上极少数的人，而机器当然不会受苍天的赐予，估而有智慧的机器似乎是被笛卡尔的「心物二元论」制止。但是，有智慧的人能否将智慧赐予机器呢？

地球上确实有受苍天所赐予的数学才能，即仅十四岁就大学毕业的诺伯特·维纳，除数学之外，他也研究过动物学和哲学，并能讲七个不同的语言（而据说无论哪一语言，人就难以听懂他说的话）。

十七岁就获得哈佛大学的数学博士之后，维纳就与英国剑桥大学的波特兰·罗素及闻名纯数学家 G.H.哈迪一起研究纯正数学。接着，博学多才的维诺就转到德国当时数学和物理圣堂的哥廷根大学与大卫·希尔伯特研究物理数学。[61]

持有如此卓越履历表的维纳在哈佛教了一年的哲学，但是他同时也在研究动物学，而除科学之外，他也在「通用电子公司」任职一年的工程师，而居然在《波士顿先驱报》当了一年的新闻记者。

当第一次世界大战在欧洲爆发了，还年轻的维纳就前往当地的募兵处而自愿服役，但是看了太多书而深近视眼的他被拒录而无缘参军。然而数学元老奥斯瓦尔德·维布伦则邀请他参与在马里兰州的阿伯丁试验场与多名数学家计算地对空高射炮的弹道。

---

[61] 诺伯特·维纳 Norbert Wiener、G.H.哈迪 G.H. Hardy。

战后，他回去哈佛教书，但很意外没有取得永久正教授的资格，而与爱因斯坦一样，他相信原因是数学系主任 G.D.伯克霍夫之反犹太人歧视。维纳则只好转到MIT 任职讲师。[62]

在遍布新思维的剑桥市，维纳有机会参加许多不同学术的正式和非正式的讨论会，而众多学者所讲的不同学术令才华横溢的他就意识到不同学术之间的「合流」，即并不是如今大学所称之「跨学科」研究，而是不同学术的边缘融合，比如数学、物理、生物学、神经学，电子学、以及正在萌芽的电脑科学的合流。他的哲学修养自然而然就引导他想起「心物二元论」与「心物一元论」的不同结论，而他认为人只要「有心」将智慧带进机器，机器应该能思考。

维纳在思考不同学术的合流时，第二次世界大战就开火了，而维纳就回到他的弹道学而开始想，当时的全机械性高射炮必须「有心」瞄准才能击落飞在可预测队形的重型轰炸机，以及难以追踪的快速变向小战斗机。

曾研究动物学的维纳就想到达尔文的演化论，即动物的感应器官是观察环境的变化，则能以「自适应反馈回路」，而做适当的反应，即诚如查尔斯·达尔文在他的历代性大作《物种起源》写道，

并非最强有力的

---

[62] 奥斯瓦尔德·维布伦 Oswald Veblen。G.D.伯克霍夫（Birkhoff）曾承认他是极右派分子（而当时哈佛也是不欢迎犹太人的申请）。伯克霍夫则说他并非反犹太人，他只是想让多一些美国人当哈佛的正式教授，但是维纳是美国人。

　　　　　　　或者最具智慧之

　　　　而是最能适应变化的物种才会存活

维纳正在研究要如何反馈飞机的航行而有适当的反应
时，在贝尔实验室的大卫·帕金逊，以便维持电话声音
的稳定性，他使用的反应电压变化的电位器来记录电压
变化在一条长纸条。帕金逊则觉得，他的电位器反而也
可以用来跟踪在示波器的雷达亮点而返馈亮点的走动到
高射炮的开火指导器而瞄准敌机航行。

　　达尔文论的「适者生存」、维纳的「自适应反馈回
路」和帕金逊的「电位器反馈」，是维纳的典范合流，
而他自己命名他的合流学术「控制论」（cybernetics，
舵手）。[63]

　　耶鲁大学医学院毕业，专门研究神经学的沃伦·麦
卡洛克，受聘到伊利诺大学的心理学实验室任职研究主
任时，由于曾参加 1956 年达特茅斯学院的暑期人工智
能研讨会，认识了维纳而就邀请他来伊利诺演讲。维纳
的题目是「反馈回路的机器」。

　　麦卡洛克听完演讲，就开始想，环境是刺激动物的
神经元，而促使它的反应，但是仅单独一个神经元本身
并没有「意识」（「有心」），但是被刺激的神经元与其他
的神经元的「突触神经元布局」，经由脑筋的处理，会

---

[63] 「合流」nexus、「自适应的反馈回路」adaptive feedback
loop、《物种起源》On the Origin of Species。Wiener, N 1948,
Cybenetics, Technology Press。

构成动物对环境的「知觉」，而促使它反应的「意想」。

受到不同外来的刺激会激发不同的突触神经元布局，而产生不同的「知觉」，而维纳的自适应反馈回路是依照环境变化的知觉而促使神经元的突触布局所构成的反应意想。即原则上，被训练的一幅「人工神经元网络」的神经元激发布局也可以呈现「知觉」。

麦卡洛克接着就求助于仅十八岁的数学神童沃尔特·皮茨，而他接着想到，由于神经元的激发只有两个状态，开或关，即是一个二元系统，应该可以使用电子开关来代表神经元的激发与否，接着就由布尔的二元逻辑展现人工神经元网络的「意识」。

然而，环境的刺激强度有别，而为让麦卡洛克的「人工知觉」更加敏感，在维纳的合流之再一次范例，康乃尔大学的精神病理学家弗兰克·罗森布拉特就将麦卡洛克的人工知觉「参数化」，即在每一人工神经元乘上一个「加权参数」来改变神经元激发的亮度，而人工的神经元网络的知觉就可以更为「敏感」。

维纳的动物学「自适应反馈回路」、麦卡洛克的「人工神经元组合」、皮茨的电子和电脑学的人造「突触神经元网络」和罗森布拉特的人工神经元「参数化」，整体的「合流」也就是世上「由下而上」的第一部由电子学建造的「感知器」（perceptron）。

为测验他的感知器，罗森布拉特是将一「光转电组件」对准两个大方块的图案，方块所反映的光子是以光电效应转成电子，而「类比转数字」ADC（即从类比的电流连续抽样而制定一数值，则两个方块的亮度被数字化，而将两个数字化的方块映像在一台 IBM 704 电

脑的影像矩阵记忆体。[64]

然后，两个大方块的反光画素（pixel）会被 IBM 704 以加权参数迭代画素矩阵元素的亮度，一直到两个大方块的每一画素灰阶可映射在电脑的记忆体，即电脑的记忆体可以辨认两个大方块。

切要注意，IBM 704 电脑不只是与电视摄影机一般在电视机屏幕重制该两个大方块的影像，IBM 704 电脑是辨认而记得该影像而加了一个标记「两个大方块」，即 IBM 704 是「学会」辨认两个大方块。

然而，人工智能的元老吗文·明斯基在他的《感知器》一本书中，断言该感知器之二元闸门流向是无法执行逻辑的 XOR 函数，而如此其辨识的能力就会受限。他的认知往后是以重叠的感知器反驳，而感知器就可以继续用来辨识。但是人工神经元网络的发展，由于明斯基的错误认知，是被延迟而促进了长达七年的 1974-1980 年的「第一 AI 冬季」，即人工智能的基本研究和新的 AI 机器就难以获得研究资助，甚至被科学界嘲讽。

第一 AI 冬季刚要解冻时，跟随就是 1981 年开始而完全失败的「日本第五代计划」所抑制和延续人工智能研发的 1987－1993 年「第二 AI 冬季」。[65]

---

[64] 沃伦·麦卡洛克 Warren McCulloch、突触神经元链」synaptic pattern、「神经突触聚合」synaptic connections、「人工神经网」artificial neural network (ANN)、沃尔特·皮茨 Walter Pitts、弗兰克·罗森布拉特 Frank Rosenblatt、「感知器」perceptron、「类比转数字」analog to digital converter (ADC)、「光转电组件」photoelectric cell、「灰阶」是在 [0,1] 的闭区间，即可容纳无穷小的从 0 到 1 的数值。

[65] Ref. Minsky, M and S. Papert 1969, *Perceptrons, an Introduction to Complex Geometry*, MIT Press. 当只有其中之一的输

　　尽管明斯基的错误和日本的第五代过度吹捧所造成的 AI 寒蝉效应，幸亏有加州理工学院在 1982 年，以能量阶之记忆体重建了一台感知器，而在忽视明斯基的错误，就证明了感知器概念的可行，即快要猝死的人工神经元网络发展可享有再十年的凤凰重生时期。

　　感知器是如何在人工智能应用呢？依照以下的示意图，输入项 x_i 是二元（0 或 1）的神经元激发与否因素，x_i 的加权参数是 w_i，而每一因素乘上一个加权参数，加起来的和值若是比条件值 b 大，就是「是」，若是小于 b 就是「否」，即输出 a 是问题的答案，[66]

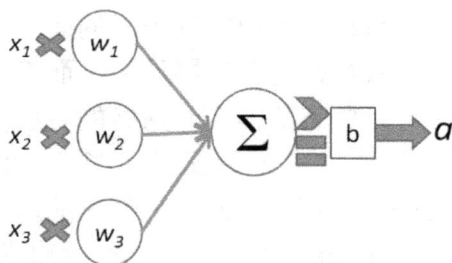

感知器的运作可由一个简单日常生活事件表明：当地的音乐学院即将举办一场钢琴演奏会，你犹豫不决要不要

入是 *True*，XOR 之二元闸门输出是 *True*，即输入其中之一而并非二者。充满希望的人工智能从 1960 年代的开始，因为明斯基的错误认知和日本第五代的失败，分别曾经过 1974 – 1980 年之第一 AI 冬季和 1987 – 1993 之第二 AI 冬季，而终于等到 2000 年代起的巨大并行电脑芯片和「大数据」才浴火凤凰。

　　[66]「参数化」parameterization、「感知器」perceptron 参考 Rosenblatt, F. 1958, *Psychological Review*, Vol. 65, 6. 感知器可由 NAND 逻辑闸在 IC 设计实施。类似的案例可取材于 Nielsen. M., *Neural Networks and Deep Learning*, academia.edu online pdf.、「灰阶」greyscale。

去听，而有几项因素要考虑；除你喜欢听钢琴音乐之外，你还是要考虑以下的因素：

x_1 = 可以走路去音乐学院
x_2 = 女朋友陪你去
x_3 = 女朋友的弟弟跟着去

由于决定的因素可混合排列，而一开始有不知道的因素和其相互关系，你脑海里的决策神经元激发布局还没有形成。去或者不去的因素是：你因为没有车子，零用钱也有限，最好是可以走路去。所以你先开始搜集一些「实地状况」，而从网路地图就知道音乐学院离你家和女朋友家不远，所以状况因素 x_1 =1，但你不知道 x_1 与其他因素的比重，即不知你会不会不管后两个因素而无论如何就走路去，感知器则能帮你决定。

至于 x_2 和 x_3，你知道女朋友会弹钢琴，所以应该愿意去，但是你无法确定她的弟弟会不会一起去。所以你要评估个别因素的相对重要性。音乐学院近可以走路去，但此因素并非关键，所以先设定其加权参数为平平的 w_1 = 3；女朋友陪你去是非常重要，所以 w_2 = 5，但是扫兴的弟弟一起去是一重大的负面因素，所以你将 w_3 = － 4。你自己喜欢钢琴音乐，所以参加的偏向是高，但不知道她的弟弟会不会，所以指定不去的偏向为 b = 6。

感知器的分析现在可以进行：能走路去音乐学院，所以几乎每一状况 x_1 =1；如果女朋友和她弟弟都不会去（x_2=0，x_3=0），所以 $1x3 + 0x5 + 0x(－4) = 3 < 6$，是比去的偏向低，所以即使能走路，你不会一个人去。女朋友陪你而没有带他弟弟去（x_2 =1，x_3 = 0），加权的总

数是 $1x3 + 1x5 + 0x(-4) = 8 > 6$，而你一定会请女朋友一起走路去听音乐会！女朋友当天若有事，但弟弟能去 ($x_2 = 0$，$x_3 = 1$)，你要一个人带她弟弟去，这大概是最糟糕的状况，$1x3 + 0x5 + 1x(-4) = -1 << 6$，即女友不能去但弟弟可去，你绝不会去。

女朋友若是愿意陪你去，但要带她弟弟一起去 ($x_2 = 1$，$x_3 = 1$)，问题比较难解，但是感知器会帮你决定，即 $1x3 + 1x5 + 1x(-4) = 4 < 6$，所以即使女朋友会陪你走路去，由于她弟弟会跟着去，你就不会去。

感知器不但可提供经过分析的合理选择，连你自己或许都不知道的潜在意识可能会被感知器披露。比如，第一是女朋友的单独陪伴是比你一个人走路听钢琴音乐重要；第二是女朋友若是带她弟弟一起去，你就不去，所以女朋友的单独陪伴比听钢琴音乐重要。感知器隐含着你对钢琴音乐的欣赏或许只不过是虚伪的想在女朋友显文明。

最坏的状况是女友不去，但她请你带她弟弟去，而你就必须花钱呼叫滴滴出行带他去，而到了音乐厅发现当晚的钢琴演奏均是难听的无调性的先锋派音乐。

所以为了确保你可以避免如此恶劣的遭遇，你必须先搜查实地的状况，比如弟弟当天晚上是不是有事而不能去、演奏会请了哪一钢琴家表演、曲目是有你特别喜欢听的曲子等资讯，而如此可以用来调整各因素的加权参数，即你的音乐会模型可更拟合实地的状况。

调整加权参数和偏向值若能适当的拟合你的音乐会模型，你甚至可忍耐弟弟一起去，或相反的，无关女友和弟弟去不去，你会单独走路去听音乐会。亦即，加权的参数化若是明确的拟合数据，可以完全改变偏向。

　　人工智能的感知器是许多不同的专家和不同学术的
合流，而是现代人工智能神经元网络的基本运作原理。
维纳的「自适应反馈回路」的资讯输入和判定的返馈输
出、加上麦卡洛克的「突触神经元组合」、罗森布拉特
的人工神经元「参数化」和皮茨的二元电子数字化，与
专才系统不同，可以用在数多不同的问题而缠身厥词，
即模仿人的知觉。

　　感知器的链接是构成一「多层感知器」（MLP），
也就是世上第一台「人工神经元网络」（ANN）。[67]

---

　　[67] 「多层感知器」multilayer perceptron（MLP），「人工神经元网络」artificial neural network（ANN）。

第九章　参数化

第八章的钢琴演奏会决策感知器的一层一层链接会建构一幅人工神经元网络（ANN）。下图是一简单的 *4 x 4* ANN 矩阵，则与一般矩阵之用语不同，每一「层」（layer）是横行而延展，因而每一层的神经元激发参数 a_j 是（即 *j=0,1,2,3*）在人工神经元网络矩阵垂直延下，所以称之为「排」（row）而非一般称之为「列」或「栏」（column）。[68]

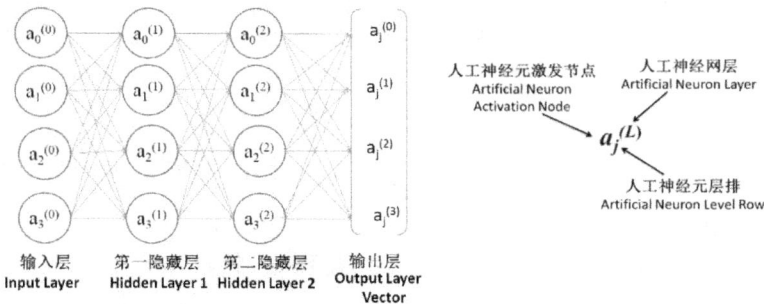

人工神经元激发节点
Artificial Neuron Activation Node

人工神经网层
Artificial Neuron Layer

$a_j^{(L)}$

人工神经元层排
Artificial Neuron Level Row

输入层
Input Layer

第一隐藏层
Hidden Layer 1

第二隐藏层
Hidden Layer 2

输出层
Output Layer Vector

每一排是有四个「节点」，而每一节点是连接到每一后续的每一神经元节点，最左边一层是接收外来的信息（比如动物的视觉刺激）之「输入层」、后继的是两幅「隐藏层」和最后排的「输出层」是被「扁平化」的矩阵「决策向量」。矩阵的第 *L* 层之每一向量元素 $a_j^{(L)}$ 的

---

[68] 「输入层」input layer、「隐藏层」hidden layers、「输出层」output layer、「决策向量」decision vector。矩阵的「扁平化」flattened matrix 只是将输出层的矩阵之每一排的神经元逐一从左到右连接成一长列的向量，每一矩阵元素 *a* 是决策向量的一元素；扁平化的计算可由比如 *numpy.matrix* 软件自动执行。

上下标幅是如上图右边所示。

一般二维的人工神经元网络矩阵是再加在矩阵第三维度，而是储存比如彩色，则构成一体积矩阵。

前一章所述的音乐演奏会决策感知器的加权参数 w_i 是依照当事人的事前偏袒，但一台机器是没有偏袒，所以人工神经元网络的立体矩阵的神经元激发布局一开始是一完全随机的高斯分布，即可说是画家的空白帆布或宣纸，即是在等待画家画上他意识中的画像。

在机器监督学习，带有「标记」的训练集数据经过电脑的算法，以「梯度下降法和反馈传播」，就以加权参数调整神经元网络的神经元激发亮度，以致匹配训练集的数据分布，而 ANN 如此就是学到训练集的标记物，则储存在电脑的记忆体之后，机器就是学会辨认训练集的标记物。[69]

所谓的「连贯性前进」的人工神经元网络是从训练集输入数据到神经网的「输入层」，尔后到「全连接的神经元层」的矩阵，隐藏层是萃取影像的特征。然后，如过一只真的猫被置放在 ANN 的摄影机前，在电脑视觉人工神经元网所监督学习的动物，于「输出层」矩阵被「扁平化」成一条「决策向量」，猫的向量元素概率若是最高，电脑视觉就是辨认的影像为一只「猫」。[70]

---

[69] 各监督学习一开始所用的随机分布应该不同，否则不同的人工神经元网络训练集数据分布可能会有同样的「成见」而不慎造成同样的结果。「梯度下降法和反馈传播」会在下一章介绍。

[70] 如高斯的随机分布 Normal Gaussian distribution 是能消除数据中无关分布的杂音 (noise)。偏向值 b (bias) 可以消除系统上的差错 (systematic error)。「算法」algorithm「标记」labeled、「输入层」input layer、「隐藏层」、hidden layer、「决策向量」decision vector。人工神经元网络一开始的随机神经元激发是防止执行人的

上图的 *4 x 4* 神经元网络中的神经元 a_j 的第一隐藏层（*L= 1*）之第 *0* 排神经元是等于第 *0* 排和第 *0* 层的神经元激发，乘上加权参数 $w_{L,j}$，

$$a_0^{(1)} = w_{0,0}a_0^{(0)} + w_{0,1}a_1^{(0)} + w_{0,2}a_2^{(0)} + \cdots$$

整体而言，前层的连接神经元是被加权参数 $w_{L,j}$ 制定来匹配训练集的数据，而为顾及前一层对 $a_0^{(1)}$ 的特征，$a_0^{(1)}$ 是加一个「偏向」 $b^{(0)}$，如下，[71]

$$a_0^{(1)} = w_{0,0}a_0^{(0)} + w_{0,1}a_1^{(0)} + w_{0,2}a_2^{(0)} + \cdots + b^{(0)}$$

Sigmoid 函数

为精准和细密的匹配训练集的舒服分布，神经元激发乘上加权参数必须能分辨极微小的差别，但是，单调增加可能会需要几乎无穷大的序列数值，人工智能因而可用数论的数线理念，比如闭区间的 [0,1] 是涵盖无穷多的数字，则数论的数字线上可容纳无穷多的不同色调的灰色，即每一数字是拥有

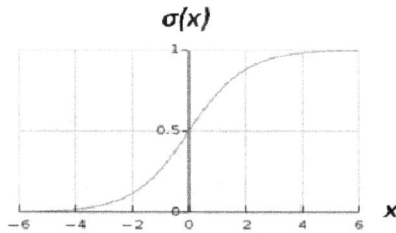

成见或偏向，以及避免不同的辨识任务会有同样的结果，若用不同的随机分布也回次作用。矩阵的「扁平化」知识将每一行连接成一列的向量元素。「连贯性前进」feed forward、「全连接的神经元层」fully connected。

[71] 偏向 *b* bias。

「灰阶」。比如 0.12 到 0.13 之间，虽然看似很近，则在两个数字之间是有无限更细的差别，所以区间虽然小，所能涵盖的数字是无穷多。即机器学习是用 sigmoid 函数 $\sigma(x)$ 提供灰阶，

$$Sigmoid\ Function = \ \sigma(x) = \frac{1}{1 + e^{-x}}$$

由于概率必须是正数，「负的概率」会是不可能的事，最低的概率是零，$sigmoid$ 函数中的 e^{-x} 是没有负值。$Sigmoid$ 函数的图形也是像一个弯曲的「阶梯函数」，所以也可以使用来分类，即可分属于正或负 x 两类。[72]

使用 $sigmoid$ 函数之神经元网络的 $L = 0$ 层神经元激发、加权参数和偏向可由以下公式表示，

$$\sigma\left(w_{0,0}a_0^{(0)} + w_{0,1}a_1^{(0)} + w_{0,2}a_2^{(0)} + \cdots + b^{(0)}\right)$$

$$= \frac{1}{1 - e^{-\left(w_{0,0}a_0^{(0)} + w_{0,1}a_1^{(0)} + w_{0,2}a_2^{(0)} + \cdots + b^{(0)}\right)}}$$

而计算 $L=1$ 层神经元激发，在以上的 $4\ x\ 4$ 人工神经元网络是以矩阵表述如下，

$$a^{(1)} = \sigma\left\{\begin{bmatrix} w_{0,0} & w_{01} & w_{0,2} & w_{0,3} \\ w_{1,0} & w_{1,1} & w_{1,2} & w_{1,3} \\ w_{2,0} & w_{2,1} & w_{2,2} & w_{2,3} \\ w_{3,0} & w_{3,1} & w_{3,2} & w_{3,3} \end{bmatrix}\begin{bmatrix} a_0^{(0)} \\ a_1^{(0)} \\ a_2^{(0)} \\ a_3^{(0)} \end{bmatrix} + \begin{bmatrix} b_0^{(0)} \\ b_1^{(0)} \\ b_2^{(0)} \\ b_3^{(0)} \end{bmatrix}\right\}$$

以上的矩阵公式可以用向量和矩阵符号表示，

---

[72] 「阶梯函数」step function。

$$a^{(1)} = \sigma(\boldsymbol{W}a^{(0)} + b^{(0)})$$

即 $a^{(1)}$ 是神经元激发之 $L=1$ 向量、$\boldsymbol{W}$ 是加权参数的矩阵，$a^{(0)}$ 是神经元激发之 $L=0$ 向量，而 $b^{(0)}$ 是 $L = 0$ 层的偏向向量。*Sigmoid* 函数是施行 $\boldsymbol{W}a^{(0)}+b^{(0)}$ 向量来提供 $L = 1$ 神经元之灰阶。此优美的公式是简洁的表明目前的层次 *(L=1)* 的神经元是全依赖前一层 *(L = 0)* 之所有神经元的加权参数和偏向。

如此可见，每一神经元层是一个感知器，而神经元网络是一个「多层的感知器」MLP，即是最早的现代化人工神经元网络。[73]

层次 $L = 1$ 之神经网以 sigmoid 函数表述是，

$$a^{(1)} = \sigma\left(Wa^{(0)} + b^{(0)}\right)$$

$$= \frac{1}{1 - e^{-(Wa^{(0)}+b^{(0)})}} \qquad (Eqn.\,9.1)$$

由于一般先进的人工神经元网络会是具有多层的大数神经元，计算一般是用并行处理矩阵代数的「绘图处理器」GPU。

除提供灰阶的 *sigmoid* 函数，以及双曲正切函数 *(tanh)*，现在许多人工神经元网络是使用比较简单而容易和快速计算的 *ReLU* 函数，即是一直以 *45º* 往上的一条直线，

$$f(x) = max\ (0,\ x)$$

---

[73] 「多层的感知器模型」multi-layer perceptron (MLP)。

加上如 *softmax* 函数的「整流器」是提供灰阶。*Softmax* 函数的整流器,是将 *ReLU*「软化」才能提供灰阶,

$$Softmax = \xi(z)_i = \frac{e^{z_i}}{\sum_{j=1}^{K} e^{z_j}}$$

即 z_i 是向量 z 之第 i 元素, $\xi(z)_i$ 是以每一指数函数之和为分母而如此确保 $\xi(z)_i$ 是在 [0, 1] 区间内, 而由于指数无负数, $\xi(z)_i$ 一定是正数的概率。

比对的实验已经证实在计算密集的 ANN, *ReLu* 或 *sigmoid* 的使用并没有实质不同的结果。何况, 当 *sigmoid* 或者 *tanh* 接近 *0* 或是 *1* 的区间限, 会有计算饱和之虞, 而神经元网络的学习会慢下或者完全停滞不前, *ReLu* 不会有如此饱和的问题。灰阶函数的选择一般只是二者都用, 而无需知道缘由, 选择最有效率的灰阶函数即可。[74]

机器学习的准确度是依赖模型对训练集数据的拟合度, 而拟合度是依附机器的加权参数、偏向、和算法的收敛。「参数化」是将人工神经元网络的神经元乘上加权参数和偏向值, 表明训练集的数据分布, 即神经元网络的加权参数是付诸人工神经元网络「知觉」。

---

[74] *Sigmoid* 函数会饱和因为比较深的隐藏层, 由于指数函数 e^{-x} 下降得快, 而加权参数只有极小的改变, 而 ReLU, 由于没有上限, 可以避免梯度降下如此的慢下。另外一些灰阶函数包括 CUBE, ELU, HARDSIGMOID, HARDTANH, IDENTITY, LEAKY RELU, RATIONAL TANH, RRELU, SOFTMAX, SOFTPLUS, SOFTSIGN。

第十章　梯度下降法和反馈传播

宛如刚出生的婴儿，刚建立的人工神经元网络（ANN）的脑筋之视觉皮层的神经元还没有任何有组织的突触神经元激发布局，即是一幅空白的宣纸在等画家提笔绘画，而与初学的画家一般，ANN 要先学习如何绘画，而学习最好的方法是先抄袭著名画家的大作。[75]

　　电脑科学而言，ANN 的「空白宣纸」可由高斯的随机分布起步，ANN 则会从训练集，以她神经元的加权参数调整和加以偏向，然后迭代到神经网的分布是匹配训练集的数据分布。ANN 与训练集的差异是个「损失函数」，理念是来自经济学的成本「代价」，而若要正确的学习，她要最小化该损失函数。损失函数的定义如下，在下第二公式是第九章 (*Eqn. 9.1*) 神经元激发 $a^{(L)}$ 的公式

$$损失函数 = Loss\ Function = (a^{(L)} - y)^2$$

$$a^{(L)} = \sigma\big(Wa^{(L-1)} + b^{(L-1)}\big)$$

经由 m 次数的计算而除 m 就是「平均代价函数」C，而平均化会消除杂音和减少计算负担，，[76]

---

[75] ANN 是 Artificial Neural Network 的简写。

[76] 损失函数中的方括号是以平方值的源因是保持损失函数的正数，并是凸显差异，也是与统计学的变异数（variance）以致。再者，平方的函数的微分比较容易（即平方函数的导数只会加有 2 的系数（平均代价函数的前 ½ 的系数是以备即将微分的损失函

$$平均代价函数 = Average\ Cost\ Function = C$$

$$= \frac{1}{2m} \sum_{i=1}^{m} \left[(a^{(L)} - y)^2 \right]_{i'}$$

ANN 现在的学习任务是最小化此平均代价函数。从基本的微分学，C 的曲线的最小值是其导数等于零的水平点，而由于 C 的曲线是符合连续性及可微分的条件，曲线坡度等于零是曲线的最小点，ANN 则可将相关加权参数 w 微分 C 而指定为零，而如此找到平均 C 的最小点，

$$Set\ \frac{\partial C}{\partial w} = 0$$

若在曲线上放一颗球在曲线的正值坡，球会向左滚（以球的左右手为准）；球若是放在负值坡，球就会往右滚，即球会滚向更低的位置，而球的滚速率是取决于破度，接近水平点时，球会减少滚速率而停在曲线的零点位置，即平均代价函数的最小化点。

　　然而，平均代价函数的曲线可能会有多于仅一个导数的零点（如下图左所示），即导数等于零就不一定是整体曲线的最低点，而平均代价就没有被真正的最小化。所谓的「区域性最小点」是一直烦扰神经网的最小化平均代价计算。

――――――――――

数）。没有用绝对值是因为会回归于中值而非平均值，且不能在原点零定义。「平均代价函数」*average cost function*。

　　另外一个问题是，在接近最小化点，由于曲线的坡度会越来越小，而计算最小化点的速度会慢下，平均代价的最小化行径时可能会停滞不前。[77]

　　三维的平均代价函数会有三个加权变数 w_i，即宛如山峰和山谷之间滚动的球是在寻得最小化点，如下图右所示，

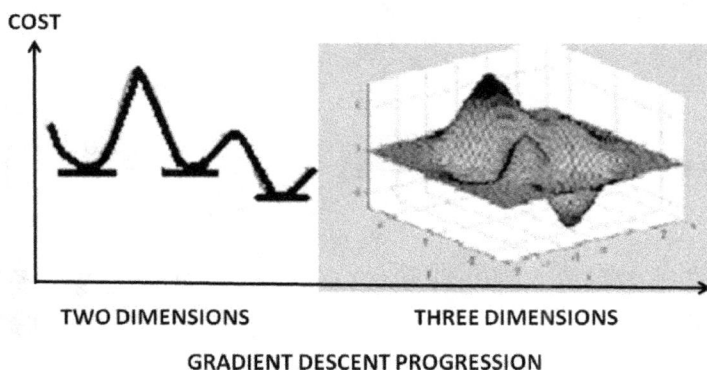

COST

TWO DIMENSIONS　　　　THREE DIMENSIONS

GRADIENT DESCENT PROGRESSION

三维可由图形表示，但多于三维的梯度下降法是无法绘画，但数学能「看得到」多维函数而作大于三维的函数运算。向量分析的「梯度下降法」的「梯度」是指最徒的坡度方向，而「下降」就是朝向平均代价函数曲线的零点下去，而因为是往下行动，函数就是加一负符号，

$$梯度下降向量 = Vector\ of\ Steepest\ Descent =$$
$$-gradC = -\nabla C.$$

[77] 「区域最小点」local minima、「、「真正的最小化」global minimum、收敛 converge。

举例，三维梯度下降法的三维公式是，

$$-\nabla C = -\left(\frac{\partial C}{\partial w_x}\boldsymbol{i} + \frac{\partial C}{\partial w_y}\boldsymbol{j} + \frac{\partial C}{\partial w_z}\boldsymbol{k}\right)$$

即 $\boldsymbol{i}$、$\boldsymbol{j}$、$\boldsymbol{k}$ 是 x、y、z 方向的单位基向量，而 w_i 是 i 方向的加权参数值。大于三维的平均代价函数一般是用 e_j 代表单位向量，即 $j = 1, 2, 3, 4,...,$

$$-\nabla C = -\left(\frac{\partial C}{\partial w_1}\boldsymbol{e_1} + \frac{\partial C}{\partial w_2}\boldsymbol{e_2} + \frac{\partial C}{\partial w_3}\boldsymbol{e_3} + \cdots + \frac{\partial C}{\partial w_j}\boldsymbol{e_j}\right)$$

多变数微积分之最小化平均代价函数的算法是先在多变数的「轮廓」点，则「踏步」，继而迭代计算一直到最小化点。踏步的长度是「学习的速率」，大的步伐会加快收敛且减少计算，但是太大的踏步可能会错过所寻得的最小点。[78]

反馈传播

由于神经网的每一层次的神经元激发加权参数是传播到后续连接的一层，每一层的神经元激发布局是依附前一层的神经元布局。「反馈传播」是逐步返回神经网的层次而调整平均代价函数和加权参数的关系，即是一个

---

[78] 「梯度下降法」gradient descent、「学习的速率」learning rate。

「反馈回路」。[79]

　　神经网 L 层之损失函数公式以上表述过如下，

$$Loss\ Function = (a^{(L)} - y)^2$$

即 $a^{(L)}$ 是 L 层的参数化线性组合，y 是训练集的相关向量。以便简化反馈回路的推导，先介绍一个新变数，即

$$z^{(L)} = w^{(L)}a^{(L-1)} + b^{(L)}$$

新变数 $z^{(L)}$ 的 L 层是包含神经网 $L-1$ 层的 $a^{(L-1)}$、加权参数 $w^{(L)}$ 和偏向 $b^{(L)}$，而神经元激发是用 $sigmoid$ 函数来提供灰阶，

$$a^{(L)} = \sigma\big(z^{(L)}\big) = \frac{1}{1 + e^{-z^{(L)}}}$$

相关加权参数的平均代价函数导数可用微分的基本「连锁律」表示反馈传播，[80]

$$\frac{\partial C}{\partial w^{(L)}} = \frac{\partial z^{(L)}}{\partial w^{(L)}} \cdot \frac{\partial a^{(L)}}{\partial z^{(L)}} \cdot \frac{\partial C}{\partial a^{(L)}} \text{。}$$

现在就从右逐一微分每一项，（由 σ' 指 σ 的导数），

---

[79] 「反馈传播」backpropagation。
[80] 微积分的「连锁律」chain rule of calculus。

$$\frac{\partial C}{\partial a^{(L)}} = 2\big(a^{(L)} - y\big),$$

$$\frac{\partial a^{(L)}}{\partial z^{(L)}} = \sigma'\big(z^{(L)}\big) \equiv \frac{\partial}{\partial z^{(L)}}\left(\frac{1}{1 + e^{z^{(L)}}}\right),$$

$$\frac{\partial z^{(L)}}{\partial w^{(L)}} = a^{(L-1)}.$$

以上的第三公式是说，在 L 层之相关加权 $w^{(L)}$ 的 $z^{(L)}$ 导数是依附前一层（$L-1$）的神经元激发 $a^{(L-1)}$，即如生物的脑筋突触神经元布局一般，「连接的神经元会一齐激发」，而依附以上的连锁律，相关 L 层的加权参数 $w^{(L)}$ 的平均代价函数 C 是，

$$\frac{\partial C}{\partial w^{(L)}} = a^{(L-1)} \cdot \sigma'\big(z^{(L)}\big) \cdot 2\big(a^{(L)} - y\big).$$

经由 m 次的训练集执行，在神经网的 L 层，依附该层的加权参数之相关该层的 $w^{(L)}$ 参数平均代价函数 C 的平均导数是，

$$\frac{\overline{\partial C}}{\partial w^{(L)}} = \frac{1}{m}\sum_{k=0}^{m-1}\frac{\partial C_k}{\partial w^{(L)}}\ 。$$

相关偏向 b 的平均代价函数导数 $\partial C/\partial b$ 可由同样的推导和连锁率演算，

$$\frac{\partial C}{\partial b^{(L)}} = \frac{\partial z^{(L)}}{\partial b^{(L)}} \cdot \frac{\partial a^{(L)}}{\partial z^{(L)}} \cdot \frac{\partial C}{\partial a^{(L)}}$$

由以上的 $z^{(L)}$ 定义，

$$\frac{\partial z^{(L)}}{\partial b^{(L)}} = 1$$

而其他的项目以上都曾被表述过，即

$$\frac{\partial C}{\partial b^{(L)}} = \sigma'\big(z^{(L)}\big) \cdot 2\big(a^{(L)} - y\big),$$

但是，

$$\sigma'\big(z^{(L)}\big) = \frac{\partial}{\partial z^{(L)}}\left(\frac{1}{1+e^{z^{(L)}}}\right)。$$

再经由以上的返回运算，迭代每一层来最小化相关加权参数和偏向的平均代价函数值，而以包含每一层的每一神经元，在 a 加上排的下标，而在 w 加上两个下标（j 排，k 栏）如下，[81]

$$z_j^{(L)} = \cdots + w_{jk}^{(L)} a_k^{(L-1)} + \cdots$$

$$a_j^{(L)} = \sigma(z_j^{(L)})$$

[81] 以符合 AI 一般文献的指标方式，j 是指「排」（row）而 k 是指「行或列」column。原因是后者会需要加权矩阵的「转置」transpose，而如此绕乱相关的公式。参见 Nielsen. M 2019, *Neural Networks and Deep Learning*, academia.edu.

次数训练 m 之平均代价函数的 j 排神经元是，

$$C = \sum_{j=0}^{m_L-1} (a_j^{(L)} - y_j)^2 \, 。$$

再使用连锁律，即

$$\frac{\partial C}{\partial a_k^{(L-1)}} = \sum_{j=0}^{m_L-1} \frac{\partial z^{(L)}}{\partial a_k^{(L-1)}} \cdot \frac{\partial a_j^{(L)}}{\partial z^{(L)}} \cdot \frac{\partial C}{\partial a_j^{(L)}}$$

以上的公式依附 L 层之和是于单一神经元一样，除代价函数依附 $L\text{-}1$ 的神经元激发，由于每一层是具有多数的神经元，则有多不同的路程可走到多不同的神经元节点，走 $L\text{-}1$ 的神经元会影响平均代价函数值，所以需要统统加起来。

以上的导数是调整相关前一层加权参数和偏向，而依照平均代价的最小化，ANN 会匹配训练集的数据，而如此学习训练集的数据分布。

切要注意，人工神经元网络并没有事先被指导要如何辨认，即可完全独当一面而依照梯度下降和反馈传播自主学习。整题运算看似错综复杂，但是几乎所有的演算已经有免费的主办电脑编码平台如 *GitHub* 的相关软件和资源，而可与平台的专家和同仁合作解决问题。

第十一章　交叉熵代价函数

在机器学习，人工智能神经元网络与训练集数据的差异是以「代价函数」测定，而是以梯度下降和反馈传播迭代加权参数最小化代价函数。然而，有时学习的代价函数之最小化运算会突然慢下，甚至在执行反馈传播时完全停滞不前。机器学习会慢下的原因或许是人工神经元的激发布局与训练集的数据差异过大，而梯度下降和反馈传播无法克服。

曾经使用的弥补方法是重新抽样、验证数据的集合和使用超级参数来促进顺畅和加快的学习速率。然而，代价不下降可能是因为代价函数与训练集数据不适宜的基本设计问题。

资讯熵

机器学习的代价函数最小化是一资讯学的议题。「资讯学」是研究如何连续编码资讯以及加快传输速率的纯数学理论。其中的主要理念是所谓的「资讯熵」，其定义之一是「容纳在一数据集合的数据之随机性量」，即随机性高是指高资讯熵，则高资讯熵是指资讯的不准确传输；而相反的，资讯的低随机性是指低资讯熵，而精准的资讯传输。

另外两个资讯熵定义是「在考虑所有可能的结果，资讯熵是所传输的资讯之平均值」和「从传输器（源头）所传输的资讯到接收器（目的地）的平均速率」，而该资讯到达目的地是与其「期望值」有相差。

资讯从源头传输到目的地若是与期望值有差，接收器会呈现「惊异」，所以，「资讯熵」可由「惊异度」为单位；负面而观察，是因为传送或接收器运作有问题，或者正面而观察，差异是带有曾未知道的资讯，而双方可调查缘由，则发现差异是呈现未曾知道的资讯。[82]

在机器学习，训练集数据（源头），输出到人工神经元网络，经由迭代梯度下降和反馈传播的差异亦可由「资讯熵」衡量，而资讯熵若过高，代价函数是无法最小化代价函数。

解释「资讯熵」是要先了解此神秘的物理「熵」。热力学的熵是一个系统的「失调」（乱无序）衡量，而接踵而来的「不确定性」。则去掉系统的一个约束，系统之自发变化会依据「熵增定律」，而自然地增加系统的失调。机器学习而言，人工智能神经元网络没有学到训练集的资讯。[83]

热力学的熵

不容易捉摸的物理学「熵」观念居然是每一人在日常生活会遭遇的「熵增定律」效应。比如人在走路时而鞋带开始松开，若不停下来重绑鞋带而继续走，人和鞋子的系统之鞋带会越来越松掉，即鞋带不会奇迹性的自己结好。鞋带是从有秩序的结好状态到失调的松开状况，则依据熵增定律，失调度会一直增加，即在继续走路时，

---

[82] 「交叉熵的代价函数」（cross-entropy cost function）、「资讯熵」information entropy、「期望值」expectation value、「惊异」（surprise）、「惊异度」（surprisal, unit of surprise）。

[83] 「失调」（乱无序）disorder、「不确定性」uncertainty。

鞋带会越来越乱无序。

投掷铜板的向上头尾之概率是 $p = 1/2$。但投掷五个铜板而全都是头的概率极低，但是由四头和一尾（或四尾和一头）因为有五个可能的头和尾组合，组合概率比全头或全尾大五倍；若是三头二尾（或三尾二头），因为有十个可能的 3 和 2 组合，投掷系统的概率是比全头大十倍。亦即，全头或尾的高秩序度只有两个符合的状态，而较为失调的 3 和 2 是有十个组合的可能。因而，愈多的可行组合，愈多的失调和愈高的熵度。

如果一时投掷 100 个铜板，会有高达约 10^{30} 不同铜板的头/尾状态组合，即全是头或者全是尾的概率是 $1/10^{30}$，即接近零。

气体的一个化学摩尔是含有阿佛加德罗数的 6×10^{23} 分子，而个别分子在一个大容器，因为空位置很多，每一份子有极高的自由度，因此气体的分子会填满整个容器，即不会挤在容器的一个角落，反而会扩散而以高熵填满容器，唯一的约束是容器的体积。

「熵增定律」也能解释为何找少用的东西似乎都是不在应该在的地方，即你的瑞士刀正在置放的地方只有一处，但它能置放的地方几乎是无穷多，因而要找的东西仿佛都不是在所期望的地方！

当然，重新系鞋带是增加系统的秩序，而熵度似乎应该会减，但是人一干预鞋带的系统，他的调整就变成系统的一部分，而鞋带虽然是比较有秩序，代价是重新结鞋带的能量耗损（包括懊恼的热力），整体系统的熵还是会增加。

若想把系统恢复到原有的状态，依据热力学的「不可逆定律」，完全恢复到原状态是不可能的事，即每一

事件之热力学箭只会向前飞，而熵与时间会增。比如掉在餐厅地板的一碗乌龙面，即满地的汤水和面条不会自发回碗而跳上餐桌，因为是违反熵增定律，而且即使捡起碗和放进面条和汤，乌龙面的系统不可能是与掉下前完全一样（不可逆定律）。

「热力学弟二定律」是说能量必须由较为热处传到较为冷处。听起来理所当然，但是有多少人以为关紧冰箱的门是避免其中的冷气会散发出来，而其实是相反的，是为了避免热气会传进去。比较容易接受的事实是，将一充满冷水的水壶放在火炉上，水壶中的冷水之微少热能不会散出传到火炉而使得火炉的火稍微热一点。

交叉熵的代价函数

某事件 E 会发生的概率 $p(E)$ 若小，该事件的「资讯内容」$I(E)$ 反而是大，即由于概率低，事件的发生会是一「惊异」，而就是提供新信息而更多的「资讯」（即没有预料所引起惊异的事件的发生，比如足球的守门员踢球进对方的门是低概率的高「惊异度」事件）。某事件 E 会发生的概率 $p(E)$ 若是高，就没有提供多少资讯，因为已经是事先知道而期望的事件。

事件 E 发生的概率 $p(E)$ 若是接近 1，资讯内容 $I(E)$ 是接近 0，即 E 没有提供新的资讯，所以惊异也接近 0。资讯论的创始人，克劳德·香农是用对数函数表示此关联，原因是对数是唯一输入 1 而会输出 0 的函数。

概率 $p(E)$ 若接近 0，新资讯 $I(E)$ 是接近 1，即是几乎完全没有想到的事件发生了，即资讯熵会极高，则惊异度很高是隐含系统的失调，或未预料的事件的发生，

因而资讯和 E 事件的概率可由以下的公式表示，

$$I(E) = -log_2[p(E)] = log_2[1/p(E)]$$

人工智能机器学习之基于资讯熵的代价函数是称之为「交叉熵的代价函数」。亦即，神经元网络的神经元激发布局若和训练集的数据有极大的差异，比如神经元网络之 L 层神经元都没有激发，即 $a^{(L)} = 0$，而训练集的相关数据是 $y = 1$，交叉熵代价函数会引发「惊异」而以香农的公式揭示期望值和代价函数的差异。

监督学习的训练集是传输数据到人工神经元网络，则神经元网会经由梯度下降和反馈传播以加权参数的调整，减少差异到训练集的期望值，然准确的传输是依赖资讯的 $I(E)$ 概率。

总之，低资讯熵是指减少代价函数的训练集传输是接近期望值，而高资讯熵的传输是远离期望值，则神经元网络没有学到训练集的数据所隐含的资讯，即太大的传输熵即使得神经元网络学习慢下或停滞不前。

资讯科学是出于电子通讯学，即清晰的讯号就是等于期望值的传输，而「通讯」是「从起源而经过编码之传讯鉴别」。训练集传输到神经元网络会让代价函数减少而收敛到训练及所隐含的资讯，在资讯科学是「无损耗的通讯」。[84]

资讯科学的数理虽然复合，其中的基本道理可以简单的以电脑视觉分类的范例形容，即依照香农对数函数公式，以 $M=2$ 的二元分类，交叉熵的函数是，

---

[84] 「无损耗的通讯」lossless communication。

$$Cross\ Entropy|_{M=2} = -[ylog(p) + (1 - y)\,log(1 - p)]$$

即 y 是二元的结式 *(0,1)* 而 p 是准确的辨识概率，方括号中的式项是电脑视觉分类，比如猫和狗的概率比对，即是基于概率 p 和唯一的另外可能 *1-p* 概率，而无论传输的差异有多大，以上公式可以处理机器学习的训练集与神经网络的大差异；方括号前的负号是表示减少传输耗损的代价。

多分类的个别集合（*M >2*），比如猫、狗、金雀、及仓鼠等宠物之分类交叉熵代价函数是看每一类别 c 是否符合「期望的观察」（expectation value）o，而 $p_{o,c}$ 是观察 o 属于分类 c 之概率，[85]

$$Cross\ Entropy\ Cost = -\sum_{c=1}^{M} y_{o,c}\,log(p_{o,c})$$

可见，交叉熵代价函数可以涵盖多高惊异的传输。经由梯度下降和反馈传输可以最小化交叉熵代价函数，而准确的鉴定训练集数据的实际状况和隐含。

总之，训练集的数据若是含有大量的自由度，熵度也会高，而传统的代价函数可能无法收敛到机器学习所要学，而会慢下或停顿。交叉熵的代价函数反而可以处理高熵的训练集数据。

交叉熵代价函数的整体数学和物理表达可由算法程

---

[85] 参见 Shannon, C. and W. Weaver, 1971, *A Mathematical Theory of Communication*, University of Illinois Press.

序或套装软件（比如 *XENT Cross Entropy*）执行，而与几乎所有人工智能算法遭遇执行困难时一般，就试探其使用而观察是否解决代价函数的慢下或停顿。[86]

　　人工智能的发展，虽然一般是有数理的基础，执行上经常是用工程学的「行得通就进行」的务实反复实验。不过，研发较为深刻的新演算法，还是必须了解相关的物理和数学背景；即诚如现代人工智能的元老杨立昆曾说，[87]

　　你要知道我们的理论工具是极不完整。我们有

　　时会有体面的数学直觉而知道一个方法为什么

　　会行得通，但是也有时我们的直觉会是错误

　　的...问题则变成我们的方法能否解决问题，以

　　及其使用在其他问题的功效如何而已

[86] 交叉熵代价函数执行的套装软件有 XENT Cross Entropy: Binary Classification, MCXENT: Multiclass Cross Entropy, and RMSE_EXENT: RMSE Cross Entropy。

[87] 杨立昆的引述取材于 *Convolutional Nets and CIFAR-10: An Interview with Yann LeCun, "No Free Hunch". December 22, 2014*。

第十二章　卷积神经元网络

人类的视觉是来自光线，经过眼睛的透镜，到眼睛里后方的「视网膜」，光子的分布就以光转电子到眼睛后面吸收该电子的「视神经」，而经由在脑袋里的「外侧膝状体」之催动，传到脑筋后方的「视觉皮层」里的神经元。若收到大于某门槛值的击电，视觉皮层神经元中的「躯体」会被激发，如下图左边所示。则足够能量的激发会经过「轴突」和通过「轴突末端」，而激发临近的神经元。临近的神经元或是自己已经被激发，或者经过原神经元的「轴突末端」而被激发；如神经学俗语说，

连接的神经元会一齐激发

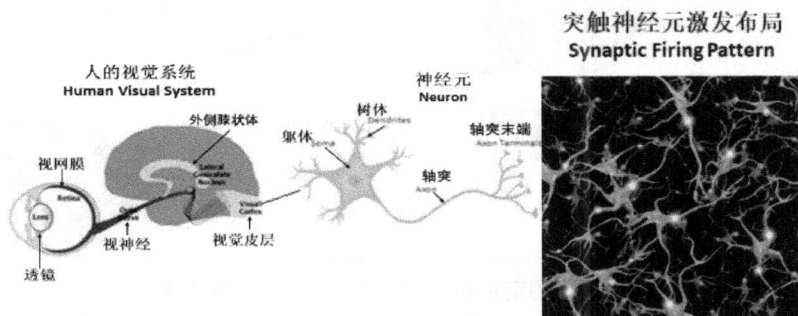

在一齐激发的神经元会建造视觉皮层里的「突触神经元激发布局」（下图右边所示），而该突触神经元激发布局经由脑筋处理之后，就会认识所「看」，而以脑海里的

记忆辨认。[88]

　　人工智能的视觉是经由摄影机的透镜片，而比喻视网膜被「CMOS 感应器」以光电效应将光子转成电子，然后由「类比转数字器」ADC 比喻人类的外侧膝状体经过驱动器，电子的布局会传到类比人类的视觉皮层而制定在电脑矩阵一幅「人工神经元网络」（ANN）；亦即，电脑的输入层矩阵之每一元素是一个「人工神经元」。若在 ANN 隐藏层之间插穿「卷积过滤器」，此「卷积人工神经元网络」（CNN）就是更能有效地萃取影像的特征，如以下的示意图所示，

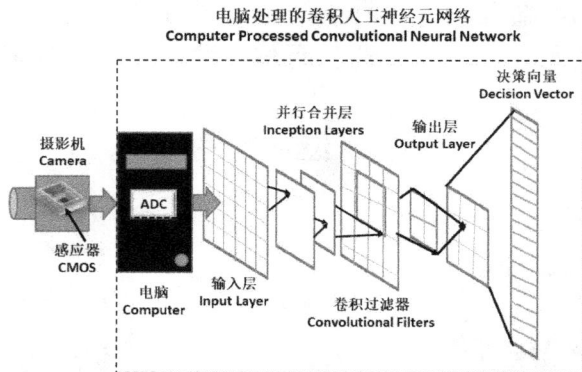

电脑处理的卷积人工神经元网络
Computer Processed Convolutional Neural Network

---

[88] 视觉系统的图案取材于史丹佛大学电脑科学系而重复在 cs231n.github.io 是公共医学图案。「突出神经元激发布局」synaptic firing pattern 图案取材于 allthescience.org。「视网膜」retina、「视神经」optic nerve、「外侧膝状体」lateral geniculate nucleus (LGN)、「视觉皮层」visual cortex、「树突」dendrites、「躯体」soma、「轴突」axons、「轴突末端」axon terminals、「突触神经元布局」synaptic firing patterns、「CMOS 感应器」互补金属氧化影像感测器。「被连接在一齐的神经元会在一齐激发」Neurons that wire together fire together。爱因斯坦在 1905 年所解释的「光转电效应」photoelectric effect 是他获得 1921 年诺贝尔物理奖的课题。

人工神经元网络里的「人工突触神经元激发布局」，经过电脑的算法，就是「看见」摄影机所拍摄的影像，而储存在电脑的记忆体，以便与记忆体中的类似影像比对而辨识。若没有匹配的影像，电脑就会建造带有标记的新人工突触神经元激发布局影像，以便往后辨认该所「看见」的影像。

　　人工神经元网络是一体积矩阵，而矩阵的平面元素是影像的映像，体积矩阵的第三维一般是处理色调，而只需三个「原色」，一般是红、绿、蓝（RGB），而三个原色的比例混合可以产生任何颜色，即 r, g 和 b 是每一原色的分支参数如以下公式和下图所示，[89]

$$颜色 = rR + gG + bB$$

然而，除了纯原色组合之外，所显示的彩色也分别有「亮度」、「饱和度」、及「色调」的因素。亮度可由红、绿、蓝的平均亮度而定；饱和度是被摄影的物体本身之颜色与物体被光照亮而反映的比率；色调是亮度和饱和度的混合结果。另外有摄影角度、环境和背景等的影响。

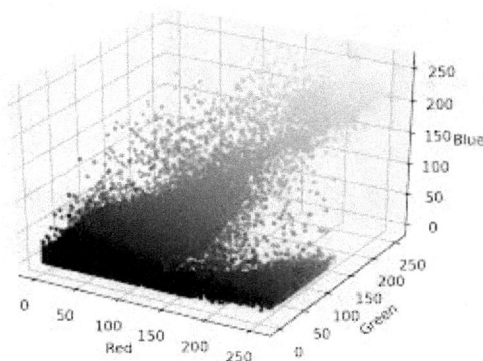

---

[89] 彩色光谱是基于数据而如此五著作权保护。

电脑视觉是比较容易辨识「显著特征」的对照，物体的「边界」（比如猫的耳朵），以及显然不同的颜色（比如躺在蓝色地毯的橘色小猫）。比较难分辨的是「均云的画素亮度分布」（比如一堆玉米粒）、「织物质」（比如猫的毛）、以及较为没有规律布置的特征（比如凤梨的皮）。

　　然而，影像的特征也可被模糊，比如稍微变的织物质、抓痕、凹痕、及电子的杂音等。不过，小差异可被「平滑掉」，比如将某差异的画素与其靠近的画素的亮度平均化，而如此就排掉，却维持特征的显著性。

　　除特征本身之外，一个物体的运动也有六个「自由度」，即平面之 x,y,z 平移和分别以 x,y,z 为转轴而环绕、倾斜和偏摆。所以人工神经元网络，无论该物体的移动或不同姿态，仍然能判别（比如一只蜷卧的猫）。

　　然而，仅基于显著的特征，比如四条腿、均匀的毛、三角形耳朵和小三角形的鼻子的特征（下图左边），下图右的小狗因而可能会被分类为「猫」。[90]

[90] 「原色」primary color 的意思是没有其中之一的颜色可由另外两个颜色的混合而产生。「亮度」intensity、「饱和度」saturation、「色调」hue。有关彩色的复制，参见 *Time-Life* 1989 系列 *Understanding Computers*。「边界」edges、「显着的特征」tokens、「均云的画素亮度分布」evenly distributed light intensities、「织物质」texture、「方向连贯性」directional coherence、「自由

　　人工神经元网络显然是需要更多鉴定猫与狗的训练才能准确的分类，则需要寻得多一些关键的「特征」，比如猫的粉红色鼻子，即可由「手工调整」鼻子颜色的「偏向」。

　　人类脑筋的视觉皮层是分成许多特别相应特殊的特征或特殊区域的神经元聚集，具有特别视觉任务的「感受野」可由「卷积过滤器」的矩阵模仿。电脑视觉的卷积神经元网络的卷积过滤器是越来越有小的萃取特征。

　　继 CNN 的输入层是萃取显著的「高等阶」隐藏层（比如物体的边界）；后继的隐藏层是萃取比较细密或模糊的「低等阶」特征。穿插在隐藏层之间的机器感受野之矩阵过滤器是萃取特殊的特征，即整体隐藏层和过滤器是执行「阶层特征之萃取」。愈多的隐藏层会产生愈周全和细密的人工神经元网络布局。

　　卷积过滤器由于过滤器一般并非全连接的隐藏层，反而是穿插在某些隐藏层之间的比较小的矩阵，即是像手电筒的光束在扫描和照亮黑暗中的墙壁，而寻得特征或扫描某特殊区域。所有的隐藏层和过滤器是构成一幅「特征图」。[91]

　　「卷积」的物理数学意思是两个不同函数的结合是

度」degrees of freedom。猫和狗的影像是取材于史丹佛大学电脑科学系课程, CS 231n_02 Spring 和 Adeshpand3.github.io。

[91] 「感受野」receptive fields、「卷积过滤器」convolving filter、「卷积神经网」convolutional neural network (CNN)、「萃取特征」feature extraction、「内积计算」vector inner product、「特征聚类」cluster、「平滑化」smoothed、「边界映射图」edge map、「阶层特征之萃取」hierarchical feature extraction、「卷积」convolution、全连接的网络」fully connected、「特征图」feature map。

如何组成另外一个函数。以二维的矩阵影像为例，一幅「卷积的过滤层函数」$h(x,y)$ 是乘上一「映射的函数」$f(x,y)$，则以步伐 $(x+1$ 和 $y+1)$ 经由双重积分就是被「卷积」，

$$卷积 = Convolution = \iint f(x,y)h(x+1,y+1)dxdy.$$

双重积分是涵盖过滤器之 $x*y$ 面积，而以 $h(x+1,y+1)$ 的步骤逐步扫描前一矩阵 $f(x,y)$ 函数的全部或部分区域。过滤器的种类、大小、位置、起步点和步伐等都会以照辨识任务而设定。卷积的意思是结合两个邻近矩阵之向量排的内积（亦称点积），尔后积分，即可说是两个矩阵的向量合流。

　　两个向量的内积是两个向量的长度乘向量之间的余弦角度，即 $a \circ b = |a||b|cos\theta$。喜欢篮球的读者应该容易了解，即球的轨道向量到顶点与篮圈中心之垂直向量之间的角度 θ 是断定球进篮的机率。即空中的球在轨道的顶点所「看到」的篮圈面积是依附 $cos\theta$。即 θ 愈小，进球的机率愈大，而反之亦然；亦即，角度若是 0°，因为 cos $0^o = 1$，球「看到」篮圈的全部面积，所以进球的机率最高。球针对篮圈的轨道若是成直角的水平 90°，由于 $cos\ 90^o = 0$，球是不可能进篮；即 θ 愈小，进球机率愈大。

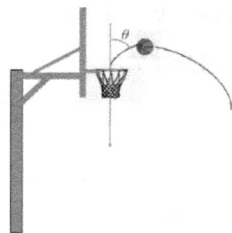

　　几乎垂直下去的球 $\theta = 0^o$，因为超高轨道所需要的力气和控制当然是不可行；若 $\theta = 75^o$，即极平的轨道 $cos\theta = 0.26$；若 $\theta = 60^o$，即仍然比较平的轨道，$cos\theta = $

0.5；若 *θ = 45°*，即是一般好射手的投射角度，进球的机率就提高到 *0.707*，所以尤其专投三分球的射手应该以 *45°* 投篮。

可见，向量的内积是两个向量的合流纯量，即是矩阵的一个向量排元素乘上相关另一矩阵之排元素，加起来所乘的向量排元素是等于多数向量的纯量合流所构成的一幅新矩阵的元素。双重积分的矩阵内积是衡量矩阵的「向量合流」，如同两条河流从不同方向的合流。

卷积过滤器在隐藏层上是促成二者之间的合流，而以「滑翔的内积器」萃取影像的特征或特定区域，故合流会有更大的「水量」。

双重积分是以过滤器的列向量与前在的神经元网络层之「源画素」所被过滤器二维式地覆盖的内积和，而如此就滋生带有共同加权参数和偏向的处在所布置的单独神经元激发（如此可减少杂音和计算的负担），而集合在后继层一新合流之「目标画素」，如下图所示。[92]

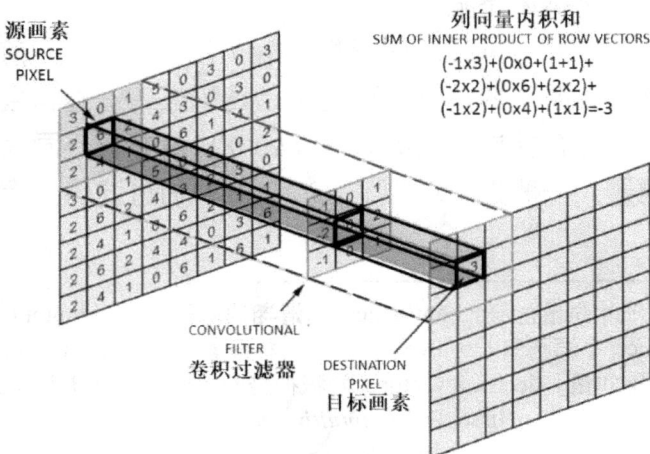

[92] 图案取材于 Conelisse, D., *An intuitive guide to convolutional neural networks*, freecodecamp.org。基于数据的图表并非著作。

执行者可自定萃取的特征或区域，却要避免个人的偏向，且要注意不让机器「学习」过滤器而非训练集的影像。卷积神经网也可以辨认特征的平移或旋转，以及影像的修剪、翻转、色变和模糊等，亦可对照同一的特征而排除杂音。[93]

在做分类器时，卷积神经元网络可使用向量而分出特征，则向量元素的分向量可以代表个别特征，而以向量的「内积演算」分辨个别特征的相似度，即靠近的向量可以组成一「特征聚类」，尔后全连接的输出层的 N 维行向量的「扁平化」是构成一「决策向量」，而其中的元素比如是宠物分类的概率，[94]

$$[0.6, 0.05, 0.03, 0.2, 0.1, 0.2, …, …]^T$$

$$[猫、鹦鹉、金雀、狗、仓鼠、兔子, …]^T,$$

可见最高概率是猫。

所谓的 *Conv2D* 过滤器一般是用在 CNN 之前几层来萃取高阶层的特征，而通常是堆积在每一卷积层。一幅「并行合并层」（*inception layer*）是并行不同大小的过滤器，一般是 *1 x 1、3 x 3 和 5 x 5* 的过滤器，而输入

---

[93] 「向量合流」confluence、「滑翔的内积器」sliding inner product、「源画素」source pixel、「目标画素」destination pixel、「决策向量」decision vector。卷积神经网的图案以及更为详细的解释可参考 Conelisse, D., *An intuitive guide to convolutional neural networks*, freecodecamp.org。

[94] 上标 *T* 指的是「移项」transpose，即神经元网络的决策行向量是以转置的上标 T 表示，即 [...]^T 是指一列向量。

后继的一层，以便让隐藏层的过滤器大小最适合目前的影像辨识，即可更有效率的辨识而减少计算负担。并行合并层曾是用在谷歌的癌症肿瘤诊断，也曾赢了谷歌网络 *GoogleNet* 所举办的「大规模视觉辨识挑战」比赛。

　　面对比较复杂的影像，卷积神经元网络的侦察、分割和鉴定是需要排除不相干的环境影像。为此，可以使用「有界盒子」来孤立影像中的某物体或区域和分类辨识之「丰富特征分级」来提高整体影像的准确度。[95]

　　立体的电脑视觉是使用一个能上下和左右移动的过滤器，然后对于相关不同监督的画素联系，即将二维的影像成三维化，而组成一幅立体的「扫描映像影像」（即二维的边界萃取经过立体映射）。立体的扫描映像影像的边界需要适配相连的二维画素，则衡量个别摄影机所投射的影像平面及该画素之间的距离，而基于此距离，建造映射的立体边界映射图。听起来蛮复合的计算，但是就是电脑的强项，而可由已成的应用程序执行。

超级参数

---

[95] 有许多探测、分割、和位置的软件，比如 RCNN, RCNN Minus R、Fast RCNN、Faster RCNN、MultiBox、Bayesian Optimization、Multi-region、Image Windows、Semantic Seg、Unconstrained Video、Shape Guided、Object Regions、Shape Sharing 等。参见 Adeshpande3.github.io, Girshick, R., *Rich feature hierarchies for accurate object detection and semantic segmentation*, Tech Report (vol. 5), arXiv 1311.2542v5[cs.CV], 22Oct2014、「谷歌网络」*GoogleNet*、「大规模视觉辨识挑战」*ImageNet Large-Scale Visual Recognition Challenge*、「有界盒子」bounding boxes、「丰富特征分级」rich feature hierarchy。

「超级参数」可以加快和优化人工神经元网络的梯度下
降，即加快就是增加「学习速率」而省机器训练的时间
和费用。学习速率 η 能以指定梯度下降的「步伐」大
小，而调整梯度下降的速率，即较大的步伐会促使更快
的收敛。

平均代价函数 C 的梯度下降向量之 m 维度相关第 i
加权参数 w_i 的平均代价函数 C 梯度下降向量是，

$$\boldsymbol{\nabla} C = \left[\frac{\partial C}{\partial w_1}, \frac{\partial C}{\partial w_2}, \cdots, \frac{\partial C}{\partial w_m} \right]^T,$$

即平均代价函数 C 的变化是相关加权参数 w_i 的 C 偏微
分和，而乘上学习速率 η 的超级参数，w_i 的变化是，

$$\Delta w_i = -\eta \boldsymbol{\nabla} C$$

加权参数是如下迭代，

$$w_i \rightarrow w_i - \eta \boldsymbol{\nabla} C$$

即可以调整学习或收敛的速率。但太大的步伐可能会跳
过 C 的最小化点，所以调整一般是试探不同步伐而选
择达到目的之最有效学习速率 η。

在 CNN，由于特征图是与过滤器一样大，就会比
神经网层的矩阵小。为对准矩阵层之间的合并，即可安
排全是零元素来「填装」特征图的矩阵。[96]

---

[96]「超级参数」hyperameterization、「学习速率」learning

　　输出的卷积层大小是依附超级参数如下（以高度/长度的单位），

$$Output\ Size\left(\frac{height}{length}\right) = \frac{(W - K + 2P)}{S} + 1$$

即神经网络输出层的矩阵大小是 $Output\ Size$，W 是矩阵输入层的大小，K 是过滤器的大小比率，P 是填装的大小量，而 S 是步伐的大小。

　　超级参数的使用是依照机器学习的目的、效率、以及计算负担考虑。因而所谓的「池化」（亦称「下行抽样」及「副抽样」）能以 2×2 的步伐等于 2 的池化层矩阵乘输入层的矩阵，则减少卷积的特征矩阵，而求得再过滤器卷积的部位之最大或平均值，以便能减少矩阵的大小，而减少计算的负担。

　　如果一特定的特征是在神经网的输入层，特征的绝对位置并没有与其他特征的相对位置重要，所以池化的特征图对于该特征的位置可以减小，即是「区域平移之不变」。池化亦可有助于鉴定位置的改变或旋转不变形的特征、减少杂音和避开数据的过适拟合。但是，繁多和各类的卷积过滤器会扩大人工神经元网络的复合度而增加计算的负担。[97]

　　几乎所有以上所述的运算都能以 $Python$ 语言执行，$TensorFlow$ 平台和 $PyTorch$ 架构，在主办电脑编码

---

rate、「步伐」stride、「填装」padding。

[97] 「池化」pooling（亦称「下行抽样」downsampling 及「副抽样」subsampling、「区域平移之不变」local translational invariance。有关数据的拟合过适合，参见第 13 章。

平台执行。

　　整体看似错综复杂的连续运算，但是，对巨大并行电脑而言，是家常便饭，而执行者可在免费的主办电脑编码平台如 *GitHub* 而必要时求得专业的协助。[98]

　　深度 CNN 是使用在辨认和分类物体、人脸、环境、医学诊断、影像处理、自主车和机器人视觉；亦即，任何需要视觉的机器。

---

[98] 「主办电脑编码平台」host computer coding platform。「丰富特征分级」rich feature hierarchies、「有界盒子」bounding boxes。

第十三章　电脑视觉和模型拟合

三岁大的婴儿在观察他的环境，经由家长的教导，就逐渐知道家里东西的名字，然后从东西的特征，他就开始辨识和分类，比如观察狗的四条腿、尾巴、耳朵、鼻子等特征，而基于特征，辨认不同模样和姿态的狗。

　　动物学的分类系统，即广大类的「阶元」，具有若干相同特征之「种属」和更为细密分别的「物种」。所以稍有数学倾向的人会想使用「群」、「集合」和「子-集合」来分类，而断定类别的关联。[99]

　　普林斯顿大学在 1998 年的语义学家是将名词、动词、形容词和副词，使用搜寻树分类和组合字词成一句话，则以语义、句意、同义词、字词的关联、意思和所隐含的意思，则以树枝的节点和节点的树枝小孩组合，建立语言的网络 *WordNet*，他的想法是了解各名词的意涵和与其他字词的关联。[100]

　　普林斯顿大学教授李飞飞是依照 *WordNet* 的名词分类模式来辨识对象、人脸、动物、景色等，则志在模仿人类视觉的电脑视觉机器。她用的是一幅「卷积神经元网络」（CNN）来辨识，而是参考如谷歌、雅虎、Flickr 等影像汇集网站来搜集影像。比如动物的阶元是以搜寻树的主树枝分成动物，而以树枝小孩分种属，而以小孩

---

[99] 动物学是分类「阶元」family、「种属」genus、「物种」species、「群」groups、「集合」sets、及「子-集合」subsets.

[100] WordNet 可由「伯克莱软件散布」（BSD）授权而免费使用。

的小孩分物种等；然后，分物种的群、集合和子-集合。

起初李教授是先招揽普林斯顿的学生来搜集影像、记名、形容、记下名字和诠释对象，但是她很快就认清搜寻和鉴别工程之浩大，连最基础的影像汇集训练集，以每钟点十元的费用，学生会需要至少九十年的时间和几百万美元的钟点费用。

在面对模仿人的视觉之电脑视觉所需要的巨大资料库，她即将要放弃计划，但恰好有一个研究生告诉李教授，在 2005 年发明的「众包」分工网站「亚马逊的云端网路服务」(AWS)，的「土耳其机器人」可笼络全球的网友，在用自己的个人电脑，以极小的费用，在各网路站搜集和注释各种影像。土耳其机器人的众包很容易大规模化，则有 167 不同国家的五万人参与而提供近乎一亿多的影像和诠释，包含猫的 62,000 影像。[101]

以猫为例，从「物件」的「动物」树枝可先分无脊椎和有脊椎的动物如鱼、鸟、爬虫和哺乳类等，而哺乳动物的分类会伸出各种属物种的动物。然后在猫的集合会有各种子-集合的猫类，如以下的示意图所示，[102]

李飞飞在 2009 年创建的「影像网络」*ImageNet* 是花了两年半的时间完成，而 *ImageNet* 的规模和完整性就是现代人工智能电脑视觉的核心资料库。然而，在当年举办的「电脑视觉和图像识别聚会」CVPR，李飞飞

---

[101] 「亚马逊的云端网路服务」Amazon Web Services (AWS)、「土耳其机器人」Mechanical Turk、「影像网络」ImageNet、「众包」crowd-sourcing、「电脑视觉和图像识别研讨会」*Computer Vision and Pattern Recognition* (CVPR)。

[102] 有关 ImageNet，参见李飞飞等，ImageNet. A Large Scale Hierarchical Database, CVPR2009。

的研究报告提案被谢绝，而她只能在会议大厅的角落以海报展示他的「影像网络」。[103]

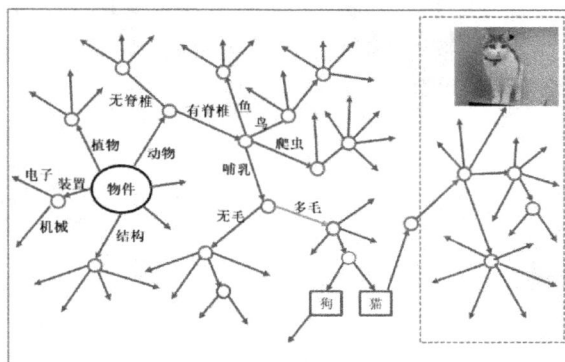

尽管遭遇若干恐龙教授的嘲讽，史丹佛大学就慧眼识英雄邀请她当史丹佛的「人工智能实验室」主任，而谷歌邀请她承担「谷歌云端」的首席科学家。为了测试和推广她的影像网络，她就组织了机器视觉的比赛，即比赛辨认一千不同领域之一百二十万影像的「影像网络大规模视觉辨识挑战」ILSVRC。

李教授的「谷歌网络」*GoogLeNet* 在 2012 年分成两个 DCNN 而各使用两颗「绘图处理器」GPU 的深卷积神经元网络赢了第一届的 ILSVRC 比赛，而两年后其 22-层，9-inception 层的 DCNN 辨识能力达到 94% 的准确度，而不但是打败竞逐的电脑视觉机器，甚至是比人

---

[103] 李教授在申请「影像网络」研究赞助费时，遭遇到某男性同侪评论者的严厉批评，比如有人说「普林斯顿大学会研究如此的课题是一丢脸的事」，和「她的提案会被审议的唯一原因是因为她是一女性」，引述取材于 Gershgom, D., *The data that transformed AI research, and possibly the world*, Quartz, qz.com。

的辨认还准确。[104]

　　李飞飞如此大规模的搜寻、分类和阐释，则会令人想到十九世纪的查尔斯·达尔文数十年的观察，而分类、收集、注释、纪录和归纳推断，则终于制订演化论的历代大作《物种的起源》。但是，他如此的世代成就不免有代价，[105]

我的心神似乎是成为一种从大量的数据

研磨出若干普适化的定律

以致像音乐、文学和欣赏美好的大自然景色

却再也没有引起乐趣

　　经由数十年的搜寻、演绎、归纳和推断，达尔文在 1859 年出版的大作《物种起源》是与爱因斯坦的相对论同为人类的历史性杰作。他所耗损的体力和精神如今是比照 AWS「土耳其机器人」的数万人大众包。如今，

[104]「影像网络大规模视觉辨识挑战」*ImageNet Large-Scale Visual Recognition Challenge* (ILSVRC)、「深卷积神经网」Deep Convolutional Neural Network (DCNN)、*ImageNet* Dong, J. *et al*; 多轮多大学之 Alex Krizhevsky, Ilya Sutskever, and Geoffrey E. Hinton 赢了 2010 年的 ILSVRC。需要两颗 CPU 因为 *Nvidia GeForce GTX 580* 之记忆体容量不足。「谷歌网络」GoogleNet、

[105]《物种的起源》*The Origin of Species*。达尔文的引述取材于 *The Autobiography of Charles Darwin*, John Murray III publisher (1887).

电脑视觉的 DCNN 辨识和「影像网络」的资料库，可有助于实现达尔文哲理的初衷。

机器学习的模型

执行如电脑视觉的机器学习是由 $y = f(x)$ 代表函数的映射，即在监督学习先输入随机的 x 数据，则经过感知器所建造成的人工神经元网络，而以迭代的梯度下降法和

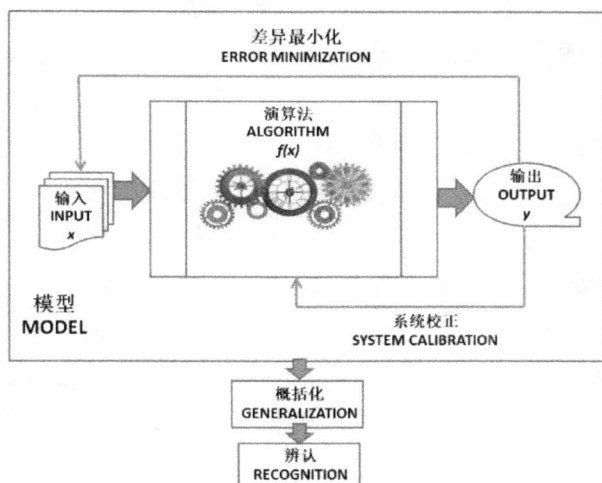

反馈传播模型训练集的数据，若没有收敛，就可调整执行的超级参数，然差异若仍然很大，整体模型的算法恐怕要换掉。

模型若是准确的匹配训练集的数据，模型可说是学会训练集数据所隐含的资讯，而被训练能「概括化」的模型即可用来辨认或预测，甚至进行演绎。

　　人工智能所称之「概括化」的定义是，

足以组成能从共同特征而施行演绎的推论

即从训练集数据，机器学习是萃取训练集数据的特征，而所构成的模型准确度是取决于其与训练集数据的「拟合度」。

「欠拟合」的模型一般是因为模型太单纯，即在处理高变异性的训练集数据，是过于「偏向」自己的结构，则无法将之概括化。欠拟合主要是因为模型是太简单；比如，模型若仅是一条直线，就是不足以模拟比较复合的数据分布，即模型应该换成比如一多项式的函数、或增加隐藏层、或者用过滤器来萃取特征。

「过适拟合」的模型是过于吻合训练集数据分布，即无法概括化而辨认也应该涵盖在模型的范围。过适拟合的主要原因是模型被过于训练，或者神经网是有太多隐藏层和神经元，因而缺乏弹性，而不能概括化。[106]

模型的修正可使用「重新抽样」，比如「k-次数的交叉验证」，即从训练集数据抽出 k 子-集合，而观察各子-集合所造成的结果。如此就可知道各子-集合的影响而调整算法本身或者超级参数，以及多加过滤器。另外可以从训练集的数据分出比较大的数据集合用来做「验证数据集合」，即逐一比对剩下的数据子-集合和数据集合的差异结果。验证的数据集合是经常被使用来测试模型的准确度，但太多次的验证调整可能会学会该验证数

---

[106] 「概括化」是由笔者定义，「集合」数学的 set、「子-集合」sub-set。「拟合度」goodness of fit、「欠拟合」underfit、「过适拟合」overfit、「适当的拟合」just fits。

据集合，而错误的将之为模型的结果。

以免太多神经元所造成的过适拟合，可以将一些神经元激发「灭掉」，则是变成一个不同的神经元布局，而应该产生不同的结果，即两个神经元网络的平均值或许能用来处理过适拟合；诚如人工智能大师的杨·立昆于接受图灵奖的演讲所说，

如此的调整是减少复合的神经元互相

匹配，因为神经元不能倚靠其他的神

经元来辨识数据中的特征，它必须学

会较为坚固的特征辨识，以便能与许

多不同的随机子-集合一起运作

在欠拟合和过适拟合之间就是「适当的拟合」，而模型可以概括化所学。测试模型的适当拟合可比较同样的概率分布训练集，而结果若是大同小异，模型的推测的准确度被证示。

欠拟合和过适拟合的校正也可由「超级参数化」调整。模型在正常运作时，可以扩大训练集，继而扩大模型的适用范围，比如语言辨识可以附加环境的嘈声来更务实的模仿实地的语音辨识。[107]

---

[107]「k-次数的交叉验证」k-fold cross-validation、「重新抽样」

resample、「验证数据集合」validation data set。有关「超级参数化」hyperparameterization，参见第 12 章。

第十四章　蒙地卡罗马可夫链

许多科学和工程系统的数学表述是以二阶偏微分方程，主要是因为是除非量子力学的微小现象之外，牛顿的第二定律之二阶微分方程是形容人经常所面对的技术现象。比较简单的系统的解答可由初等的函数如多项式、三角函数、指数和自然对数等以及其组合的「闭合解」，再加上系统的初始和边界条件，偏微分方程就会有「决定性」的解答可用来形容、预测、建造和分析。[108]

　　比较复合的现象或系统运作的数学形容和解答则不会是「闭合的解」，即是由数值分析解答，其中之一的方法是起源于战争的「蒙地卡罗模拟」。

原子弹

原子弹的引爆过程就极为复合的现象，起爆是因为裂变率的铀-235 (^{235}U)、或铈-239（^{239}Pu)、或铈-241（^{241}Pu) 的分裂碎片质量是少于原没有被分裂原子的质量，而依照爱因斯坦著名的质量和能亮恒等公式 $E = mc^2$，该质量 m 的差别是等同能量，即碎片与核子的「核子结合能」会被释放。[109]

　　轰炸日本广岛原子弹的起源是 ^{235}U 原子被中子通量

---

[108] 「闭合解」closed form、「决定性」deterministic。

[109] 不会分裂的自然铀-238 （^{238}U) 是占天然铀之 99.3%，可核子分裂的纯 ^{235}U 同位素之 0.7% 必须分出来，比如被高速离心机浓缩。轰炸日本广岛是 ^{235}U （「小男孩」)、滋生反应器是增殖轰炸长崎的 ^{239}Pu 原子弹 （「胖男人」)。「结合能」binding energy。

碰撞而被吸收成同位素 ^{236}U，继而分裂成 ^{93}Kr、^{141}Ba 和释放 γ 辐射及三颗中子。因为中性的中子会互相对撞或与 ^{235}U 核子对撞，而如果被吸收，^{235}U 的分裂就会释放更多的 γ 辐射、碎片和中子、而催生核子结合能；同时，释放的中子会扩散和滋生一直对撞 ^{235}U 的中子通量而快速释放更多的能量和中子。若「有效中子倍增因素」$k = 1$，^{235}U 原子的密度是到了「临界质量」，中子通量和 ^{235}U 核子的对撞是突然建造一极快速的「链续核子分裂」，而整体结合能突然的释放会引起原子弹的爆炸。

在开始研发原子弹时，「曼哈顿计划」的科学家原是想使用二阶偏微分和积分的动力公式来形容原子弹的爆炸。首先要考虑的是中子的相互对撞的概率，及与 ^{235}U 核子的对撞概率，曾测试过的参数概率，即「中子平均无对撞径的概率」和 ^{235}U 的「对撞截面概率」（即中子会碰撞一颗 ^{235}U 核子的概率），而该碰撞会「弹性散射对撞」（即中子换方向但不换能量的概率）或「非弹性对撞」（即中子只是被 ^{235}U 核子吸收的概率）和 ^{235}U 核子分裂的概率。涵盖所有参数概率的二阶微分方程计算是预测 ^{235}U 密度和中子通量是否足以引发链续核子分裂，及跟随的大量核子结合能突然释放成核子爆发。可见如此涵盖繁多不确定性的现象参数概率会需要极复合的微分方程计算。[110]

由于 ^{235}U 和中子的大数量、互动的参数和参数的

---

[110] 「中子通量」neutron flux、「临界质量」critical mass、「链续的核子分裂」nuclear chain reaction、「中子平均无对撞径」mean free path、「对撞截面」collision cross section、「弹性散射对撞」elastic scattering、「非弹性对撞」inelastic collision、「核子吸收」nuclear absorption、。

非决定性概率，动力学的偏微分方程是无法形容和解答原子弹爆炸的过程公式，即是一个非决定性程序的计算，而是需要数值分析来处理。

蒙地卡罗模拟

参与原子弹曼哈顿计划的全球科学和工程师菁英之一是逃逸纳粹党侵入波兰的逃命移民斯塔尼斯拉夫·乌拉姆。他首先是参与原子弹的动力学计算，但与其他的科学菁英一样，也没有办法解答核子爆炸的爆发公式。

原子弹的设计最后是基于物理的基本核子理论和工程的试探试验、类比电脑的计算、数多的概率参数试探和小型试爆。原子弹最后是成功的爆炸，但没有人能从纯动力学计算起爆的过程。

战争结束之后，乌拉姆患了脑炎病毒，而在 1946 年，在医院无聊就每天下「独玩的纸牌戏」，而他的数学脑袋就开始动，即有没有按牌的布置可确保成功的结局，而每一按牌组合的成功概率是多少？

然而，52 张牌有约 10^{67} 可能的组合（即超越全银河星系的原子数量），所以他从物理动力学转向统计运筹学分析，而以原子弹核子及中子系统的大数模拟，即试探将问题转成统计的回归分析。他开始记下每一张牌的置放而一直玩到结局，以望揭示一个完成的按牌端倪。

最简单的概率统计计算是投掷铜板的游戏，每一投掷的头或尾概率虽然是全随机的，多数的投掷结果会展现 0.5 头或尾的平均值，因而游戏中的两个状态的概率可由极大数的投掷而断定。另一只稍微复合的例子是投掷两颗骨子，有 36 可能的组合，而只要一直投掷和记

下每一投掷的组合结
就可知道每一骰子组
合的概率，而愈多的
投掷就愈精准的组合
概率。两个例子是依靠
「大数法则」（亦称「伯
努利法则」）。

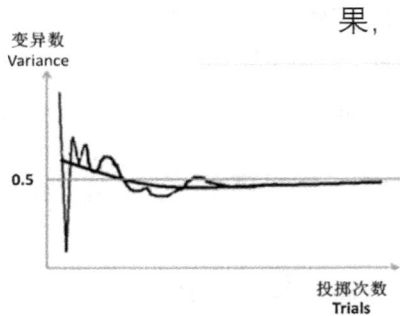

果，

系统的模拟次数 N 接近无穷大时，变异数 σ^2 会接近零（σ 是数据与平均值 μ 之差，即标准偏差），即回归到概率的平均值 μ。标准偏差 σ 如此就是变异数之均方根指数，而是衡量数据的「分散度」，[111]

$$\sigma^2 = \frac{1}{N}\sum_i (x_i - \mu)^2 => \sigma = \sqrt{\frac{1}{N}\sum_i (x_i - \mu)^2}$$

如此，大数法则就是让乌拉姆想到任何系统，经由极大量的运作次数，会回归到其最高概率的结果，而因为原子弹起爆过程的个别现象也会走向最高概率），继而整

---

[111] 斯塔尼斯拉夫·乌拉姆 Stanislaw Ulam、「独玩的纸牌戏」Canfield solitaire、「大数法则」Law of large numbers（亦称「伯努利法则」Bernoull's law)、「分散度」dispersion、「拟随机数值」pseudorandom numbers。在赌场赢几番的赌客一般会继续赌，而最后输赢会回归平均值。赌场之 65-80% 盈利是来自「吃角子的老虎机」(slot machines)，而一般人不会玩仅一台机器，所以是永远到大数法则的平均点；豪赌客的纸牌游戏也不会持续达到平均值；轮盘赌的零和双零会给予赌场 5.26% 的优势。变异数若是使用绝对值，而非平方值，就会回归中值而非平均值。马可夫链」Markov Chain、「随机系集」stochastic ensemble、「转移矩阵」transition matrix、「马可夫链的特征」Markov Property、「平稳的概率分布」equilibrium probability distribution。.

体起爆系统会到其最可能的结果；故而可以大数模拟而
求得起爆的最高概率。

因为大数法则可揭示概率，乌拉姆就想到赌博，所
以他的计划就取名为欧洲摩纳哥的「蒙地卡罗」赌场。

马可夫链

乌拉姆现在就是要使用他的蒙地卡罗模拟揭示原子弹起
爆的最高概率。所以，他先与独玩的纸牌戏一般，建造
一具有原子弹起爆的「游戏规则」模型。乌拉姆则与冯
诺伊曼开始讨论如何用蒙地卡罗模拟 ^{235}U 原子的分裂和
中子扩散成中子通量，而各起爆过程因素最可能的概率。

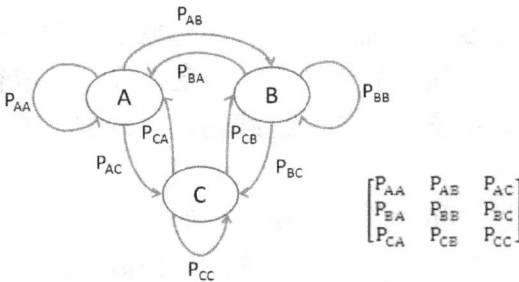

俄罗斯的数学家安德烈·马可夫在 1906 年，以后定制为
「马可夫链」Markov Chain，从一个概率分布抽样而断
定「平稳的概率分布」。马可夫链的节点是系统的状
态，节点边（edges）是状态之间的关联概率。

马可夫链是涵盖随机自变数 X_i 之「随机系集」，则
节点的「转移矩阵」是形容节点边之间的步伐概率，

每一节点 A、B、C 之间是有节点边关联的概率
P_{ij}，则执行电脑可以抽样节点边而愈多的节点边步伐，

愈接近平稳概率的分布。节点边的概率布局仅是依据目前而非过去的布置（「马可夫链的特征」）。「转移矩阵」之个别概率是，[112]

$$P_{ij} = Probability(X_{k+1} = j \mid X_k = i)$$

当时，最先进的电脑就是冯诺伊曼曾参与研究的滨州大学 ENIAC 电脑，所以他们用 ENIAC 提共一系列的「拟随机数值」来代表 ^{235}U 核子和中子，而以模仿，断定中子通量以及 ^{235}U 核子的整体质量。依据「大数法则」，随机的节点边终究会揭示平稳概率的分布，即最高概率的整体过程；亦即，原子弹爆发的最高概率。即经过大量的蒙地卡罗模拟，与投掷铜板和骨子一样，会揭示核子弹爆发过程各系统的组合的最高概率。中子的扩散和通量组合是由随机的最高概率笃定，而 ^{235}U 取得「临界质量」时和中子通量催生链续的核子分裂，原子弹就会起爆。[113]

中子扩散和核子分裂所产生的中子通量可由参数概率的实验而断定；亦即，发现没有被散射或吸收的中子的间隔 x 的概率密度 P，依据 ^{235}U 核子的密度 ρ，会以

---

[112] 执行者若可选择节点边，马可夫链是「无法简化」」（irreducible，亦可称「不可约」）；执行者若不能环绕同一途径，该链是「不可周期绕」(aperiodic)；而执行者若能探测每一节点，该马可夫链是「遍历的」(ergodic)。有关马可夫链的数学演算，参见 Richey, M, 2011, *The evolution of Markov chain Monte Carlo methods*, American Mathematical Monthly, Vol. 117, No. 5. 马可夫链的图案是器材与 intechopen.com.

[113] 垂直线「|」是指有条件的概率，即 P(A|B) 的意思是若 B 已经发生了，A 发生的概率。

指数下降，而其碰撞截面 ζ 和标准差 σ，在间隔 dx 之微分密度概率 dP 是，

$$dP = \rho\sigma e^{-\rho\varsigma x}dx$$

以上公式的积分会是中子的通量（每平方面积所通过的中子数量），

$$\text{中子通量} = \frac{\text{通过的中子数量}}{\text{所建造的中子途径数量}}$$

$$Neutron\ Flux = \frac{Number\ of\ Neutrons\ Passing\ Through}{Number\ of\ Constructed\ Trajectories}$$

第 i 的无对撞径 x_i 可由电脑提供的系列拟随机数 ξ_i 表示，即平稳概率分布在区间 [0,1] 可由以下的公式表达，

$$x_i = -\frac{1}{\rho\sigma}ln(1 - \xi_i).$$

亦即，可由模拟随机数表示中子的无对撞径。比如，如果实验的中子对撞 ^{235}U 核子的数量，散射概率是 0.9 和核子分裂吸收的概率仅是 0.1，以及拟随机数 ξ_i 的区间 [0,1] 是分成两组 [0,0.1] 和 [0.1,1]，而电脑比如发出的拟随机数是 0.2，该拟随机数是属于第二区间 [0.1,1]；亦即，该中子被散射的概率比较大，而没有被核子吸收的中子，所以会参与中子的通量。在经过电脑发出之大数拟随机数，计算的中子通量会越来越逼近以上公式的中

子通量。

能通过的中子会取得比分 $s=1$；被吸收的中子之比分是 $s=0$，因而贡献于中子通量是二者的平均比分 $\bar{s}$，而误差是以变异数计算。

为求得散射角度而施行同样的变换自变数和比分亦可模拟，但是应该也考虑散发的中子可能回到中子通量，而考虑到质子、不同的弹头空腔设计、及初始条件等，而需要再考虑从实验求碰撞截面、平均无对撞径、及空腔设计等等。运算当然会更复杂，然而虽然忽略回到中子通量的散发种子，以上所述是足以形容基本的核子爆炸计算。

「中子途径」是在弹头空腔的中子扩散，从大数的高斯概率分布抽样，以及数次以「马可夫蒙地卡罗」模拟（MCMC），原子弹爆炸原所需之 $10^{15} - 10^{25}$ 中子途径，可以抽样而由电脑重复计算较少的 $10^5 - 10^8$ 中子途径。因为起爆的临界条件 $f(X)$ 函数是依靠中子途径的累计，而与 $P(X)$ 成正比，随机抽样系列 X_i 和大数的 MCMC 模拟，就可近似推导所要的概率函数 $P(X)$。

从中子在原子弹头的实验参数及概率之分布样本，可累计中子的途径，而链续的核子分裂所需的 $P(X)$ 可被视为一「概率的密度」，即 ^{235}U 的弹头达到临界质量时，就会起爆。基于较大的概率（是一般走向随机分布的顶尖），马可夫链的迭代会推 $f(X)$ 向 $P(X)$，而依据伯努利法则，马可夫蒙地卡罗模拟的整体累积会回归到 ^{235}U 核子临界质量平均概率所能催生的中子扩散通量到足以维持链续的核子分裂所引起的原子弹爆炸。[114]

---

[114]「拟随机数」pseudorandom numbers、「中子途径」neutron

由于 ^{235}U 临界质量概率可被视为一概率密度，则 $f(X)$ 是一直走向马可夫链更大的概率，则是以迭代推 $f(X)$ 更靠近 $P(X)$；亦即，符合伯努利法则就是让 MCMC 收敛而达成 ^{235}U 核子之临界质量，以致产生足以建造自维持的中子扩散成链续的核子分裂。乌拉姆是先在冯诺伊曼的普林斯顿高等研究院（IAS）之 MANIAC 电脑执行 MCMC，而后用 Metropolis-Hastings 的电脑算法模拟核子爆炸。如今可由超级电脑处理，计算可以包括引爆的其他参数和因素（比如散发的中子回到中子通量和质子影响等）和更多次数的模拟，以致大数法则可几乎保证精准的爆炸模拟。

不用说，起爆参数和原子弹的所有引爆条件必须能调整，而由 MCMC 模拟就可绘画一幅质量/能量对时间的图案，以确保适当时的爆炸和（最重要）避免原子弹在实验室起爆（参见右图）。

MCMC 模拟的原子弹却没有赶上二次大战，但是在 1951 年开始的美国-苏联冷战，氢弹是国

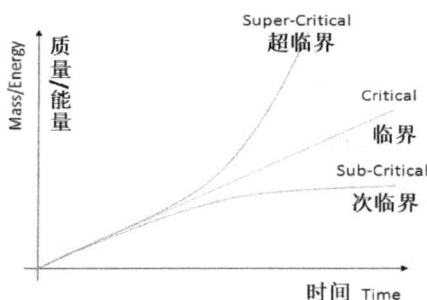

家威力的象征，而氢弹的爆发是先需要原子弹起爆所产生的 γ-辐射压力才能引起氢弹同位素氘（或氚或氘化锂）的融合而起爆（即融合的核子质量比单独的各融合氢同

---

trajectories、。比例 $f(x) \propto P(x)$ 可不用一正规化因数（normalization factor）、「概率的密度」probability density，参见 Hendricks, J.S. 1994, *A Monte Carlo code for particle transport*, Los Alamos Science, Number 2。

位素小，而多余的质量是构成爆炸的能量）。因为融合核子爆发主要是从重水抽取，而氚或氚化锂可由核子反应器产生，氢弹的爆发力是没有上限（地球的铀量有限而 ^{235}U 的提炼难）；比如史来最有威力的俄罗斯「沙皇氢弹」比广岛的原子弹爆炸大 3,800 倍。[115]

乌拉姆和冯诺伊曼的马可夫链蒙地卡罗模拟是展开一全新的物理运算方式，以及除核子武器之外，蒙地卡罗模拟是用在气候预报、流体力学的乱流、宇宙衍生创造、生物系统、生态学、股市预测、销售预测、经济学，以及如交通和飞机场乘客散模拟、统筹学，而尤其在人工智能的机器学模拟。[116]

---

[115] 氢弹爆炸的关键核子分裂 γ-辐射压力是乌拉姆或爱德华·泰勒的提案，如今仍未厘清，而因为氢弹制造的敏感，恐怕是永远不会解决的议题。

[116] 有关原子弹和清单的研发历史，参见 Rhodes, R 1986, *The Making of the Atomic Bomb*, Simon & Schuster 和 1995 *Dark Sun, the Making of the Hydrogen Bomb*, Simon & Schuster. 临界点的图案是取材于 Gunzi, A., "Monte Carlo analysis and simulation", towardsdatascience.com。

第十五章　强化学习

多伦多大学和深脑技术公司合作研发的人工智能「AI电玩家」能在原先根本不知道游戏规则，即不用监督学习，而仅是由「强化学习的奖赏和惩罚」，一面学会打电玩游戏，而另一面探索「最有效率的途径」，即逐步掌握到达到终点之最有效率「优化方针」。

　　在玩的时候，AI电玩家的团队不得调整AI电玩家的算法、执行程序、或参数及超级参数，且不收外来的任何相关游戏的信息、教导、或相关执行比赛的 Atari 2600 电玩模拟器。

　　AI电玩家唯一的输入是游戏的影像画素，然后由卷积神经元网络所展现的游戏「状态」，而与人一样先以随机的「行动」反应，它的反应会改变了游戏的画素影像，而产生屏幕上的一幅新的状态，则依次类推到游戏程序的屏幕上显示「游戏结束」(Game Over)。

　　AI电玩家的算法所寻得的「最有效率途径」是以最少时间达到最大分数的目标 (Goal)；所以，AI电玩家的行动若是促进达到目标，程序就会给它一个正数分数的奖赏，而反之亦然，行动若没有促进或反是倒退，程序会给与一低或负值分数的「奖赏」(即负值分数是「惩罚」，但在算法人还是称之为「奖赏」(reward)。

　　AI电玩家如此可由奖赏的分数的大小，学会游戏的基本规则，并逐渐揭示最有效率的途径。即经由「强化学习」，与人类玩家一样，玩的愈多的次数，就会逐渐玩的愈精准；然而与人不一样，AI电玩家可以仔仔不倦昼夜不停的与人、其他的机器、或自修，磨练电玩

的「玩艺」，而强化学习的迭代强化会产生一台无敌的电玩机器。[117]

　　AI电玩家对决了「雅达利电玩公司」早年的经典游戏：*Beam Rider, Breakout, Enduro, Pong, Q*bert, Seaquest,* 和*Space Invaders* 等，而证实了也的能力，并奠定了最高的人工智能电玩游戏「计算基准」（benchmark）。

　　下图是AI电玩家，或者任何进行强化学习的人工智能机器的基本构想，

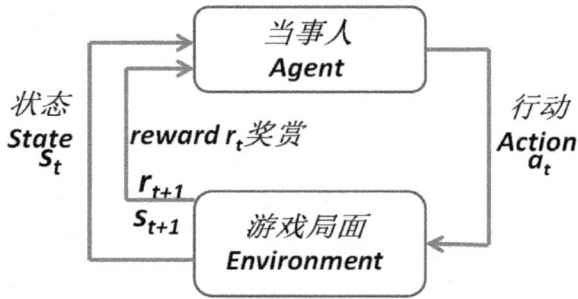

图中的变数 s「状态」（state）、「行动」a（action）和「奖赏」r（reward；每一变数的下标是指时间 t 以及其接连的时间 $t + 1$。「状况-行动对」(s_t, a_t) 与下标 $t + 1$ 的进展会取得下标 $r + 1$ 的奖赏。

　　由于强化学习是攸关选择和所选的途径概率，可以由「马可夫链」模型（Markov Chain）。前一章节是形容马可夫链的基本原理。但是因为 AI 电玩家是需要更多的选择，而必须知道所选的「品质」，强化学习则是

---

[117] 「强化学习」reinforcement learning (RL)、「最有效的途径」，pathfinding、「优化方针」optimal policy。

用扩展马可夫链的途径选择，而加了行动之「奖赏」的
「马可夫决策程序」（MDP）。[118]

MDP 是部分由当事人选择（行动），而部分游戏机
器所展现的新状况；下图是 MDP 的处理方式，[119]

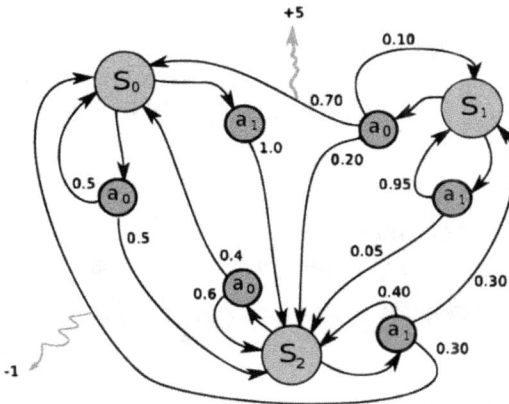

在每一 t 时，游戏是在一状态 s_t 而当事人可以从状态节
点所伸展的途径，依据状态而选择所认为是最有利于达
到目标的行动 a_t。MDP 则会从 s_t，依照当事人的行动
所改变的状态 s_t，而提供一新的 $t+1$ 的状态 s_{t+1} 而给与
AI 电玩家一个奖赏 $r_a(s_t, s_{t+1})$。箭头上的数值是到所选
的新节点的随机概率，而扭曲的箭头是指行动的奖赏，
即 $+5$ 的比较高和 -1 的比较低的奖赏。

「Q-学习」的算法是用 MDP 来取得 t 时的「状态-

---

[118] 各节点的状态若仅有一个行动的选择而所有的奖赏是一样
（通常是 0），马可夫决策程序就会收敛成普通的马可夫链、
Markov Chain、「马卡夫决策程序」Markov Decision Process
(MDP)；基于图标不受著作权保护。

[119] MDP 的图解取材于维基百科 Wiki Commons，是基于数据
的图形而不受著作权保护。

行动对」 (s_t, a_t)，而每一行动是依据所有奖赏而累计的状态-行动对的 Q-函数。然后，以目前最高的奖赏以及可能的未来奖赏估计，与前一数值的加权平均分数和新的输入是由迭代的 Bellman 公式而更新如下，

$$Q^{new}(s_t, a_t) \leftarrow Q(s_t, a_t) + \alpha[r_t$$
$$+ \gamma \max_a Q(s_{t+1}, a) - Q(s_t, a_t)]$$

即 $Q^{new}(s_t, a_t)$ 是新的 Q-值、α 是学习的速度、方括号里的项式是在各时段新学的奖赏计算、r_t 是 t 时的奖赏值，γ 是「折现因子」、而 $maxQ(s_{t+1}, a)$ 是未来最高的 Q-值估计。

　　Q 的「期望值」是一随意的数值，然后在 t 时，玩家会选择一行动 a_t，记下所取得的奖赏 r_t，而输入 $t+1$ 的新状态 s_{t+1}，则迭代更新 Q 成 Q^{new}。

　　Q-学习可在游戏进行时，使用「程序递归返圈」而顾及连在游戏往后的时段所能取得的未来奖赏，即依照过去的行动奖赏，将后来的奖赏包括在演算中。亦即，玩家的目标（Goal）是累计最大化的奖赏，即在目前的状态加上未来状态的最大化奖赏，如此就以「未来可能取得的奖赏」影响目前的行动。此目标是可涵盖所有的行动之奖赏和 (Σ)，如下

$$Goal = max \sum_{t=0}^{\infty} \gamma^t r(s_t, a_t)$$

即最大化奖赏对 $r(s_t, a_t)$ 乘上「折现因素」γ 的 t 次方，s_t 是当时 t 的状态，a_t 是当时的行动。

折现因素 γ 的作用是比对目前和将来奖赏的相对值。由于 γ 的区间是 [0,1]，γ 若小，γ^t 会很快就减少，因而奖赏是乘上一个快速下降的因素。所以目标（Goal）也会很快就下降，所以 $\gamma \to 0$ 时，奖赏是「近视眼」，而即时的奖赏分量是比较重（比如乒乓球即时的回球）。然而，比较大的 γ 不会很快就将目标数减少，即 $\gamma \to 1$，奖赏是「远视眼」，即 γ^t 比较会维持高一点的数值，因而长期的奖赏会增加（比如西洋棋或围棋的往前打算）。

算法在执行时，γ 也会压低以上 Goal 的分数，即避免演算会爆发到 ∞ 而停滞不前。折现因素 γ 可由机器学习求得，即经过多数不同的途径而制定最适当的 γ 值，或者事先制定，或试验模拟最有效的 γ 值。

在玩比较复杂的游戏，挑选最优行动是需要先排行每一行动的「品质」（rank），即依据「状态-行动对」(s_t, a_t) 的最能增加正数奖赏的累计；亦即，依附「状态-行动对」，数值映射之一状态 s_t 到最佳的行动 a_t 的「方针函数」π，

$$a_t = \pi(s_t)$$

强化学习的算法是将玩家经过系列的「状态-行动对」(s_t, a_t)，记下奖赏的结果，而计算 Q-函数一直迭代到可发现最有效的游戏途径，而如此就制定「方针函数」π。然而，该「方针函数」不得每一次重复用曾是取得最高奖赏的方针函数，则游戏模型会「过适拟合」，而错过或许有更大的奖赏机会；亦即，除一直「利用」旧的有利途径，可以「探索」可能会有更好的奖赏的新途径，二者的比例是，

$$\epsilon = \frac{\text{Exploration}}{\text{Exploitation}} = \frac{探索率}{利用率}$$

即有胆量爱探险的玩家是所谓的「ε-贪婪」。

　　举例，打过乒乓、网球、手球、或回壁球的人都曾对决过只防守的顽强对手，他是凭借延迟的折现因素 γ 而等对方的错误或者可以攻击的软弱球。相反的是善于攻击的选手，即是重视目前的奖赏，但是不成功的攻击会丢分或泄露某打法的弱点。经过屡次的对决，奖赏的累积可断定玩家的「优化方针」π^*。

　　AI 电玩家是用一幅卷积神经元网络来辨识游戏的当时的面貌。无需监督学习的 AI 电玩家是全依靠强化学习的 Q-学习，则经过只有机器能夜以继日不停的模拟电玩游戏，经过激烈的强化学习，AI 电玩家即将是电脑游戏无敌的高手。

　　在人对机器的对局，如围棋，当事人的优化方针是以「方针网络」制定和「估值网络」是处理当事人的行动对获胜的贡献（参见下一章节）。

第十六章　AlphaGo

西洋棋个别棋子的不同步规不免会引发各种盘根错节的组合，相形之下，围棋之仅一步规看似应该比较简单而容易电脑模拟。即围棋个别棋子的唯一任务是「分而治之」对方的棋子和阵地。但是，若能颠倒李奥纳多·达文西的慧言「至简归于至繁」，棋盘的 *19 x 19* 矩阵之 361 空格是具有至少 2×10^{170} 不同的棋子布局组合，即超约整个宇宙所有原子的数量。

　　基于此真正的天文数值，会下围棋的电脑科学家都认为能打围棋大师程度的机器是不可能的事。[120]

　　尽管如此，一家新创立的英国人工智能公司在 2010 年曾是研发能下围棋的电脑算法，但研究虽然稍有头绪，欠缺资助的「深脑」公司是面临解散。幸亏慧眼识英雄的新科技大商谷歌，在 2014 年购并了「深脑」而以谷歌为后盾，在 2015 年，新命名为「AlphaGo」的围棋机器是在一正式的围棋冠军赛击败了法国华裔的欧洲冠军，而印象深刻的樊麾以顾问身份转而参加了 AlphaGo 的研发团队。自信满满的 AlphaGo 接着就连续打败了日本全国冠军的传奇大师井山裕太，而与 2016

---

[120] 宇宙的原子数量，包含星系、天体、和星际之间的气体估计是 10^{78} 至 10^{82} 不等，但是原子其实只是占宇宙整个质量之约 4%，即其他的质量是隐形的「暗物质」(*dark matter*) 的 16% 和可转成质量而正在驱动宇宙扩张的「暗能量」(*dark energy*)；参见笔者著作 Chen, R.H. 2017, *Einstein's Relativity, the Special and General Theories with their Cosmology*, McGraw-Hill Education。影像分别取材于 Philip Harvey Photography Inc. 及 *Independent* 报社。

年就大胆的挑战当代世界冠军李世乭。

来自鲜少人听闻，出生在韩国南部新安郡一偏僻小岛的李世乭，名字的第三汉字，大家都不会念，遑论知道字的意思。不过，即将闻名围棋界的李世乭仅 12 岁时就晋升职业围棋协会，而在 19 岁就获得围棋大师的头衔。即将连赢十八次的世界围棋冠军大赛，李世乭被抬举为历来最卓越的围棋天才。

对弈是在 2016 年三月在韩国首尔的「四季酒店」中央大堂举行，通过网路串流当场直播，全球两亿多爱好围棋的人观看。[121]

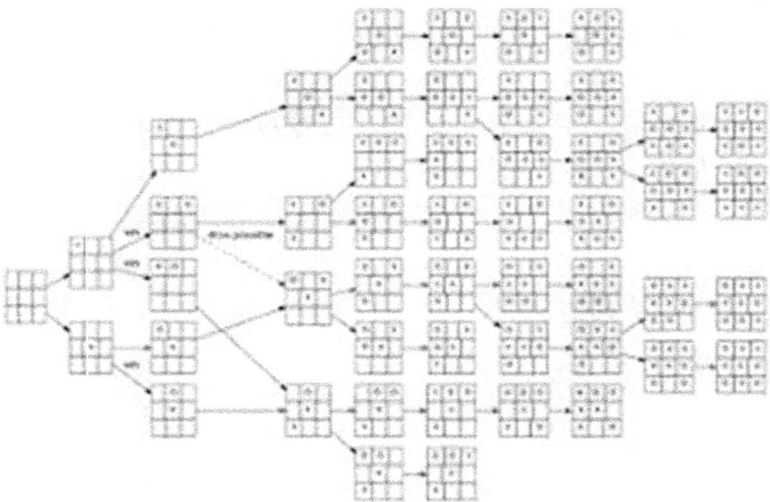

下棋的电脑一般被看成仅是依赖深搜寻和执行近身的「却争」逻辑，而避免冒险。李世乭也是积极的寻得却争的机会，而以灵活的投子尽吃对方的棋子，但是他反

---

[121] AlphaGo 搜寻是基于数据的图形而不受著作权保护。

而也会时而贸然离开「手筋」比对，而「脱先」到新阵地发展。

比喻英超足球员的灵活步伐，精准传球和控球技巧，虽然会令观众欣赏，近身的局部却争其实鲜少是比赛的胜负关键。球赛的输赢通常反而是基于教练的战略和各球员执行的相关战术。比如对付善于攻击的球队，教练会利用防御的队形，即吸引对方的深入攻击，而等鲜少来的机会闪电式的脱先而反击，然而若成功的得分，就会与对方一样改变战略成防御为重。

从观众的立场，如此的战略通常的结果就是一僵化的平手或者 1 − 0 的险胜，而嫌少会出现令他们最兴奋的进球。但从教练的立场，胜利是唯一的目标，不论是进了多少球。

原为谦虚多礼的李世乭，在赛前异常地保证他会大胜 AlphaGo，而第一局开始时，李世乭的快速投子就让评论家觉得他在轻敌而以平常心对弈。AlphaGo 反而经常会有令专家惊讶的投子，比如冷不防贸然到棋盘上左象的脱先，而李世乭一时就知道 AlphaGo 不是纯以细密的逻辑投子，而是有创意的功能；李世乭则以更慎重的对决，但似乎不知要如何应付 AlphaGo 意外的创意。专家都认为 AlphaGo 的脱先是第一局的转捩点，则出乎意料之外，较为主动的 AlphaGo 赢了第一局。

第一局结束之后的记者会，李世乭在解释他失手说，「在对局的前段，我认为有一些不甚理想的投子，而对弈在进行时，我在想要如何弥补过错而分心」。稍受惩戒的李世乭也说他很惊讶它他会输，而会谨慎的应付第二局。

第二局的前段，双方的投子显的保守，但 AlphaGo

突如其来的黑 37 五线「尖冲（冲）」就震惊了李世乭，而让所有的评论家惊讶的跳起来。即如此的投子会留下太多的边缘空间，而的确 AlphaGo 对局后的走子记录显得黑 37 只有 10^{-4} 的估值。尽管李世乭的适当对应，如此在对方的对角线之一边「先手」是让黑方联合整体棋盘的布局，也是证示 AlphaGo 的创意和计划能力，如下图所示，[122]

围棋的谚语说，「高者在腹、下者在边、中者占角」；在第二局，AlphaGo 就是展现高者的风范。专业高手顾问也都认为黑 37 是「人」不可能的投子作为，亦可说，人会看似蛮干无谓的投子。但局后专家都同意黑 37 为 AlphaGo 获胜的关键。而第二局充分的奠

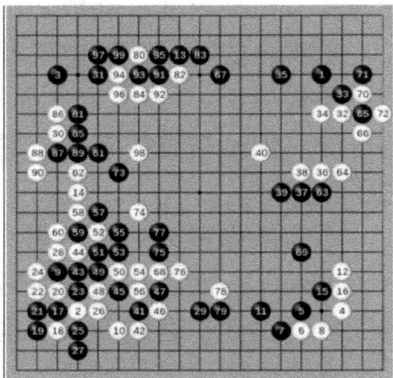

定了 AlphaGo 的强化学习的奖赏折现因素 γ 修养。

李世乭 (黑) 于第三局的开局是所谓的「高中国流布局」（走子 1 和 3 的盘上面而 5 下）（呈「Γ」形），AlphaGo 则以白 12 侵略，但所造成的是比较弱的队形，而李世乭就以黑 31 想趁机而占中盘，但如此就失去原拥有的棋盘控制，而 AlphaGo 掌握了优势。结果或许是证明超人的棋艺，在一难以分成败的复合却争，AlphaGo 大胆的以白 148 脱先，而李世乭面对 176 的走

[122] 围棋的规则是黑先下、「展开」expansion。棋盘图形取材于维基百科公有领域，且围棋盘图形不受著作权保护。

子就认输。AlphaGo 则取得了白方的满分。

连输三局的李世乭，以及支持他的围棋大师不免心里涌上一难以抑制的无望，传奇的世代围棋冠军真的会惨败给一台机器呢？然而，第四局终是给与人类一点希望，李世乭的白 78 凌空一挖脱先，即突然往棋盘中区的「神之一手」证实了「高者在腹」的创意和勇气，如下图所示，

或许 AlphaGo 的蒙地卡罗搜寻树（MCTS）的「选择性节点展开」由于不可思议的投子而忽略白 78 手筋的可能性，而 AlphaGo 漫不经心的随意黑 79 对应立刻被白 80 抵挡。

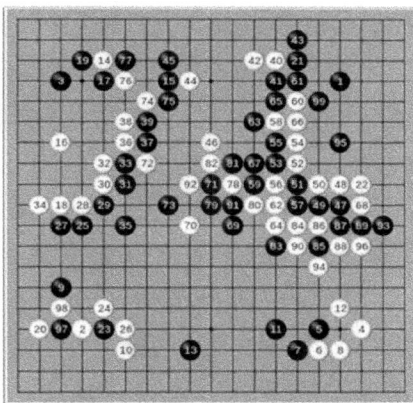

AlphaGo 是如何面对李世乭的「神之一手」恐怕是永远不得而知，因为连算法编码师，虽然知道 AlphaGo 是如何施行，但在神经元网络的隐藏层深处，没有人知道 AlphaGo 是如何「思索」。

人类终是扳回一城，但是最后第五局开始时，AlphaGo 的团队先担心败北会影响方针网络和估值网络的「信心」，而李世乭则是希望能维持白 78 的动量而挽回对弈的一点面子。

但是，AlphaGo 再一次以白 90「高者在腹」掌控了棋盘的腹部，而李世乭只是在边缘却争。最后，较为平凡的长征走子和优势转换，李世乭面对白 276 而认输。对局最后是 AlphaGo 4 – 1 的令人信服的人工智能胜利。

　　李世乭含蓄地微笑了，而匆匆的离开饭店的大场。谷歌则慷慨的赠送慈善机构一百万元的奖金。

　　恐怕只有像李世乭的围棋天才能在第五局坚持不懈，但是他也清楚，第四局的「神之一手」白 78 脱先是唯一能一时力挽人工智能的狂澜，而不幸，神是不会常来棋堂，即人工智能的唯赢为准的估值网络无疑是获胜的秘密武器。

　　原本充满信心的李世乭，在大局后则对观众和群体记者说，「我很惊讶我会输第一局，但继而来的对局所披露的事实让我觉得我无论如何投子，还是无法占上风，确是 AlphaGo 的全胜」。

　　为安慰全球观赏人机对弈之两亿多人，他歉意地加了一句，「只是我个人的失败，不是人类的失败」。

　　李世乭谦虚负责的话却不免空洞，即一代围棋神童的李世乭十二岁就取得职业围棋协会的资格，十九岁就赢了第一世界冠军赛。从 2002 到 2014 年曾十八次稳保全球围棋冠军座，即被推崇为世代天才。然而，他全力以赴地代表人类对决 AlphaGo 的挑战，而他输了...

　　AlphaGo 对局之后，受惩戒却仍然令人敬畏的李世乭是继续连赢顶尖的围棋大师，但是从输给 AlphaGo 之后，则依据任何对决的谚语，

有时你会教训对手，有时他会教训你

满心憧憬的李世乭在 2019 年，仅 34 岁时就退出棋堂，辉煌的一生遇见人工智能深切和完备的搜寻和机器逻辑则是播放他围棋生涯的安魂曲。

　　结果，与西洋棋一般，围棋冠军恐怕不再是被推崇

为最高智商之天才，即李世乭告别棋堂时说，「我无论多么的努力，还是存有另外一个不能打败的机制」，而他声心充满憧憬地说，「但是，机器不会像我们人类能欣赏围棋之美」。

震撼的 4-1 胜利，虽然是扰乱全球的围棋界，也振奋了电脑科学的学界，即不胫而走的新闻就一劳永逸地将聚光灯转到当时仍然处在寒冷之 AI 冬季的人工智能研究。AI 突然间就摇身一变，而成为媒体的新宠儿，以及学生一窝蜂的申请各大学的电脑科学系，而编码师成为新技术公司的抢手货。

欧洲、日本、韩国、和中国各自的「职业围棋协会」接着都颁发围棋最崇高的荣誉，「九段棋力」，赐予一台机器。

AlphaGo 则不会固步自封，即与最优秀的棋手（即新版的自己），经过 70 钟点的强化学习，继 AlphaGo 有改进的 *AlphaGo Master*。台湾的黄士杰以匿名上线挑战，而就以 60-0 的全胜能打败人类或机器。则经由如此的强化学习继而也打败了而就如此改良而升级了 AlphaGo。新款的 *AlphaGo Master* 基于辉煌的上线记录，在 2017 年在围棋发源地所举办的「乌镇围棋峰会」，就挑战了仅 18 岁新登基的世界围棋冠军神童柯洁。[123]

起初，柯洁是不太愿意与 AlphaGo Master 对决，他说，「原因并不是怕输，而担心它会学我下棋的格调」。结果，青出于蓝的 AlphaGo Master 以 3-0 轻取柯洁。反而是显示人不能学习机器的下棋格调。对局后，柯洁说，

---

[123] AlphaGo Master 搜寻树影像取材于 Google，Library of Congress，公布于 Mok, K.，thenewstack.系属公共领域。

「机器的非人类投子难以应付」，并与李世乭一样，加
了一幅哀伤的预言「人类几千年的围棋深造，被一台机
器推翻而从新教导，我们以前所有的努力只不过是蜻蜓
点水，相信围棋往后会完全属于人工智能。但是，冷冰

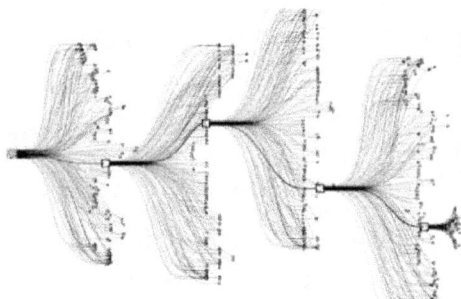

冰的机器不会像人一样地向围棋投下尊严和热爱」。[124]

AlphaGo 的技术

AlphaGo 先是以标准的机器学习学围棋，即先从公布的
职业棋手对局记录为训练集而经过监督学习和强化和自
修学习熏陶它的「棋艺」。一幅深卷积神经元网络
（DCNN）是显示棋盘的布局，而一新的蒙地卡罗搜寻
树算法（MCTS）是涵盖一幅决定下一投子的「方针网
络」（*policy network*）和一幅估值胜负的「估值网络」
（*value network*）。

　　主要的算法是一幅「马可夫决策程序」（MDP），
就依据棋盘状态 s 而依照方针网络 $\pi(s)$ 选择投子（连接
MDP 与方针网络是笃定 $\pi(s)$，而 MDP 就是复归成标准
的马可夫链）。

---

[124] 柯洁引述取材于 https://kknews.cc/sports/9yxoxm5.html。

MDP 强化学习的目的是最大化相关时间 t 的投子 $\pi(s_t)$ 的奖赏 $R_{\pi(s_t)}$ 乘上折现因素 γ（$0 \leqq \gamma \leqq$）之 t 次方，的和（Σ），则笃定「优化的方针」$\pi*$，[125]

$$Goal = max \sum_{t=0}^{\infty} \gamma^t R_{\pi(s_t)}(s_t, s_{t+1})$$

比较小的 γ 是促使较快的行动，而在方针网络，一般是接近 *1*，则是反映较为长期的投子「往前打算」。

AlphaGo 的蒙地卡罗搜寻是具有一幅棋子的分布及投棋子是如何影响「生成模型」的分布（宛如自然语言处理 NLP 会预测一句话的随后字词），而如此可以了解 AlphaGo 是如何估计往后最高可能的奖赏。

MDP 的估值网络是基于目前的优化方针 $\pi*$ 来制定投子，而以估值网络 V 的实数 $V(s)$ 评估每一投子对获胜的价值。

然后，迭代方针和估值网络一直到没有变化可取，而递归优化方针而取得真正的优化方针 $\pi*$ 和最高得胜的估值 $V(s)$，即如此选择投子。

每一 MCTS 节点是一棋盘的布局，节点的边界（edges）接连则是表明可选的投子。MCTS 是以随机抽样而以蒙地卡罗的双方投子序列模拟对局（即模拟抽样途径）。

---

[125]「深脑」DeepMind，蒙地卡罗搜寻树」Monte Carlo Tree Search (MCTS)、「马可夫链」Markov Chain、「马可夫决策程序」Markov Decision Process（MDP）、「估值网络」value network、「方针网络」policy network。

从蒙地卡罗搜寻树的树根起步，MCTS 会随机选择树枝的小孩一直到一没有小孩的树叶，而以「选择性的节点扩展」，而在另一节点展伸的小孩搜寻，然后以蒙地卡罗「对弈模拟」就反馈传播而更新估值网络。

经过蒙地卡罗模拟，每一模拟的估值网络数据结果是表述得胜的一个数字，而比如 $V(s)$ 胜 = +1，败 = -1，最高选择性的节点扩展之估值会逐渐笃定估值网络的元素。经由三百万强化学习的对弈模拟，AlphaGo 可制定其优化方针 π^*，即每一模拟会加强方针网络引导胜利之投子精准度和增加估值的正数量。

例如围棋高手可以注重近身的却争而因为有较高的平均获胜率，当场尽吃对方的棋子，或者在下子只有少数的优良模拟数次，就远离却争场而探索而占领新阵地，即，选择「利用率」或「探索率」投子的 ε-比例。

每一回合的不同棋盘布局，投子的优化方针及得胜的估值，一开始是随机性的分布（比如以伯努利概率分布），但经过大数的 MCTS 模拟，如投子铜板一样，会回归最高概率（淡然，围棋的投子选择是原超越二元的铜板选择）。

投子的选择是依据统筹学之「上信赖界」（UCB），比如却争「利用」和脱先「探索」的选择可由「搜寻树上信赖界（UCT）」计算，[126]

---

[126] 「生成模型」generative model、「伯努利分布」Bernoulli distribution、「抽样途径模拟」simulation of sample paths，「选择性的节点扩展」selective node expansion、「反馈传播」backpropagation、「对弈模拟」playouts (亦称 rollouts)、「上信赖界」Upper Confidence Bounds（UCB）、「搜寻树上信赖界」Upper（UCT）Confidence Tree Bounds。

$$UCT_i = \frac{w_i}{n_i} + c\sqrt{\frac{lnN_i}{n_i}}$$

即 UCT_i 是第 i 节点投子之后的搜寻树上信赖界、w_i 是第 i 投子之后的得胜数值，n_i 是第 i 投子之后的模拟次数，N_i 是从母节点起之第 i 投子之后的整体模拟次数，c 是「探索参数」，通常等于 $\sqrt{2}$，但可以按照状况而自己设定。

　　以上公式的第一项 w_i/n_i 比例若大，在少数的模拟次数，有大数的得分，故 AlphaGo 应该留在却争场而「利用」，即尽量吃的机会；而相反的，w_i/n_i 若小，则没有多少得胜在大量模拟次数之下，而 AlphaGo 应该离开却争场而脱先「探索」。公式的第二项式若大，模拟的搜寻应该被扩展，而 AlphaGo 是偏向「探索」（ε-贪婪），而反之亦然，第二项式若小，AlphaGo 应该「利用」留下而却争或手筋的机会。

　　围棋的评论家认为电脑应该会重于冷却逻辑，而会偏向谨慎却争，但以上 UCT_i 公式也是涵盖 AlphaGo 时而应该脱先。顶尖棋手如李世乭和柯洁通常是在积极地寻得却争的机会而凭恃卓越的手筋棋术得利，但是他们也会认出机会而冒险。

　　以上的 AlphaGo 算法解释只是「蜻蜓点水」而指出程序之若干基本理念，解释整体的运作恐怕会需要整个的一本书。

　　AlphaGo 是使用一幅深卷积神经元网络（DCNN）来辨识棋盘的布局。监督学习是用一幅带有间隔的 12 卷积过滤器的 13 层深网络的 *19 x 19 x 48* 没有「填充

层」而「步长」=1 的体积矩阵；第一层的过滤器是 *5 x 5 x 49 x 192*，而其他的过滤器都是 *3 x 3 x 192 x 192*，最后一过滤器是 *1 x 1 x 192 x 1* 的矩阵，每一层是有一 *softmax* 整流器。

估值网络是大同小异，只有加上第 12 隐藏层、第 13 层是一幅 *1 x 1 x 192 x 1* 的过滤器，而第 14 层是完全接连的具有 256 *softmax* 整流器；输出层是完全接连一幅 *tanh* 整流器。

AlphaGo 的 192 过滤器的方针网络是经过三千万不同布局而需要 50 颗 GPUs 和三个礼拜的训练时间；估值网络的训练也是用 50 颗 GPUs 而一个礼拜的强化学习。蒙地卡罗搜寻树（MCTS）的模拟是先使用 48 CPUs 之 40 线条，但尔后是改用巨大并行处理的 GPU；方针和估值的网络执行是使用 8 颗 GPU。AlphaGo 的硬体整体是包括 1920 CPUs 和 280 GPUs，而与李世乭和柯洁的对弈，使用了谷歌的加速张量处理器 (TPU)。[127]

宛如足球教练一般，AlphaGo 唯一的目标是赢球，而整个运作的各投子是最大的赢球估值为准。强化学习是由折现因素 γ 来决定 ε-比例。如何赢球或以多少分数无关紧要，只要赢。比如 AlphaGo 若是面对 6-2 进球赢是 80%概率，而仅以 1-0 进球赢是 98%概率，它会选后者。[128]

AlphaGo 的算法极为复合，而效用可怀疑，但是基于算法而以电脑程序执行大量的模拟次数，演算和处理

---

[127] 「探索」exploration、「利用」exploitation、「折现因素」γ discount factor、「ε-贪婪」ε-greedy、「填充层」padding、「步长」stride，参见第 12 章。

[128] Rf. Chouard, T., *Nature*, 12 March 2016.

法的功效可由李世乭和柯洁见证。

因为可以打败任何人类棋手，就应该没有理由从人类学习，所以就卸掉监督学习的训练集，而就成为一命名为 *AlphaGoZero* 的纯推理引擎」。则名称中的「zero」是指它能独当一面，而仅是由强化学习，称围棋王。[129]

新出炉的 AlphaGoZero 是从随机的投子，而以比较简单的搜寻树，结合方针和估值网络，使用更精准的多项式 *UCT (*即 *PUCT)*，而就毋需多次的蒙地卡罗模拟，能更有效地进行自修强化学习。[130]

AlphaGoZero 经过三天之五百万自修强化学习训练和 1,600 MCTS 模拟，就以 36 钟点达到 AlphaGo 曾需要三个月的训练时间。

AlphaGoZero 与受过监督训练的 AlphaGo，是以比较慢的开始，却在 24 小时就可打败 AlphaGo。而且 AlphaGoZero 是展现在职业对决从没有见过的一些诡异投子。AlphaGoZero 以 64 颗 GPU、19 颗 CPU 和四颗 TPU 执行「张量数据流图」（*TensorFlow*）平台的算法。结果是以 100-0 打败了 AlphaGo Master。[131]

AlphaGoZero 连续的新版本已经是世上最优秀而一直在更新的无敌围棋机器。但是，继而来的 AlphaZero 的功能是不受限于围棋，即以 5000 第一代「张量处理单元」TPU、64 第二代 TPU、及 44 颗 CPU，以巨大并

---

[129]「推理引擎」inference engine。

[130] PUCT 是一顺序一贯的决策算法，是毋需得知行动的「空间」，唯一必备的是一转移概率矩阵（transition matrix）和一黑盒行动样本; Rf. Auger, *et al.*, HAL Open Science, Sept. 2013, "Continuous Upper Confidence Trees with Polynomial Exploration."

[131] 参见 Silver, D., *et al.*, *Nature, vol. 550,* 19 October, 2017.

行处理，只要几个钟头的自修强化学习，就连续打败了美国跳棋、欧洲西洋棋、中国围棋及象棋和日本将棋的职业棋手。

如此在恳求最崇高的「围棋品德」，也是东方经典儒家学之以自修道德而非外在的伦理为导向，而在连续不断的自修，会成富有礼仪规范的「棋手君子」。

第十七章　博弈论

温文尔雅的西洋棋和围棋冠军对局都是在正式的礼堂而深重的举行，即扑克牌赌博是在俗气和吵闹的赌场对决，则除场面之外，对局有更深刻的差别，即棋手可以观看棋盘每一回合的全部局面，即双方的对决是在「完备信息」进行，然而赌博本质上是双方在「不完备信息」而斗志。

　　赌博的每一回合的「奖赏」虽然是取决于概率，在一如扑克牌的博弈是在一有限制的领域」进行，而约翰·纳什曾是证明每一有限制的领域博弈是含有一均衡。即双方合理的行动会达到所谓的「纳什均衡」，而长期没有人会占上风。但是，赌客若有意无意的脱离纳什均衡，他长期不可能赢的比输的多。

　　纳什均衡的数学证明虽然极为复合，人人其实都在日常生活经验过，比如在简单的「井字游戏」，玩家只有一个出手的模式（下字的位置），而在第一下的「x」之后，游戏就是一个「子-对决完备均衡」游戏，而双方若是合理的下字，每一回合就会是平手。即第一玩家 A 若是知道纳什均衡，他会在一角落下他的「x」字，而对方 B 若是不知道纳什均衡，则在另一角落下他的「o」字，因为他脱离了井字游戏的均衡，A 一定会赢。

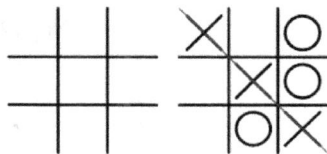

　　玩了几下之后，B 应该逐渐就认出井字游戏的纳什均衡，而 A 若是没有改变他的均衡策略，而再一次下

他的「x」字在井字的一角落，B 会在井字中央下他的
「o」字。继而双方的合理下字之每一回合的结果必定
是平手，即双方都在符合纳什均衡而玩。

　　大家都玩过有不同出手模样的「石头、纸、剪刀」
的「混合策略」游戏，在此「零和」及「不完备信息」
的游戏，设定赢可取得 1 分，输是-1 分，而平手是 0
分，游戏可由以下的「策略表格」矩阵分析；第一数值
是 A 的奖赏，逗号之后是 B 的奖赏，[132]

		B		
		ROCK 石头	PAPER 纸	SCISSORS 剪刀
A	ROCK	0,0	-1,1	1,-1
	PAPER	1,-1	0,0	-1,1
	SCISSORS	-1,1	1,-1	0,0

心理上一般人的石头若连赢，他就会再出石头，而相反
的，连输的人会改变出手选择，但是，大数法则会揭示
出手选择是随机的，而脱离各选择的三分之一纳什「混
合策略均衡」，长期就会被对方「剥削」，而输会比赢
多（只不过，不知何等人会一直玩到大数法则生效...）。

德州抬头无限额扑克牌

[132] 「奖赏」payout、「子-对决完备均衡」subgame perfect
equilibrium、「完备信息」perfect information、「不完备信息」
imperfect information、「混合策略」mixed strategy、「期望值」
expectation value、、「纳什均衡」(Nash equilibrium)。

除看球之外，男人恐怕最喜欢的是赌博，然狡猾而善于虚张声势的扑克牌赌客似乎应该不适合冷静逻辑的人工智能机器。但是，卡内基-梅隆大学不动声色的 *Libratus* 扑克牌机器是准备与排名前茅的职业扑克牌高手交量「抬头无限额德州扑克牌」。「抬头」是指一对一、「无限额」的意思是每一回合，双方可下注他全部的筹码。

　　游戏开始是由荷官先发给双方两张「隐藏牌」，而玩家依照他两张牌的潜力可下注。然后荷官会先发三张面朝上的「公共牌」，而两次的一张公共牌。双方可以在每一次发公共牌下注、跟随、过牌、加注、或弃牌（以下就称之为「下注」），最后双方会亮各自的两张牌和五张公共牌之三张牌，而最佳的组合会赢所有下注的筹码。[133]

　　握着两张隐藏牌的 Libratus 是毫无表情的下注，但是同样的，Libratus 也是无法从对方的表情或肢体语言看出对方隐藏牌和公共牌组合的端倪。

　　五十二长的扑克牌是有 52! (8×10^{67})可能的组合，所以搜寻树连一次的遍历是不可能的事，遑论一开始所知是限制于自己的两张牌。

　　Libratus 是先将游戏「抽象化」，即组合决定性的因素成集合 (sets)，比如在「下注的抽象化」，$500 和 $550 的下注金额可属于同一集合，「牌的抽象化」，近似的牌组合品质，比如「国王和皇后高的同花牌」也是属于同一集合和参考「年度电脑扑克牌竞赛」 (ACPC)

---

[133] 「抬头无限额德州扑克牌」Heads up. no limit Texas hold'em）。

最常用的下注策略是构成一集合。[134]

　　Libratus 第一模组是以迭代「蒙地卡罗反事实之遗憾最小化」，并最小化「因为没有选择某下注」的「遗憾」(MCCFR)，则更新策略的「蓝图」而逐渐朝向游戏的纳什均衡，则如此可剥削对方有意无意的纳什均衡脱离。[135]

　　在模拟开始，Libratus 还没有任何遗憾的参数值，而是先用均等随机的分布，然后从大量的模拟，最小化每一下注的「遗憾值」（任何曾玩过扑克牌的人可体会 MCCFR 的效应）。

　　在每一对决的模拟结束后，Libratus 是依据每一下注之新遗憾值而更新整体对决的蓝图。然后在下一回合，模拟的双方会交换角色，而同样的在每一下注之后更新遗憾值。经由大量的模拟次数，Libratus 几乎能保证下注的遗憾概率分布平均值（整个遗憾除迭代次数）会向零收敛，即双方会同时最小化自己的遗憾，而越来越接近纳什均衡。

　　然而，抽象化的蓝图可以打败一般的业余扑克牌手，但是不一定会打败职业扑克牌的高手。所以，Libratus 的第二模组是在实际对决时将游戏分成

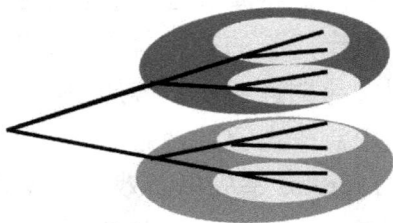

---

[134] 「抽象化」(abstraction)、「行动的抽象化」(action abstraction)、「牌的抽象化」card abstraction、「年度电脑扑克牌竞赛」*Annual Computer Poker Competition* (ACPC)。

[135] 「蒙地卡罗反事实之遗憾最小化」*Monte Carlo Counterfactual Regret Minimization*（MCCFR）

「子-对决」，即是只有一个出发根源节点，后续而包括
所有连接的树枝和节点。在每一节点，B 玩家可以基于
A 对手的前一选择，自己选择往上或下的树枝，如右图
所示。

　　在不完备信息的博弈，由于搜寻还没有达到某树枝
节点，则不知该节点的遗憾值，A 只会按照蓝图而下
注，但是 B 的选择应该是一「非搜寻树」的下注，即
使得 A 的反应比它蓝图的下注低劣；亦即，A 是进行
「不安全子-对决解答器」的处理。

　　但不同与其他不完备信息的隔离子-对决之独立解
答，Libratus 是在对决时逐步将对方的下注包含在整体
对决的蓝图，而对方的下注若是不在抽象化的蓝图里，
Libratus 会建造和解答一个涵盖该「非搜寻树」下注的
子-对决而输入蓝图。此所谓的「巢状回圈子-对决求解
器」会将对手所有的「非搜寻树」下注加在 Libratus 整
体对决的蓝图，而此「安全子-对决求解器」是更细化
蓝图的细粒度，即更接近纳什均衡。如此就几乎可保证，
无论对方的牌组合如何，他不能改良他下注的奖赏。

　　Libratus 第三模组是强化学习的「自我改良」，即
针对对方的「非搜寻树」下注，Libratus 所建造的新子-
对决所催生的新树枝是依据对方的下注，而 Libratus 可
选择要不要将下注动作填补在它的蓝图。亦即，
Libratus 是基于对方的下注，加强和熏陶自己的蓝图，
所以 Libratus 不但是在学会如何剥削对方的下注，亦是
在学习如何减少自己策略被剥削的机会。[136]

---

[136] 「子-对弈」subgame、「非搜寻树」off-tree、「不安全子-对
弈解答器」unsafe subgame solver、「巢状回圈子-对弈求解器」

　　在对决的前两个下注回合，*Libratus* 是依照蓝图，但在后端的下注，基于对方最常下注的动作，Libratus 会以 MCCFR 计算最恰当的反应，即是利用对方在实际对决最常用的下注，而揭示对方下注策略的弱点，而由此能适当的修改自己的蓝图。

　　在人工智能学界尽受瞩目的不完备信息挑战，Libratus 在 2017 年经过十二万回合的抬头无限额德州扑克牌对决，连续击败了排行榜前茅的四位职业高手，即 *Libratus* 与二十天的对抗全胜而赢了值一百七十万美元的筹码。

　　Libratus 并非一专才系统，出扑克牌之外，也可以使用在其他不完备信息博弈，比如商业、财经、政治、外交、地缘政治、甚至于战争。

　　Libratus 则是一对一地对决，赌场主要则是团体打扑克牌，所以经由两年的研发，托马斯·杉德姆的研究生诺安·布朗的新扑克牌机器人 *Pluribus* 在连续十二天之十五场「一对六」（即非抬头）的无限下注金额对局，赢了六位排行榜的职业扑克牌高手。

　　初看，同时面对六个高手的更复合下注策略的对决，应该会需要比 Libratus 的 100 颗 CPU 电脑需要更大的功率，但是 Pluribus 的电脑只用了两颗 CPU 和 128 GB 记忆体。

　　同时针对六位高手，Pluribus 不但要预测每一对手的下注和各对手所认为其他对手的下注策略。Pluribus 则改用了一有限深度的搜寻，即先以自己和所有对手如

---

nested subgame solver、「安全子-对弈求解器」unsafe subgame solver、「自我改良」self-improver。

以上所述预测各对手的最可能的下注，然后限制对手于仅四个策略集合：即蓝图、偏向弃牌、偏向跟随和偏向加注的策略。

完备信息游戏的「AI 基准」(benchmark) 已经被 AlphaZero 达成，不完备信息的 AI 基准则是学者号称为「最后 AI 基准」。Libratus 和 Pluribus 在不完备信息之领域的惊人表现，是证明人工智能的机器不但可在文明优雅的棋堂称王，亦可在华丽却粗俗的扑克牌场称霸，即能有信心地闯入实际的人类社会；杉德姆在对决之后就说，[137]

不完备信息领域的胜任是

人工智能达成最后的 AI 基准

我们的扑克牌机器击败了

不完备信息游戏的顶尖对手

而如今已经达到了超人的能力

---

[137] 参见 Brown, N, & T. Sandholm, 2017, *Superhuman AI for heads-up, no-limit poker: Libratus beats top professionals*, Science Research Articles, 10.1126/Science.aao1733 以及 *Science*, 365, 6456,885, 30 August, 2019。杉德姆的引述取材于 *Science* 的学术报告。有纳什均衡的表格和计算机，参见 poker.stackexchange.com. 有关约翰·纳什本人，参见 Nassar, S, 1998, *A Beautiful Mind*, Simon & Shuster, 以及 2001 年的电影。

第十八章　预测分析

人工智能的「预测分析」是从大量数据演绎其中的「相关性」，而利用所发现的相关性来分析数据中的关联和因果。但是，即使有所相关性，「相关性不蕴涵因果的关联」，则虽然有关联，也可能只不过是偶然，而偶然在线性回归分析只不过是「杂音」。[138]

举例，某 NBA 老将射手生涯的三分球平均命中率若是 38%，而在上半场连进了七个三分球。对方的教练着急，但是会跟队员说，「放心，他虽然在连续进三分球，不会进下一三分球！」。

教练的意思若是因为对方射手连进了七个三分球，他应该不会连续命中第八个三分球，教练是在犯所谓的「赌客谬误」。即射手每一投射的命中系属随机性，而下一次的三分球投射的概率是无关前七次的命中。

教练的意思若是射手在下半场不会像上半场一样连进大量的三分球，他的话是比较有道理，即射手在下半场可能开始「回归均值」而命中率或许会下降。但是，仅一场球的样本太小，而教练的话或许是稍有根据，但是需要许多场球赛才能累计足够的数据来回归射手的命中均值。

---

[138] 「预测分析」predictive analytics、「相关性」correlation、「随机性」stochastic、「相关性不蕴涵因果关联」correlation does not imply causation。

样本若是射手在今年的整个 NBA 季赛，或者射手的篮球生涯，因为抽样的大数，射手会回归到他的 38% 命中率左右，即「大数法则」在运作，但对本场比赛不会安慰队友。[139]

但是，射手若是每天苦练三分球而逐步到 43% 的命中率，他一球季从 38% 到 43% 命中率或许是与多练习三分球有关联，但是他的 43% 命中率是否与另一变数，球队赢球，有前因后果关系？答案是先需要赢/输和他的命中率对照的大量数据，而执行「多变量分析」。

射手如果在连续五场胜利而进六个三分球，而他三场都是在穿黑色的袜子，此第四变数虽然似乎是有关联性，相关性是不蕴涵因果的关联，而多变数的回归分析应该反映黑袜子与命中率和球队赢输是无前因后果关系，而各运动选手虽然都有如此的「迷信」，只不过是纯属偶然的「杂音」。

最简单的回归均值分析是下图左所示的散开数据点布局，而一般人会以肉眼看得出似乎「线性回归均值模型」的数据表述。但是，下图右边所示之更为散开的数

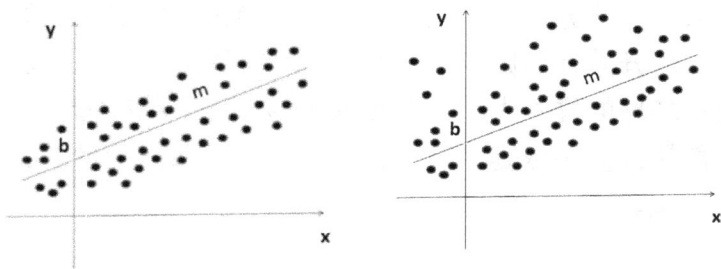

---

[139] 「赌客谬误」gambler's fallacy、「回归均值」regression to the mean、「赌客谬误」gambler's fallacy、「大数法则」Law of Large Numbers。

据点的整体布局是难以肉眼辨认出一个数学函数模型，而如果只是使用一条简单的直线，$y = mx + b$ 表述，恐怕会引起不准确的预测。[140]线性的模型是有一个独立变数x和一个因变数y，而以m为斜率和一条有y轴上的b截距。若是知道斜率m和y轴的截距b，任何新输入的独立变数x可由此模型预测y的因变数（即模型的输出值）。但是，大分散度数据（如上图右的数据点布局）会需要不同的模型，而应该换成基本函数比如三角函数或多项式的曲线模型。

线性的回归均值模型是用「最小平方法」形容，即以最小化数据和曲线模型的平方差异和（sum），求得最能拟合数据的模型曲线。模型的演算是先计算 x 和 y 的平均值，

$$\bar{x} = \frac{\sum_{i=1}^{n} x_i}{n}$$

$$\bar{y} = \frac{\sum_{i=1}^{n} y_i}{n}$$

然后求得斜率 m,

$$m = \frac{\sum_{i=1}^{n}(x_i - \bar{x})(y_i - \bar{y})}{\sum_{i=1}^{n}(x_i - \bar{x})^2}$$

和 y 轴上的截距 b,

$$b = \bar{y} - m\bar{x}$$

---

[140] NBA 三分球射手的命中率平均是约 33%。「多变量分析」 multivariate analysis、「线性回归均值」（linear regression model）。

若有更多依赖独立变数 x 可能的关系表述，「多重线性
回归均值」是导致一因变数输出 y 的线性组合，而每一
独立变数 x_i 是乘上一个「回归系数」β_i 和加上一「剩余
误差」）（ε）来调整 y（β_0 是当所有的 x_i 变数等于零的 y
值），

$$y = \beta_0 + \beta_1 x_1 + \beta_2 x_2 + \ldots + \beta_i x_i + \ldots + \beta_k x_k + \varepsilon$$

更为复合的函数亦可用，比如 x^2 和 x^3，或者独立变数
的 $x_1 x_2$、三角函数等基本函数来增加模型对数据点的
拟合度。然而，过于紧密的拟合会有「过适拟合」之
险，而减少模型的概括化。[141]

如果有多独立变数 x_{ij}，第 i 的相依数 y_i 则是，

$$y_i = \beta_0 + \beta_1 x_{i1} + \beta_2 x_{i2} + \ldots + \beta_i x_{ij} + \ldots + \beta_k x_{ik} + \varepsilon_i$$

以向量和矩阵表示是，

$$y = X\beta + \varepsilon$$

即 y 是元素 y_i 的行向量、X 是独立变数 x_{ij} 的矩阵、β 是
回归均值系数 β_i 的行向量、ε 是剩余误差 ε_i 的行向量。
　　举例，经营自动贩售饮料机公司是想增加销售量
y_{est}，独立变数 x_1 是贩售百事可乐的数量，而可口可乐

---

[141] 独立变数 x_i 即使可有平方和更高的自乘次数，以及三角的
函数，回归的系数 β_i 仍然是与因变数有线性关系，所以还是一个
「线性的回归均值」。「最小平方法」（least squares method）

的贩售量是 x_2。公司搜集大量的相关品牌销售量数据
之后，而用套装统计软件如 SPSS 来自动绘画一幅数据
分布图，而由高斯消除法解答联立方程式而结果是，

$$y_{est}=0.121+1.616x_1+4.014x_2+0.341$$

公式是显示公司贩售的不同品牌汽水的分布；结论是应
该减少百事可乐而增加可口可乐的数量。

　　然而，公司若是在机台几乎装满可口可乐，而整体
销售量并没有增加，因为比如用户只是以可口可乐替代
原会买百事可乐。公司则可输入不同的独立变数，比如
无糖的汽水，而再一次建造一个线性回归均值的模型，
而看是否会增加销售量。

　　公司若无论如何改变独立变数，而销售量仍然没有
增加，可能有饮料品牌之外的因素，比如附近有新开的
卖汽水的便利店。

　　公司则可以更改或多加独立变数 x_1 而扩大线性回
归均值的销售模型，即可使用「多变量的线性回归均值
模型」，

$$Y = XB + E$$

即 Y 因变数矩阵的每一行是带有一排的依照独立变数的
因变数 y，而独立变数 X 矩阵的每一行是一独立变数 x
的集合。B 矩阵是独立变数的系数，E 是不相干观测点
的误差矩阵（杂音），而可由多变量高斯分布计算。[142]

<hr>

　　[142]「回归系数」regression coefficient、「剩余误差」ε residual
error、「多重线性回归均值」multiple linear regression、「多变量的

举例，一家医学院在使用统计学的 SPSS 软件研究一群病人之病情因变数（比如体重、高血压和胆固醇），与病人群的饮食独立变数（比如红肉、鱼肉和酒）的多项相关性。多变量的线性回归均值模型可以表明每一病情与饮食项关联性。

简单的线性、多重、及多变量的线性回归均值模型是由以上的纯量、向量和矩阵公式表示，而所演算的公式之系数会表明各独立变数与因变数的相关性。

系数是计算成模型、前因后果可以更进一步做线性回归均值的计算、但是处理大数的独立变数和因变数之间的相关性和前因后果推断可称为一极为复杂的演算，而各种演算的因素如今仍然是一研究课题。

线性回归均值的预测分析是正在科学、工程学、医学、生物、心理学、经济等执行、以及社会学等等的许多不同研究领域。

比如在新冠状肺炎病毒的扩散，「趋势估计」是由曲线弹道的变化来披露病毒的传染趋势。即确诊的案件虽然还是在增加，与时间的曲线之一阶导数是正数，但是，曲线的二阶导数若是负数（即在减），则意味着新确诊的案件增加率是在减少，而确诊案件会逐步到达曲线的顶点而开始下滑，到接近零为止，而在 2023 年新冠状肺炎确实就快速灭种。

财政学的「资本资产定价模型」是使用线性回归均值和 beta（即某股的波动率比整个的股票市场平均值高

线性回归均值模型」multivariate linear regression model、「趋势估计」trend estimation、「资本资产定价模型」capital asset pricing model。

或低）来量化投资之财经系统风险。国家的经济萧条、市场的牛旺和熊衰和通货膨胀也是适用线性回归均值的模型来预测和调整国家的金融政策。监督学习的人工智能基本机器学习算法向来也是使用线性回归均值的模型。

第十九章　　支撑向量机

线性回归分析的预测功效是依靠大数法则，即数据量愈大，统计学的预测分析愈准确。后来的人工智能神经元网络（ANN），也是依赖训练集的大量数据才能有效的机器学习。但是，许多研究课题的数据是有限。

　　1963 年，苏联的弗拉基米尔·瓦普尼克所研发的「支撑向量机」（Support Vector Machine (SVM)）可从少量数据鉴定、回归分析、分类和奠定数据中的异常状况。

　　起初，SVM 只是用图案的直线和平面分类。过了三十年，他在 1992 年就把 SVM 的分类功能扩展到超越三维的「超级向量空间」，甚至能执行维度大于分类数。然后在 2000 年，SVM 的网络就能执行机器学习的非监督学习。[143]

支撑向量机的原理

SVM，与机器学习一样，在浅的人工神经元网络，是先以监督学习学带有标记的训练集数据而鉴定一类别。

　　与 ANN 不同的纯数据训练集，支撑向量机是在「向量空间」用向量为数据点，而「数据向量」可由内积计算向量数据之间的纯量距离，而如此分类。即相近的数据向量数据点是组合成一类，而较远间隔的数据向

---

[143] 弗拉基米尔·瓦普尼克 Vladimir Vapnik、「超级向量空间」vector hyperspace。

量数据是不属于该类别。[144]

最简单的 SVM 是二维向量的数据向量分布，而由数据向量的向量内积运算向量数据点的相互间距，而画一条分类的「优化直线」以便展示向量数据的分别。

如右图所示，优化直线的一边是黑三角形（▲）的一类，而最靠近该优化直线，因为是最表明的「支撑」该分类，是称之为「支撑向量」，而以空三角形（△）代表。以此类推，黑圆圈（●）是代表另一类向量数据，而空圆圈（○）是该类的「支撑向量」。

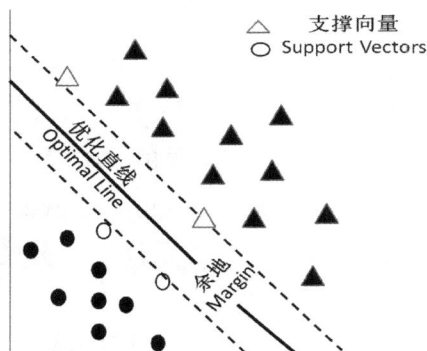

SVM 最靠近优化直线的支撑向量间距是所谓的「余地」（margin），支撑向量（△）和（○）之间的最大距离就是以余地的宽度衡量（图中的虚线）。余地即是比喻一条街道的宽度，而街道愈宽，分类愈确实，所以最宽的余地是奠定直线的「优化」性。

余地的宽度是由支撑向量与优化直线之间的正交线而定（即两条并行线之间的间距是最短相互正交线）。

向量空间的数据向量数据点分布若是与下图左所示而无法寻得一条优化直线和余地，则可由「扩大核心维度函数」（kernelling）提高向量空间的维度。

然后，基于三维度向量内积的运算，有一平面板在

---

[144] 有关向量内积，参见第 12 章。

得分类的「优化平面板」，如下图右所示，

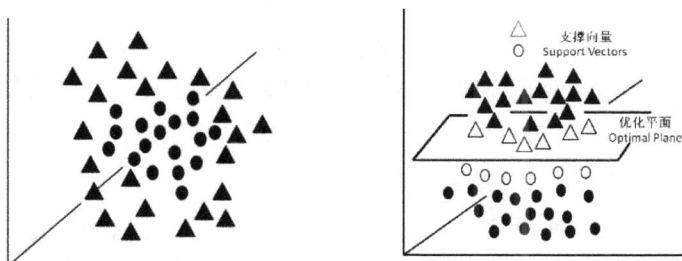

然而，三维的优化平面板若是无法清楚的奠定分类向量
数据点的优化平面板，SVM 的向量空间原则上可以扩
展到更高的维度，即是以内积（kernelling）求得一
「优化超级平面板」（hyperplane）。而向量空间的维度
可以增加到可奠定一能分类的优化超级向量平面。[145]

人虽然是无法视觉超越三维度的向量空间，人脑和
电脑分别能以数学想象继而计算。原则上，超级向量空
间可一直增加到无穷多的维度（即所谓的「希尔伯特空
间」）而是在物理数学常用。

支撑向量机亦可被视为一人工神经元网络，而所有
的 ANN 算法原则上可应用。简单的二维优化直线的
「组织函数」也可由线性回归来做预测分析。但是高维

---

[145] 「数据向量」data vectors、「优化直线」optimal line、「优
化平面板」optimal plane、「优化超级平面板」optimal hyperplane、
「超级向量空间」hyperspace、希尔伯特空间」Hilbert space、「组
织函数」organizing function。有关内积，参见本书第 12 章，「间
距」和「宽度」在超级向量空间是以向量内积运算，而是在任何
维度和坐标系不变量。SVM 的物理数学推导可参考 Winston, P.
2014, *Artificial Intelligence*, MIT 6.034（上线），即是做物理数学的
模范。

度的向量空间之向量内积的大量计算所推导的组织函数不免错综复杂，而函数通常不会有闭合型的解达，则一般是需要由「变分法」之具约束条件的欧拉-拉格朗日方程和拉格朗日乘数运算，即约束条件是每一数据向量必须处在优化超级平面板的属性边（才能求得支撑向量的最大余地）。[146]

但是，如果每一向量数据的特征若是比训练集抽样大、目标分类是在重叠、或者训练集数据是充满杂音，SVM 不适合用来分类。

SVM 的各种运算，虽然复杂，但是有套装软件和主办电脑编码平台可以使用相关的软件，而与专业顾问和同志合道的黑客 QA 部落格讨论和互相帮忙。[147]

计算化学

「理论化学」（亦称「计算化学」）主要是分析化学的合成、反应、化合价、分子粒子的大小、分子系统的结构和相互连接；目的是分析和预测众分子级的微观化学反应。化工系统，除纯化学理论的微观顾及，也要考虑

---

[146] 有关「变分法」calculus of variations、欧拉-拉格朗日方程和拉格朗日乘数 Euler-Lagrange Equation 和 Lagrange Multiplier，参见笔者著作 Chen, R.H., *Artificial Intelligence, An Introduction for the Inquisitive Reader, 1st Ed.*, Taylor & Francis (2023) 或 Chen, R.H, 2017, *Einstein's Relativity, the Special and General Theories with their Cosmology,* McGraw-Hill Education (Asia)。

[147] 「组织函数」organizing function、闭合解达 closed form solution。抽样的算法程序和范例可参考 Ludicky, L. & P.H. Torr, 2011, *Locally Linear Support Vector Machines*, Conference Paper, January, 而可在 researchgate.com, pdf 阅读、「数值分析」（numerical analysis）。

温度、气压、浓度、热力学、不同相态、催化剂、溶剂、杂质、等中等观的因素。再者，大型化工厂，比如原油裂解厂也是再加上许多厂外的因素，比如提炼系统的初始和边界条件、不同国家的原油本质上的差异，运输油船、油罐车和炼油容器的特色影响等宏观因素；即化工原油裂解提炼厂的整体运作是一多数微、中和宏观集合的超级复合和互相关联的分析问题。

依据「威尔斯特拉斯定理」，任何连续性的函数可由截断的多项式无限级数表述，所以可以鉴定各因素的函而数蒙地卡罗模拟整体的系统。但是，由于巨大的化工厂不多，相关运作函数的数据有限，何况提炼厂的化工运作数据一般是保密的营业秘密。另外，因为向量数据点多元和繁多，而工厂的运作极为复杂，任何组织函数会出现欠拟合或过适拟合，而如此就会难以概括化而分析和预测不同大厂的运作和提炼状况。

早期「计算化学」的化工制程预测主要是使用「多变量的线性回归均值模型」而分析和预测，而 SVM 亦可执行线性回归分析，但是线性回归分析还是需要大量的数据。[148]

人工智能神经元网络的输出层亦可用来当另外一人工神经元网络的输入层，而整体的模型，因为会有现成的输入，可以较为快的学习和应用。然而，ANN 的人工智能分析的准确度一般还是需要大量的数据。

在使用支撑向量机前，如果有与理论化学一样的复合和繁多的因素，可先检验原数据而删除明显的「异常

[148] 「支撑向量回归」Support Vector Regression（SVR）、「运算化学」computational chemistry。

类」向量数据点，比如以「交叉验证法」之「出一法」
（LOO），先从监督学习的训练集删除所有的极异常
数据点，而如此减少和简化 SVM 的执行，即等同提前
去掉仅是在运算目标是杂音的数据。[149]

除计算化学之外，支撑向量机也曾是应用在其他科
学和工程科目，如化学的基本反应学、物理化学、量子
力学、原子参数鉴定、热力学、分子结果模型、材料分
析、微量元素、考古化学、量子力学，化合价、化学位
能、分子势能、分子轨道、电池设计，癌症医疗、基因
分类、化学和材料产品设计和制药等等。SVM 亦曾是
应用在科技之外的比如手写识别、人脸辨识、入侵侦察
系统、电子邮件分类（比如垃圾电子邮件的奠定）、文
件分类和影像识别。

由于人工神经元网络的多用途，支撑向量机如今不
常用，但是为以上所述的问题，SVM 可以比较快速和
便宜的选择。

---

[149] 有关更深入的运算化学 SVM，参考笔者堂哥的 Chen,
N.Y., *et al.* 2004, *Support Vector Machines in Chemistry*, World
Scientific。「异常值」outliers、「交叉验证法」cross-validation、「出
一法」leave-one-out（LOO）。

第二十章　由上而下的自然语音处理

人说话时，只要将手指放在喉咙就会感到声道的振动，而嘴巴所发出的压缩和放松空气是催生周期性的喷气纵波形。在话语中的若干「休止音」（如「普」和「系」）可清楚的分断字词，以致建造特殊的系列声音波形。波形的更进一步，且比较精准的分析是用电子仪器。所以，在下的问题是如何将空气的纵波转成电磁的横波。

早在13世纪当时的著名自然哲学家是用机械的声道模型而以风箱吹气来模仿人的声音。五百多年之后贝尔在1876年就将语音电磁化，他用了一条带有直流电的电线接触到一包化碳片的软隔膜。有声波触及而振动该软隔膜时，里面的化碳片会跟着软隔膜的振动而改变电线的电压，则依照声音纵波调制电线所带的直流电，故声音的纵波系列就被电子化成横波的电子系列。[150]

比如右图示波器所示的英文「生日快

Happy Birthday

---

[150] 收电话的原理是被调制的直流电是以电线传输到目的地的接收器，电线是卷绕在一块电磁铁，则被调制的直流电所带的语音讯号会在电磁铁复制被调制的电流而振动另一软隔膜。在人的声道里的软隔膜也就是人的耳膜，而经过声道而被脑筋处理就是「听见」被重制的语音声波（「载波电流的调制」carrier signal modulation）。苹果电脑发明人斯蒂夫·沃兹尼亚克就是用声波来模仿 AT&T 的声调转换讯号，而免费打长途电话（参见第 4 章）。

乐」的横波形系列，声音波系列的峰与谷会表征声音的大小振幅声音和低沉或停顿的休止音；声音波较为显著的振幅是称之为「共振峰」。[151]

　　法国的约瑟夫·傅里叶在18世纪证实了他的「傅里叶级数」能仿效任何横型波系列。为配合语音的音调和时段，傅里叶级数是模型声音的电子频率和幅度，即物理数学的万用「傅里叶变换」就于此而生。

　　然而，傅里叶变换是需要切断波形成小段而繁多的加法和乘法才能将波形顺序表述，即形容波形的 n 数据点（普遍远超越1,000多的数据点）的变换是需要 n 的加法和 n^2 的乘法步骤，而在还没有电脑的时代，如此反复易错的计算是限制傅里叶变换的声学使用。

　　近一百年之后，在 1965 年，普林斯顿大学和 IBM 的两位教授发明了所谓的「快速傅里叶变换器」(FFT) 算法，而能大量减少前所需的加和乘法步骤；即 FFT 是先分开波形的曲线成抽样的集合，然后重组成两个集合的平方曲线点，尔后重组而集合成只需要一倍的乘法步骤。不用说，一有新的电子仪器和电脑的快速计算功能，FFT 的用途，除语音辨识之外，就被普遍使用来分析任何波形系列，包括在电路设计、讯号处理、微分方程、影像处理等等的各种物理数学运算。

　　声音的顺序波形整体看，比如上图的「生日快乐」是一极为不整齐的正弦曲线，但无论多奇特的波形系

---

[151]「共振峰」formants。"Happy Birthday" 的波形取材于亚马逊的屏幕截图。人人可以在简单的图形计算器或个人电脑建造几乎任何波形，即只要将不同振幅和频率的 sine 和 cosine 函数加起来，而近似的电磁波顺序就可证明傅里叶所说，「无论多么复杂，任何波形可由不同振幅和频率的正弦和余弦无限级数」表达。

列，傅里叶级数是能以三角函数为主的傅里叶级数系列表达；即由不同振幅的 a_n 和 b_n，以及不同的频率 ω 之依时间 t 之正弦和余弦无限级数，

$$f(t) = a_0 + \sum_{n=1}^{\infty} [a_n \cos(n\omega t) + b_n \sin(n\omega t)]$$

即 a_0 是当 $n = 0$，$a_0 \cos(0\omega t) = a_0$，而 $b_0 = b_0 \sin(0\omega t) = 0$，所以无限级数是没有一个 b_0 项式。当 $n \geq 1$，傅里叶系数 a_n 和 b_n 是个别在周期 T 以正弦和余弦含量鉴定在波形系列的振幅和频率关系，即

$$a_0 = \frac{1}{T} \int_0^T f(t) , \, a_n = \frac{2}{T} \int_0^T f(t)\cos(n\omega t)dt , \, b_n =$$

$$\frac{2}{T} \int_0^T f(t)\sin(n\omega t)dt$$

其实无关任何语言，元音是人类发音最清晰的声音，即波形系列最明显的振幅，而如此是各「自然语言处理」（NLP）模型的启发点。

元音的共振峰是在一对数标尺频率中央而左右对称，而由其频率谱的两端，可以求得共振峰之间的距离，而在傅里叶系列，元音比较突出。

声音依频率和振幅是称之为「声音频率谱」，即可由频率显示语音之各音调、响亮度和强调的共振峰布局。人类的听觉是对大比例敏感，所以声音的测量是以对数而非线性的函数表达。比如，音乐音阶的上升，以及八度之间的改变知觉似乎是大同小异，即从一个「多

「雷米」八度到后续的八度 *do re mi* 的频率，除非是有「绝准音感」的人，频率听起来差不多，但是八度之间的频率差其实是二倍大（即300 Hz 的上一八度是 600 Hz，而再上的八度是 1200 Hz）。[152]

自然语言的波形当然不是一全周期性的系列，但是延伸到无穷长的级数确是可以表述任何波形的系列，所以傅里叶变换级数的时间必须延伸到 ∞，而换成频率为变数，但是时间若是延长到 ∞，傅里叶系数的 *2/T* 因数是无定元数。然而，由于频率是周期的反函数，当时间的周期接近 ∞ 时，音谱的频率间隔会接近 *0*，因而原本离散的声音谱振幅可从长方形的直方图成为平滑、连续、可微分的曲线，继而可由函数的正和余弦表示。

以复变函数表示傅里叶系数，而以 *f(t)* 换成 *g(t)* 代表以免原为代表频率的 *f* 混肴，整合傅里叶级数以及其系数公式和其反函数是，[153]

$$G(f) = \int_{-\infty}^{\infty} g(t)e^{-i2\pi ft}dt \, , \, g(t) =$$

$$\int_{-\infty}^{\infty} G(f)e^{-i2\pi ft}df$$

然 *G(f)* 公式之时间积分下限 -∞ 或许是意味着过去的顾

---

[152] 「声音频谱」sound spectra、「绝准音感」perfect pitch，即能立刻辨认各音符的天赋。

[153] 欧拉公式是表达三角函数和对数的关系，即 $e^{i\theta}=cos\theta+isin\theta$，以便公式能以负数式写成比较简短、涵盖复数的平根方、容易处理，而会提供许多计算功能来处理物理数学的公式和推导。

虑，但是 *g(f)* 的负值频率的意思是耐人寻味。但尽管如此，以上的两个公式是表述可由微积分处理的平滑连续函数。以上的傅里叶系数公式是依照频率而逐步抽声波之单一周期样本而积分该周期的面积。

反傅里叶变换 *g(t)* 是以频率的傅里叶变换 *G(f)* 的积分，即 *g(t)* 可先作一个离散时间点表示来建造一个依时间的振幅，而由快速傅里叶变换分析器（FFT Analyzer）读取语音的波形，然后依正弦波在时间的间隔乘上该振幅，而依据在示波器所显示的声波振动周期，可以建造一张离散的条状图表，则整合的面积就是匹配声波的积分值。[154]

总之，傅里叶变换是将任何波形分开成比较简单的成份波，而可由仅一个抽样本呈现整体声波的形状。离散的傅里叶变换是将 FFT 数字化，以便由电脑处理。

电子仪器之任何声音图案自然会导致特殊的电子硬体来执行「声觉-拼音」的语音辨识。日本的「无线电研究实验室」则是使用一「排列式的过滤器频率谱分析仪」，接上每一频率谱分析仪之管道以加权来连接一个元音辨认逻辑电路。俄罗斯研发的「双频率扭曲发声」则是执行时间对齐的对数知觉音调，即所谓的「动态频率扭曲」。美国的RCA实验室是模拟语言之非均匀时间间隔。[155]

---

[154] 「傅里叶级数」Fourier Series、「傅里叶变换」Fourier Transform、「快速傅里叶变换器」Fast Fourier Transform (FFT)。

[155] 「声觉-拼音」acoustic-phonetic、「排列式的过滤器频谱分析仪」filter bank spectrum analyzer、「双频率扭曲发声」frequency warped utterances、「动态频率扭曲」dynamic frequency warping、「动态追踪」dynamic tracking、「音素」phonemes。

IBM和贝尔实验室曾是研发大型字汇的电话和商业性的语音辨识系统，即以「排列式的过滤器频谱」的前端分析仪来先分辨较大的差异 (比如男生和女生) 言语音调，则以频率之分别鉴定代表声音之能量，而如此创始了一发声的整体音谱。

跟随的四十年，分隔字词和言语组合的语音声谱是以「线性预测编码」(LPC),以及「动态编码」为主要的研发走向。即LPC是使用依时间之数字过滤器而模型「声道」(喉咙和嘴巴) 和「声门」(声带间之褶皱)，而建造语音的共振峰，舌头、嘴唇和喉咙所发出的「嘶嘶」和「砰」音的声音强度和音调。[156]

单一讯号源头的前端线性预测处理是将一语音的相关时间 t 样本 $s(t)$ 而以 n 前语音样本之线性组合乘上「预测系数」a_i,而为正规化，加一增益因数 K 乘上一正规化的讯号激发 $u(t)$ 如下，

$$s(t) = \sum_{i=1}^{n} a_i s(t-i) + Ku(t)$$

由于讯号会与时间改变，以上的预测系数是从一小段的语音，而以每秒 0–50 帧幅率，直接从语音讯号奠定最能匹配声音波形和预测系数的集合 $\{a_k\}$，即以最小化预测系数与语音样本的平均平方误差。

然后，输出的过滤器和 LPC 模型是编成二元码字，以便在一序列的向量来代表语音的依附时间之音谱变化。所谓的修正「向量量化」是编制语音失真的向量

---

[156]「线性预测编码」linear predictive coding (LPC)、「动态编码」dynamic programming、「声道」vocal tract、「声门」glottal.

集合而以指数代表，然后在「编码书」输入「复制向量」，以致建立一台能仅以指数改良「辨识预处理器」（或者人工智能的训练集）。[157]

在「声觉-拼音」的前端语音辨识器，输入的语音帧幅是匹配一语音特征参考集合，则音谱的特征，如简短、严肃、强调和平坦等音调可以分类元音和语音参数的门槛值，如共振峰的振幅、音普带和语音的期间。然后，一颗元音的决策树可以顺序测试每一语音的类属。

然而，无论何语言，讲话本身是充满不确定性的表达，比如同音字、成语、歧义、双关语、涵义、同义词、谚语、俗语、俚语、方言、惯用语、白言等不一定与字词相同的意思；另外有口音、速度、平整度、鼻音、曲折的话语、含糊不清、模棱两可、开玩笑、情绪化、讽刺、嘲讽、嘲笑、嗤笑、故意反意等等的字词辨识问题；即由上而下的专才系统是无法完全模仿自然语言。

综上而述，「声觉-拼音」之非一对一映像可分割声音中的元音以及若干专用字，但是语言的变幻无常意涵使得「声觉-拼音」无法概括化语音的辨识。

动态语音的电脑程序是将比较复杂的辨识分解成「子-课题」，然后逐一解决，而以「标引」的「子-解案」依据标引而储存，则后续的同一或类似言语只要由标引而撷取。动态语音的电脑程序是用运筹学的顺序分

---

[157] 「正规化」normalization、「预测系数」predictor coefficients、「向量量化」vector quantization、「复制向量」reproduction vectors、「编码书」codebook、「辨识预处理器」recognition preprocessor。参考 Rabiner, L. and B.H. Juang, 1993, *Fundamentals of Speech Recognition,* Prentice-Hall Signal Processing Series.

析，以备顾及前序的言语，而只要「正规化」和时间对准即可直接使用。

　　然而，人类的听觉系统是一复合的非线性顺序时间的自适应分析机关，其电子模拟是先由一前端语音分析仪测试较为显著的语音讯号，尔后产生一系列的「音谱特征向量」。然后基于音谱帧幅参考布局集合、模板、或统计模型对照而编写一个「动态音谱差别」算法。如此「辨识」语音，就可建造言语的「听觉模型」，即依顺序的语音特征向量，以对数而非线性标尺模仿人的言语。所谓的「感知话扭曲频率」是增强低频率的音谱准确度，以便改良人听的感知话品质。[158]

　　以上所述的纯电子由上而下的专才系统之各种机制可见是相当技巧却复合而极有限的语音辨识，而辨识自然语音显然是需要更「人性化」的处理。

―――――――――――――

　　[158]「音谱的差别」dissimilarities、「听觉模型」acoustic modeling、「感知话扭曲频率」perceptually warped frequency、

第二十一章　由下而上的自然语音处理

在第二世界大战停火之后，美国和苏联的冷战就开始了，而在较量双方是忙着搜索对方的秘密文件。但是，面对大量的俄语正文，美国发现国内懂俄语的人不多，而极缺乏翻译人员。

美国的一位数学家沃尔特·魏尔佛在 1949 年就提议，只要将单字的拼写输入电脑，而匹配储存在电脑记忆体的俄英翻译字典，然后依照电脑里的俄语和英语文法，电脑程序就自动翻译俄语文件成英文。

俄语字典是有约 200,000 单字，而英语字典是有约 175,000 单字，但是各语言至少有 13,000,000 的不同的意思和用法，（中文字典有 85,568 单字，但也是有几乎无数的不同意思和用语）并且单字的意思和用语数量是一直在增加，尤其政治、外交和技术的新字词和用语。

翻译的困难是单字的字面意思是一回事，却在一句话中该字的意思在不同句、文法和语境是另外一回事。单字的鉴定在语言的语义学、文法、句法、语境和各种不同文件的特殊用语，以当时的电脑语音辨识的功率之下，「自动语言辨识」（ASR）、正文转成语音（TTS）和「自动翻译器」（MT），都被语义学家批评为「一文不值」。

1965 年著名的反战语义学者诺姆·杭斯基的「语言学习装置」（LAD）是改用语言的自然「由下而上」学法，即如小孩的听、读和讲学习是从环境和教导自然而认知，但杭斯基的「自然语音处理」（NLP）的理念虽然正确，六十年代的电脑既没有所需的处理功率，又缺

乏足够的训练数据。[159]

单字的「意思函数」$f(x)$ 的变数 x 并非一对一的映射在电脑的记忆体，即使可由电脑处理，x 本身的大量变化是导致极为复合的 $f(x)$ 函数。

但是向量可具有无限的分向量，向量的长度和角度，即不但可容纳大数的单字向量，向量之间的纯量间距可由内积计算，而单字的向量可有语义、文法、句法、成语、俗语和语境等作为分向量以及分向量的元素。然后，各向量之间的内积计算可以表明分向量的间距而分类单字的意思。即诚如语义学家 J.R. Firth 曾说，[160]

一个字可由其陪伴的字词而得知其本意

谷歌在2013年公布的「字词成向量」*Word2Vec* 人工神经元网络是使用「滑行的窗户」以内积萃取「靠近」的字词向量，而如此组合依附语义学、文法、句法和语境来断定字词目前的意思。

「连续包袋的字词」 (CBOW) 是设定一个语境「字词包袋」，而在加权之后，映射到一幅人工神经元网络，而滑行在网络隐藏层上，寻得语境字词和目标字的向量和，而从语境预测目标字的意思。

---

[159]「自动的翻译器」Machine Translation (MT)、「自动的语言辨识器」Automatic Speech Recognition（ASR）、「语言学习装置」Language Acquisition Device (LAD)。

[160] 内积（亦称「点积」）可量化向量之间的距离和角度，比如意思近似的 a 与 b 的内积是 $(a \cdot b = |a||b|cos\theta)$ 参见第 12 章。引述 "You will know a word by the company it keeps."

　　所谓的 skip-gram 是与 CBOW 相反的，由目标字为主而与神经元网络的语境向量和，预测目标字的意思。但是，此类「n-grams」虽然在简短的一句话的准确度尚可，不能单独用在较长的语言顺序。[161]

判别和生成的模型

　　如今的「自然语音处理」（NLP）是借杭斯基 LAD 的观念而由下而上的机器学习模仿人脑的听觉皮层。即 NLP 是使用「判别的模型」而表述一个「有条件的概率」，即从字词的鉴定预测题目的概率，而由「生成的模型」以「联合的概率」预测字词的序列成句子。

　　NLP的判别网络是依照「有条件的概率」，即变数 X 若是等于变数点 x，则 Y 的概率是，[162]

$$P(Y \mid X = x)$$

判别式的「决策树」、「神经元网络」、「交叉熵代价函数」和「支持向量机」均是属性为「判别式」的模型，而在前几章节介绍过。[163]

　　「生成式网络」是以「联合概率分布」Ω 计算有条

　　[161] "Word2vec"就是"word to vector"的意思。自动语音辨识 automatic speech recognition（ASR）、「中心字」center word、「连续的字词袋子」continuous bag of words (CBOW)。
　　[162] 垂直线「|」是指有条件的概率，即 P(A|B) 的意思是若 B 已经发生了，A 发生的概率。
　　[163]「自然语言处理」Natural Language Processing（NLP）、「联合概率分布」joint probability distribution、「深度信念网络」(DBN)、「判别式」(discriminative)、「生成式」(generative)。

件的概率 P，即由 X 和 Y 的联合分布，若 X 时间发生，即是断定 Y 发生的概率，

$$X \, \Omega \, Y, P(Y, X)$$

NLP 的发展历程是经由「深度信念网络」(DBN)、「隐藏马可夫模型」(HMM)、以及「高斯混合模型」(GMM)、「受限玻尔兹曼机」(RBM)、「生成式对抗网络」(GANs) 到今天的「大型语言模型」(LLM)、「生成与寻转换器和「聊天生成预训练转换器」(GPT) 和 ChatGPT，而以下会逐一介绍。[164]

深度信念网络

在一般的「连贯性前进」网络，监督学习之后可强化学习，但是在开始机器学习之前，可以先呈现所知的特征的概率，即使得人工智能网络有学习前的「信念」、才而起步。DBN 会利用该「信念」在监督学习而更快的学习，即是等于是小孩在家「听过」的言语而在上学前已经会听得懂和讲相关的话。叠加的「受限玻尔兹曼机」(RBM) 可在连贯性前进的网络先揭示概率的分布。[165]

---

[164] 「受限玻尔兹曼机」、Restricted Boltzmann Machine (RBM) 和「生成式对抗网络」Generative Adversarial Networks (GANs)、「高斯混合模型」Gaussian Mixture Model (GMM)、「隐藏马可夫模型」、Hidden Markov Model (HMM)、「大型语言模型」Large Language Models （LLM）。

[165] 「连贯性前进」feedforward、「深度信念网络」Deep Belief

连贯性前进的深度信念网络于是可先指定带有特征的若干神经元激发布局，尔后以反向的连贯性神经元网络迎接训练集新输入的数据。

俄罗斯的数学家安德烈·马可夫在1913年从他的书架拿下著名作者亚历山大·普希金的韵文小说《叶甫盖尼·奥涅金》，却不是为泛读，而是将前两万字母分布在一幅 *20 x 20* 的矩阵来分析普希金的韵文是否有一特殊的组合。

马可夫认为，尤其韵文的字词顺序，不应该是纯随机的分布，而序列的字母应该是一具有前因后果的相关性。结果，他从《叶甫盖尼·奥涅金》抽出的样本是有 43% 元音和 57% 辅音，而有 1,104 元音-元音对，而 15,069 元音-辅音对。他的结论（或许是一厢情愿）是《叶甫盖尼·奥涅金》不是全随机的单字分布，而是涵盖连普希金都不知道的统计学概率关联，即以概率的分布揭示语音的顺序，而或许能预测字词的安排。

DBN、HMM 和 GMM 是否能以纯概率分布从著作的前文预测后文；亦即，依回归文字的概率而预测下一字词呢？马可夫当时可能是预测今天的 ChatGPT…。[166]

隐藏的马可夫和高斯混合模型

于五十年代所研发的「隐藏马可夫模型」（HMM）是有「可观察的进程」和「不可观察的隐藏状态」的含有

Network (DBN)。

[166] Markov, A.A., "An Example of Statistical Investigation of the Text *Eugene Onegin* Concerning the Connection of Samples in Chains," 取材于 Schwartz, O., *IEEE Spectrum*, Nov. 12, 2019.

「马可夫链的特征」图案；「高斯混合模型」（GMM）是接受 HMM 的输出而预测以时间顺序的下一文字概率。[167]

顺序时间之 HMM 若是有状态转移概率 A，隐藏顺序 X_i、观察概率矩阵 $\boldsymbol{B}$ 和听观察顺序 O_i，每一顺序的时间点是计算一个概率分布，则状态转移概率 A 之概率因素 a_{ij} 是，

$$a_{ij} = P(state\ q_i\ at\ t + 1|state\ q_i\ at\ t)$$

而该观察概率矩阵 B 的因素 $b_j(k)$ 是，

$$b_j(k) = P(observation\ k\ at\ t|state\ q_j\ at\ t)$$

语音辨识的机器是事先不知道单独的字词的意思，即实际的意思是藏在隐藏状态，但是可观察（可听懂）的语音可依据概率而被推理。HMM 是以「字词1」在第一位置，而「字词2」则是有（1 – 字词1）的概率。在一句话的顺序，重复此程序，即在每一顺序的字词，取得 P(字词1) 和 P(字词2) 的概率，而如此求得两个字词的最高概率顺序。[168]

_____

[167] 「状态转移概率」state transition probability、「相互变异」variant，则人工智能一般使用「variance」，几位更靠近其意思并避免与统计学的「编译中」，笔者认为如病毒的变种是衍生却不同「variant」比较恰当。

[168] Stamp, M., 2018,.*A Revealing Introduction to Hidden Markov*

以概括化到多数字词，片语和一句话会扩大状态变换概率矩阵 B、而HMM会复合，但是以上所述是进程的基本概念。

当矩阵的主对角线元素是与若干方式靠近另一元素（即variance），该矩阵是「对角共变异」（diagonally covariant），而如此的矩阵是代表言语的关联，而提供联合概率的分布，即联合语境和时间关系。[169]

HMM若是以 $\lambda = (A, B, \pi)$ 代表，即 π 是状态的初步分布。一个简单的隐藏状态顺序是 $X = (x_0, x_1, x_2, x_3)$ 和读/听的差点 $O = (O_0, O_1, O_2, O_3)$，而以纯量所代表的「元音」 (0)，「嘶嘶声」 (1)、「砰声」 (2) 之四个语音状态顺序若是 $(0, 1, 0, 2)$，即状态顺序 X 的概率 P 是，

$$P(X, O) = \pi_{x_0} b_{x_0}(O_0) a_{x_0, x_1} b_{x_1}(O_1) a_{x_1, x_2} b_{x_2}(O_2) a_{x_2, x_3} b_{x_3}(O_3)$$

即如下的概念图所示，

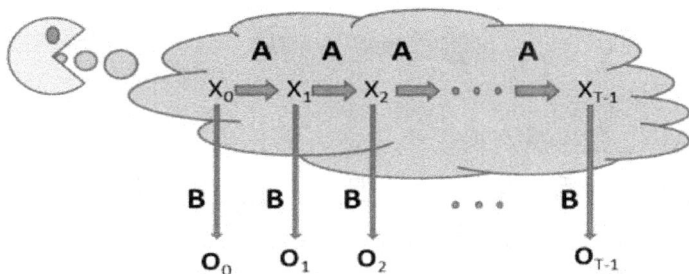

任何正文或发音顺序的概率可如此模型而计算；然后，

Models, October 17, online.

[169] Word "Variance" thus is like a variant of a virus, a derived mutation but different.

「动态编码」可以生成最高概率的字词顺序。

最基础的概率分布是一随机的贝叶斯分布，而可用来处理跟随的新字眼数据概率，

$$P(A \mid B) = \frac{P(B \mid A)P(A)}{P(B)}$$

如此的统计学概率模型数学可是极为复合，但是算法的基本观念是如以上所述。高斯混合模型 GMM 是以高斯分布集合各数据点成聚集，即如此就可以模拟声波的音谱。「因素分析」是将每一数据点成一加权线性函数的潜在推测，而如此可使得自动语音辨识能辨认言语中之细微差别。[170]

总之，自动的语音辨识系统是以显著的「双频率扭曲向量」特征向量，加上以第一和第二阶相关时间的导数之临近平滑帧幅。特征向量顺序中的概率计算是以 HMM 和 GMM 之个别对角共变异矩阵。

循环神经元网络

HMM 和 GMM 的观念是用在几乎所有的自然语言处理包含 GPT-n 和 ChapGPT，但是不能独当一面处理较长顺序的言语。伸延 HMM 和 GMM 的言语言顺序是一幅「循环神经元网络」(RNN) 的「时间控制喷流」。

即在一般的连惯性前进神经元网络，输入层是奠定所有层次的静态神经元激发，但 RNN 可限制或灭绝神

---

[170] 参见 Rabiner, L. and B.H. Juang, 1993, *Fundamentals of Speech Recognition,* Chapter 6, Prentice-Hall Signal Processing Series。「因素分析」factor analysis。

经元的激发，而影响后续的神经元激发布局。比如，前言语顺序中的「我在法国长大」的片语，可隐含后续的「我能讲流利的...」循环预测。相反的，后续的片语若是「我也会讲...」，「也」的单字会破解法语的关联，而前所激发的相关片语神经元应可灭掉，则其他国名反而有更高的推测概率。「循环」是以特征向量的内积而量化顺序前后的时间相差；程序设计师亦可事先奠定所要的神经元激发限制或及时的完全灭绝。

　　某题目若是在言语的前端，而相关该题目是经过长时间而再出现，RNN 之神经元激发可以将前端的言语储存在一个「收存状态」，而 RNN 以「受控制的状态」可反馈而重新激发有关联的言语。RNN 如此可加长语音顺序的处理和改进准确度。

　　前端的语音若是提到较为常用的片语，该激发的布局可将之记下在依顺序时间的另一网络，即在适当的时段反馈而使用在目前的辨识。[171]

　　若有不稳定和停滞不前的学习，RNN 能以「闸门控制」或「闸门记忆」（亦称「闸门循环单位」）(GRU)来限制循环反馈在（仿佛矛盾的）「长短期记忆网络」(LSTM)。

　　「长短期记忆网络」(LSTM)「长」的意思是从早期前端言语，而「短期」的意思是只有目前的短时间会依赖该早期的言语来厘清目前言语顺序的意思。

　　「连接时序分类」(CTC) 是用 LSTM 来依附时间处理变化和以强化学习训练 RNN。CTC 的训练功能是

---

[171] 「循环神经元网络」Recurrent Neural Network (RNN)、「时间控制喷流」temporally-controlled cascade。

由动态编码建立字词的矩阵，尔后以「状态转移概率」推测目前语音布局的下一字词。RNN 则是如脑筋一般，具有长期和短期的记忆。

以上模型的演算确实复杂，但是可用主办电脑编码平台的相关软件，比如 *PyTorch*，*Python* 和 *Tensor Flow*，而并行处理矩阵代数、微积分计算、向量内积和「计算图标」等基本神经元网络的演算。[172]

---

[172] 「闸门控制」gated states、「闸门记忆」gated memory（亦称「闸门循环单位」)、gated recurrent units (GRU)、「长短期记忆网络」Long Short-Term Memory Network (LSTM)、「连接时序分类」*Connectionist Temporal Classification* (CTC)、「计算图标」。。

第二十二章　语音合成

早于十三世纪的德国天主教圣人艾伯特斯·马格努斯和英国著名科学家罗杰·培根，建造的模仿人之声音的机器，但他们只能做简单的雏形模型，则五百年之后于十八世纪，著名工程师查尔斯·惠斯通是用空气风箱喷入模仿声道而合成声音的「构音系统」，而虽然有进步，也只能「喷出」几个元音为主的单字。

再过两百年，贝尔试验室的机电「声音编码器」是由操作人用手腕按下键盘的栏杆而模仿元音，而由声调管催生「嘶嘶」之辅音声，而以脚踏板来控制音调，音谱键盘是喷出如「砰」及「得」的间隔休止字和「局」及「吃」之「塞擦音」。从下图可见，操控可听得懂的合成语音机是需要极为灵活的同步动作和技巧，[173]

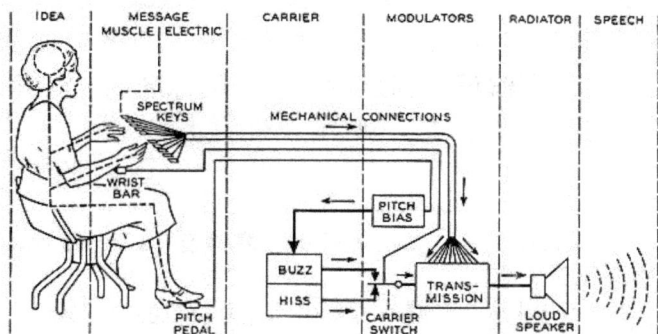

贝尔试验室的「声音编码器」（Voder）在 1939 年的世界博览会，经由广播机就「说了」：「各位观众，欢迎来

---

[173] 声音编码器图案取材于 Homer Dudley 的 1928 专利。

纽约！」。[174]

二十年后，弗兰克·库波的「语音布局回放机器」可转换言语音谱成可听得懂的整个一句合成话，而在1968年，无处不在的贝尔实验室的 IBM 704 电脑程序能合成《2001年太空漫游》电影的主题曲。

史丹佛大学于 1969年 的「动态追踪」是以片语的校准合成言语的「音素」连接，即分辨单词之声音单元，而合成连续的语音成几句话。[175]

日本名古屋大学研发的语音合成电脑程序「线性预测编码」(LPC) 可模拟电视娱乐节目的「头像传声」的话语，*而在1970 年代起*，小孩可由德州仪器公司的教育性*「讲话与拼写」*固态电子 LPC 讲合成字而小孩可以用键盘打字拼写该字，以便学拼写。

雷蒙德·库茨魏尔在1974年在他自己开创的公司研发了被广义使用的能读取正文的「光学字符辨识」(OCR)。他的原意是让盲人能以「正文转语音」听觉 TTS 机器的合成声音。OCR 是先使用扫描器分明空白和黑字母，则辨识字词之后，以电脑标准的 ASCII 编码转换成合成的话语。[176]

---

[174]「声音编码器」voice codec、「塞擦音」affricate consonant。图案是取材于维基百科。

[175] 史丹佛大学的语音合成是先用在象棋机器的合成语音棋步指令。

[176]「语音布局回放机器」pattern playback machine、「线性预测编码」linear predictive coding (LPC)、「头像传声」talking heads、雷蒙德·库茨魏尔 Raymond Kurzweil、「光学字符辨识」optical character recognition (OCR)、「正文转语音」text-to-speech (TTS)、「日本的电信电话」Nippon Telegraph and Telephone (NTT)、「线性音谱对」Line Spectral Pairs (LSP)。

　　「日本的电信电话公司」(NTT) 在1975年配准了 LPC 的「预测系数」(a_i)，以过滤器滤去杂音而更准确的配合电子语音和人声的声音波形。第一电脑语音合成程序是于九十年代研发的「线性音谱对」，LSP 则是成为行动电话和网际网路的语音编码工业标准。[177]

　　正文转语音的整体系统是在1975年由意大利 CSELT 的带有「自动多频率语言」(MUSA) 之专用电脑和「双连音合成」软件，即可从读取印刷的正文而以歌词唱意大利的民谣。贝尔实验室、MIT 和「数字设备公司」(DEC) 在1980年所研发的 TTS 语音合成程序「DECtalk」是当时最接近自然语音之多种不同语言的专用电脑。[178]

　　「参数化语音合成」是用数字讯号处理合成语音，即是人嗓音的声门激发依附时间的「数字共振过滤器」来模拟语音，而在调整过滤器的参数可以合成较为自然的连续语音。

　　「统计参数化语音合成」(SPSS) 之三个模组，即先正规化正文、然后进行字词分辨和「字音转换」(G2P) 字词、音节、片语和一句话的语言特征，则输入「正文分析模组」、而利用统计来预测声音特征的参数，比如基础频率、音谱参数和时间的「参数预测模组」，则最后的「语音合成模组」以「声音编码器」可生成新的语音波形。

---

[177] 有关 LPC 编码的「预测系数」(predictor coefficients) a_i，参见第 20 章。

[178] *Centro Studi e Laboratori Telecommunicazioni* (CSELT)、「自动多频率语言」Multichannel Speaking Automation (MUSA)、「数字设备公司」Digital Equipment Corporation (DEC)。

波形的「串接式语音合成」是直接从资料库的语音波形，挑选和联系相关正文。字词的串接可基于 LPC 或以数字处理「基周同步叠加法」（PSOLA）。[179]

LPC 的编码可减少资料库的数据，而解码和串接是比较简单；但是，由于言语并不只是单字的串接，一句自然话的传输不是断续续而发。于是，串接的单字之韵律是调整来匹配目标的言语节奏。然而，所生成的语音合成会依据各单字的发音，而与一句话的单字符串接必须被平滑成通顺的话语。

基本的正文转语音的「共振峰合成」是先由一前端处理器转文字成「音素」，即先翻译数值和头字母写成相对的文字（即「正文正规化」），再分辨「同形且异议的字词」和由「语音的部分标记」，以指定每一字词的「表音的转录」。然后要分解正文成字词、片语、子句和句子的「韵律单位」（即音调波形的轮廓和音素的长短），接着后端的处理器会预测韵律而提供合成的离散连续语音声波，如下图左边的「连续后端处理」和右边的部分甄选之「串接程序」流程表所示，

---

[179] 「参数化语音合成」parametric speech synthesis、「统计参数化语音合成」Statistical Parametric Speech Synthesis（SPSS）、「字音转换」 grapheme-to-phoneme conversion、「正文分析模组」text analysis、「参数预测模组」parameter prediction module、「语音合成模组」speech synthesis module、「声音编码器」vocoder、「串接式语音合成」concatenation、「线性预测系数」linear prediction coefficients (LPCs)、基周同步叠加法」Pitch Synchronous Overlap and Add (PSOLA)。

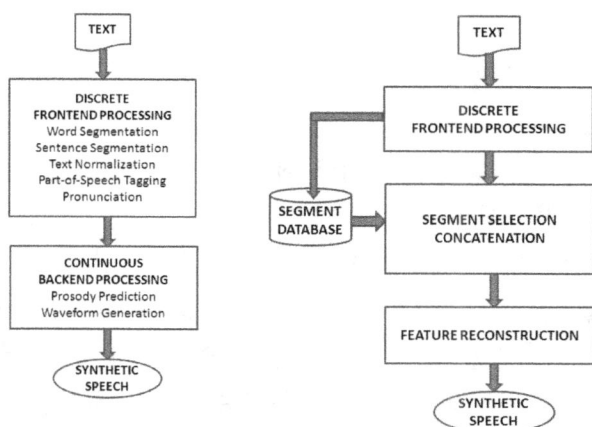

所谓的「指定领域的合成」是用一套限制于被指定的语音领域（比如玩具的说话）之过滤器，所以单字和片语会受限于已经被处理的语音，而听起来如自然话语一样，则在「双音素合成」，从一更大的领域之音素-对-音素转换语音。然后，抽出每一单词的样本，而以线性预测编码或离散的余弦傅里叶转换，可应用在双音素而提升合成句子的自然韵律。但是由于资料库之仅一声音映射一单词，合成的语音不免会披露「机器人」的话说。

　　在「韵律关联的合成」，由言语的「共振峰合成」，语音是全由频率音谱的共振峰电子讯号形成，然后由「正弦累加」，或物理数学的模型，产生全新的声音波形。但是虽然是增加更广泛的语音字汇，结果不免会显示其电子原性，而缺乏自然语言的本质。

　　经由如今的先进数字讯号处理，数字化的合成语音能避免「指定领域的合成」和「韵律关联的合成」之间隔休止而提供更为自然的合成语音，即调制韵律和强调之后，就能加强流利和带有情绪的自然语气。

「单元挑选合成」是将记录的声音波形分成「音素」、「二元音素」、「半音素」、「音节」、以及「语素」来构成一语音资料库。一句话的建造则是使用此单元组之指引，即以一句话的音调、长短、以及附近的音素等听觉参数的指引，以分类相关的单词及片语，则以加权参数断定最高概率的语音单元链，而合成一句话。

能与人沟通的器人的语音合成是在记忆体储存「隐藏马可夫模型」(HMM) 整个的字汇而寻得基于拼字或拼音的标准音来处理「语音的部分标记」。深度神经元网络则可由标记的语音数据而以监督学习训练 HMM。

然后，与语音辨识的神经元网络系统一般，监督、强化和自修学习，尔后以「循环神经元网络」(RNN)、「长短期记忆网络」(LSTM)、及「连接时序分类」(CTC) 支持正文转语音的准确合成。[180]

从以上所述可见合成言语的复杂和求自然语音的困难。人人可从机器人或合成的文字语音查出非人类合成的端倪。而尽管 ChatGPT 的多元功能，如今（2024）仍然没有全电子的机器听觉和讲话，或正文转言语的功能，及目前仍然是要写正文与 ChatGPT 沟通。

---

[180] 「共振峰合成」formant synthesis、「正文正规化」text normalization 亦称 tokenization、「音素」phonemic、同形异议词」homographs、「语音的部分标记」part-of-speech tagging、「表音的转录」phonetic transcriptions、「韵律单位」prosodic units、「连续后端处理」continuous backend processing、「串接式语音合成」concatenative synthesis、「指定领域的合成」domain-specific synthesis、「双音素合成」diphone synthesis、「正弦累加」additive synthesis、「单元挑选合成」unit selection synthesis、（任何声音）phones、「二元音素」diphones、「半音素」half-phones、「音节」syllables、「语素」morphemes。

自动翻译

近十年来，电脑的功率和机器学习的加权参数大增和「搜寻引擎优化」(SEO)，有 204 不同语言的正文和言语翻译的高达 80% 准确度的电脑和手机应用程序。

最早的电脑自动翻译机是「按规机器翻译」(RBMT)，即是经由语言学家对字词和片语的语义、句法和文法等规则审查资料库词典，而以组合规则鉴定字词和片语的意思和正确文法的语音。另外「统计式机器翻译」(SMT) 是基于统计学关联比照已经翻译过的资料库字词。但是，资料库则是需要至少几百万字词，而准确度仍然有限。

可见后来的 OpenAI 的「生成预寻变换器」GPT-n 是如何解决问题，即资料库是整个的网际网路和云端，但虽然广义领域翻译是展现极高的「COMET」分数，但在有限领域的专门翻译机器 (MT) 是比较准确。[181]

「神经元网络机器翻译」(NMT) 是用向量和向量内积，从巨大的机器学习言语训练集监督和强化学习。「混合机器翻译」同时是用 SMT 统计和 NMT 之比照和相互补充各自的翻译。所有的翻译模型也是由专业翻译员作最后的审核及修正。[182]

---

[181] COMET (Cross-lingual Optimized Metric for Evaluation of Translation) 是以翻译器的向量相似度而比照翻译器的准确度。。

[182] 「搜寻引擎优化」search engine optimization (SEO)、「按规机器翻译」rules-based machine translation (RBMT)、「统计式机器翻译」statistical machine translation（SMT）、「神经元网络翻译」neural machine translation (NMT)、「混合机器翻译」hybrid machine translation。

「谷歌翻译」（是重复学习神经元网络翻译和数百万「机器翻译范例」，而依据句法的编码，就可一时翻译整个的一句话。「亚马逊翻译」是利用「亚马逊的云端网路服务」(AWS) 的「移转学习」以个别地区的当地语言而做不同国家和区域性的翻译修正，而亚马逊的中文翻译比谷歌的中文翻译准确。[183]

微软的 Bing、Google Translate、AWS、DeepL 等的COMET分数都是基于个别翻译器的强项，比如多少语言的功能、领域、习语、翻译的规模等等。

中文的 TTS 和翻译

由于比如普通话（国语）是属声调的语言，而每一单字不但是有至少四个声掉，声调也会与语境变，所以普通话的合成是特别注重语音韵律（prosody），即以神经元网络和决策树使用「韵律结构预测模组」之算法来正确地平滑而拟合一句话的串接声调。平滑方法之一是基于音谱分析，即单字、字组合，成语、或一句话的声调波形会反映韵律，而串接的字词是与资料库的音谱波形匹配，当然愈大的资料库，愈准确的翻译，

另一平滑算法是所谓的「双阈值」（应该亦称「二门槛值」，即一幅比较高的门槛有比较少的声调韵律可

---

[183] 「按规机器翻译」rule-based machine translation (RBMT)、「统计式机器翻译」statistical machine translation （SMT）、「神经元网络机器翻译」neural machine translation (NMT)、「谷歌翻译」Google Translate（GNMT）translation 、「谷歌翻译」Google Translate（GNMT）、腾讯机器翻译」Tencent Machine Translation（TMT）、「亚马逊翻译」Amazon Translate。 。

甄选，而一幅比较低的门槛有多数和多样的声调韵律可
甄选。则所建构的串接系统的声调韵律若是不理想，高
门槛的声调韵律可以借重低门槛的靠近声调韵律而增加
选择。以上的 TTS 算法，再加「端点检测」在2023年
都是使用在亚马逊关系企业的Audiobook。

　　中文另外与其他主要语言不同是有大数的同音字，
则在研发基于「语音合成标记式语言」(Speech
Synthesis Machine Language, SSML) 的「中文语音合成
标记式语言」(Chinese Speech Synthesis Machine
Language, CSSML)，即是在 TTS 提供合成用的声调、
轮廓、声调范围、速率、期间、体积和尤其语境，分别
同音字。另外，完备标记的资料库也可以分别同音字，
但是标记以前是由人亲手注解和校正标记，不过标记国
语的自动算法是正在开发中。[184]

　　中文的机器翻译软件可安装在个人电脑或手机之三
十六应用程序界面（API）。中国的百度翻译器的数多
不同语言的准确度是与谷歌翻译相当，而腾讯机器翻译
（TMT）「有道翻译机」、阿里翻译和微软的 Bing 翻译
器是跟着资料库和参数增加而逐步增强翻译的准确度。

　　「大型语言模型」(LLM) 和「聊天预训转换器」
（ChatGPT）的所有翻译和「聊天」是基于紧密却广义
的训练、超快搜寻、大量的加权参数和超级电脑的巨型
并行处理，而整体应该是可达到翻译的 AI 基准。

---

[184]「韵律结构预测模组」prosody structure prediction
module、「双阈值」dual threshold、「端点检测」endpoint
detection。

合成语音的危机

然而，自然言语的合成与 LLM 和 ChatGPT 以及所衍生的更大规模的人工智能机器，可能会被滥用来伪造尤其公众人物的声音。

著名理论物理学家史蒂芬·霍金在2018年逝世之前，由于患了「肌萎缩性脊髓侧索硬化症」，神经元渐冻症 (ALS)，而肢体早已不能运用，他讲话的能力也在逐渐丧失。霍金开始用的极不自然的合成声音 DECtalk，但手指肌肉的萎缩慢慢的使得他无法用电脑打字，以致他必须以嘴巴控制的长杆子打电脑的触控屏键盘，然后嘴唇也无法控制长杆子，而他只能用脸上微动而由他的研究生慢慢学会他欲言的意思。

在感应器和人工智能的由英特尔和 SpeechPlus 公司发展，从霍金收集的的书籍、文献和「演讲」为训练集的深度神经元网络，霍金还能稍微动的脸颊肌束颤搐，经由研究生长期的观察，可以推测他要说的话。比如他只要由一特别脸颊的抽搐，一台循环神经网络 RNN 可仅从欲言的「一个」，由语境的关联，继而推测「一个黑洞」的合成语音。

然而，人工智能的语音合成虽然是让史蒂芬·霍金表达他最深奥的理论物理构想，他自己对合成语音而整个人工智能发展的感受，反而比较有警惕的感受，而尤其对人形机器人的AI奇点不安的说，[185]

---

[185] 有关「AI 奇点」，参见本书的后记。「机器翻译范例」example-based machine translation、「移转学习」transfer learning（参见第 20 章）、史蒂芬·霍金 Stephen Hawking「肌萎缩性脊髓侧索硬化症」，运动的神经元病渐冻症 amyotrophic lateral sclerosis

人工智能的机器人将来恐怕会完全取代人

类，即人若能用人工智能的电脑程序制造活

生生的传染病毒疫苗，逻辑上也能用人工智

能生成自我改进而超越人类的机器生态

　　如此或许是对人类最好的遭逢，或许是

对人类最坏的遭受，我们若不谨慎以对，或

许是人类最后的遭遇 ...

由于是来自机器合成的声音，霍金教授之警惕是更加戏剧性，但是没有人会错误认为他的合成话语是与人发声的自然语言一样，但是，因为电子之言语音谱的间隔休止和别扭的错误音节强调，合成语音仍然是缺乏人类性的自然语音。但是此缺点不会妨碍机器人技术逐步的进展，即日益剧增资料的 LLM 和兆级参数的 ChatGPT 迟早应该可以奠定翻译和合成言语的AI奇点。

ALS 霍金的引述取材于 *Economictimes,* Indiatimes.com, 2013 年、三月、十四日。

第二十三章　受限玻尔兹曼机

「受限玻尔兹曼机」（RBM）是早期的「生成人工神经元网络」，即从若干数据布局的训练集，RBM 是「生成」数据的概率分布。

没有输出层的 RBM 是仅有「可见」v 和「隐藏」h 的向量层，但一层之内的神经元节点是没有连接同一层的节点（因而是与纯「玻尔兹曼机」有别而「受限」）。一台 RBM 的基本运作原理是基于物理的玻尔兹曼热力学和化学的「吉布斯自由能量」。

受限玻尔兹曼机的结构是一个随机马可夫链，而链的概率关联是输入层向量 v 和隐藏层向量 h 的「联合概率」，即「由 v 测定 h」和「由 h 测定 v」之两个向量神经元激发布局。[186]

吉布斯自由能量是系统的「热力学潜能」（亦称「热力位能」或「热力位」的量化，而系统运作是取决于吉布斯的自由能量，即多余的能量是指系统是具有多余的潜能而使得状态不稳定而可能会变。故而吉布斯自由能量愈少，系统愈稳定。

受限玻尔兹曼机的人工神经元网络的处理是求得机器学习所生成的最稳定态势，即最少吉布斯自由能量的概率分布。

例如，地球的 H_2O 可有三个不同的相态，即液态、固态和气态，而在地球的系统，三个不同状态可同时共

---

[186] 「由 v 测定 h」和「由 h 测定 v」英文分别是 "h given v" 和 "v given h"。

存，而各状态的概率和稳定性是取决于温度和气压。即空气中的水分（即湿度）是气态 H_2O，南北极或冰箱里的冰块是固态 H_2O，海里的水是液态 H_2O。

火星比地球离太阳远，而主要为 CO_2 的大气层比较稀薄，所以（比起地球）温度和气压低，而行星科学目前的大问题是火星是否有任何状态的 H_2O，则依现在所知，H_2O 存在的最高概率是火星的南北极的固态 H_2O，或火星的地面下液体或固态 H_2O。受限玻尔兹曼机的概率分布或许可由吉布斯自由能量断定火星 H_2O 的存在和相态的概率分布。

RBM 是从一个随机的分布启发，然后在输入的数据寻得系统的最高概率分布。由于 RBM 只是在可见向量 *v* 和隐藏层向量 *h* 往返，它并没有一致的演算方向，所以是以「对比分歧法」，而非梯度下降法，「重建」系统的概率分布。[187]

在一对布尔值的可见 *v* 和隐藏 *h* 的向量层 (*v*, *h*)，吉布斯自由能是由「RBM 能量函数」代表，

$$E(\boldsymbol{v}, \boldsymbol{h}) = \sum_i a_i v_i + \sum_j b_j h_j + \sum_{i,j} v_i h_j w_{ij}$$

即 a_i 是第 i 神经元的激发、v_i 是输入层之二元神经元激发，h_j 是隐藏层之二元神经元激发，b_j 是每一层的偏向

[187] 「受限玻尔兹曼机」Restricted Boltzmann Machine (RBM)、「生成人工神经元网络」generative neural network、「吉布斯自由能量」Gibbs free energy、「联合概率」joint probability、「热力学潜能」（亦称「热力位能」或「热力位」thermodynamic potential、「对比分歧法」contrastive divergence。

向量元素、而 w_{ij} 是加权参数矩阵 $\boldsymbol{W}$ 的元素。

依照玻尔兹曼热力学，系统的能量 E_i 和温度 T 之第 i 状态的热力学概率 P_i 是依附所有可能的状态 M、波尔兹常数 k_B（温度和能量的相联性）和公式正规化到概率所需的 0 与 1 之间的「正准分配函数」Z，如下

$$P_i = \frac{e^{-E_i/k_B T}}{\sum_{j=1}^{M} e^{-E_j/k_B T}} = \frac{e^{-E_i/k_B T}}{Z}$$

「由 v 测定 h」和「由 h 测定 v」之神经元激发「联合概率」$P(v, h)$ 是依附「RBM 能量函数」$E(v, h)$ 如下，

$$P(\boldsymbol{v}, \boldsymbol{h}) = \frac{e^{-E(\boldsymbol{v},\boldsymbol{h})}}{\sum_{v}^{M} \sum_{h}^{M} e^{-E(\boldsymbol{v},\boldsymbol{h})}} = \frac{e^{-E(\boldsymbol{v},\boldsymbol{h})}}{Z_{rbm}}$$

即 Z_{rbm} 是所有可能的可见和隐藏对的正准分配函数。

在任何时段的执行，所生成的概率分布是依附 RBM 的能量函数 $E(v, h)$，而 $E(v, h)$ 是以可见和隐藏神经元激发的参数化而调制。在此阶段的惯性前进模式，该 RBM 可说是一「自动编码器」。[188]

在计算所有可能的 v 和 h，概率状态会面对极为复合的演算，因而演算会使用「由 v 测定 h」和「由 h 测定 v」之「具有条件的联合概率」的 Π 乘积（以 i 指标

---

[188] 「RBM 能量函数」RBM energy function、「自动编码器」autoencoder、「具有条件的联合概率」conditional joint probabilities、「正准分配函数」canonical partition function、「隐藏层之地板偏向」hidden layer floor bias、「输入层偏向」input layer bias。

乘），[189]

$$p(\boldsymbol{h} \mid \boldsymbol{v}) = \prod_i p(h_i \mid \boldsymbol{v})$$

$$p(\boldsymbol{v} \mid \boldsymbol{h}) = \prod_i p(v_i \mid \boldsymbol{h})$$

神经元的二元激发（*1* 或 *0*），加权和偏向的参数化当然仅是在激发等于 *1*（而非 *0*）有意义。以可见 $\boldsymbol{v}$ 层的神经元激发，单一的隐藏层神经元之激发概率是激发 *1* 而由加权 w_{ij} 调制。σ 是 sigmoid 函数、有两个偏向 b_j，「隐藏层之地板偏向」是「无关是否有相关的数据点」而激发神经元，以及加速反馈传播的「输入层偏向」（因而，RBM 并非一个纯自动编码器），

$$p\left(h_j = 1 \mid \boldsymbol{v}\right) = \frac{1}{1 + e^{-(b_j + \sum_i v_i w_{ij})}}$$

$$= \sigma\left(b_j + \sum_i v_i w_{ij}\right) \quad \text{(Eqn. 1)}$$

隐藏层 $\boldsymbol{h}$，以同样的方式，可见神经元激发若等于 *1*，而加权参数 w_{ij} 是在调制隐藏层神经元 h_j，

$$p(v_i = 1 \mid \boldsymbol{h}) = \frac{1}{1 + e^{-(a_i + \sum_j v_i w_{ij})}}$$

$$= \sigma\left(a_i + \sum_j h_j w_{ij}\right) \quad \text{(Eqn. 2)}$$

---

[189] $\prod$ 算符（π 大写）的重复乘法，与 Σ 的重复求和雷同。

亦即，隐藏的偏向会在「往」时生成神经元的激发，而可见偏向是在「返」时，所以加权调制输入数据是在「重建」概率的分布。因为可见层中的节点没有任何相互关联，重建的输入数据一定会与原输入的数据不同。

(Eqn. 1) 是「由 v 测定 h」的激发概率（所谓的「吉布斯抽样」），(Eqn. 2) 是「由 h 测定 v」的激发概率，即以初步的随机伯努利分布，断定可见层的神经元，两个公式分别是提供「由 v 测定 h」和「由 h 测定 v」的具有条件的联合概率分布。

初步的随机伯努利分布和输入的数据的差异会很大，迭代的对比分歧法和反馈传播会调制加权 w_{ij} 和偏向 b_j 而生成一直更新的联合概率「重建」。[190]

在执行非监督学习时，RBM 是在可见和隐藏层之间执行前进和返回，即在返回，隐藏层的神经元激发是输入到输入层乘上加权参数，而其和（sum）是加在输入层之每一节点的偏向，而如此是在迭代重建输入层的神经元布局。

参数的调制不是以人工神经元网络（ANN）的梯度下降法而最小化代价函数，而是由所谓的「对比分歧法」。即经由 k 迭代量，被调制的输入向量 v_k 就是从原本的输入向量 v_o 利用来断定隐藏层之 h_o 到 h_k 的变化。

---

[190] Eqn. 1 和 Eqn. 2 可由贝叶斯公式的展开而求得具有条件联合概率分布的公式。Sigmoid 函数可由「非受限的玻尔兹曼机」*unrestricted* Boltzmann machine 推导，即由玻尔兹曼因素 $E_i = -k_B ln P_i$ 计算能量状态的差别。如此人工智能的神经元网络联合概率分类是等于物理化学之状态相变 phase change 之吉布斯自由能和温度数学类比。「吉布斯抽样」Gibbs sampling、RBM 的「重建」reconstructions。

更新矩阵 ΔW 是向量 v_o 和 v_k 的外积 $\otimes$ 差别。[191]

$$\Delta W = v_o \otimes p(h_o \mid v_o) - v_k \otimes p(h_k \mid v_k)$$

新的更新矩阵是使用「梯度上升」来最小化矩阵 W 的差异,

$$W_{new} = W_{old} + \Delta W$$

RBM 生成的概率分布可由隐藏层 h 之神经元激发特征 h_j 揭示潜在的「推测」。[192]

回归模型是基于自变数输入来估计一连续的应变数,而一般人工智能神经元网络 ANN 是比对萃取特征的分类,RBM 的重建则是以迭代联合概率分布来揭示系统的概率分布,而如此是一「生成学习」的机器。[193]

未知的输入数据概率分布 $p(x)$ 与重建的概率分布 $q(x)$,若都是高斯分布,会有小的重叠,该小重叠的面积是衡量两则概率曲线的差别,如下图所示,[194]

---

[191] 向量外积 outer product 是两个向量的矩阵乘法来组成的矩阵,$[a \otimes b]_{ij} = a_i b_j$。

[192] 「梯度上升」gradient *ascent*、「推测」inferences。参见 Salakhutdinov, R., A. Mnih, and G. Hinton 2006, *Restricted Boltzmann Machines for Collaborative Filtering*, University of Toronto。

[193] RBM 主要是 Geoffrey Hinton (2018 Turing Award) 发展。「生成学习」generative learning。

[194] 图案取材于 Mundhenk, T.N. 2009, Ph.D. thesis, University of Southern California。

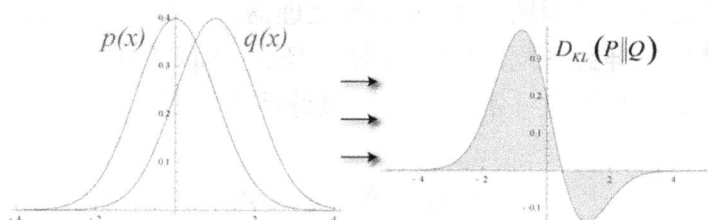

RBM 的对比分歧法是以迭代调整加权参数和偏向来最小化两则曲线的不同部分，以便更准确重建系统的概率分布模型。未知的概率分布 P 和重建的概率分布 Q 之积分差异是在上图的右边，即是 Kullback-Lieber Divergence $D_{KL}(P \| Q)$。

概率的分布是基于一结果集合。比如，投掷两颗骨子，从 36 可能的结果，「加起来的幸运 7」的概率是「蛇眼」（1 和 1）大六倍（因为有六个「7」的可能组合，而仅一「蛇眼」的组合结果。概率的分布会是一个有「7」在巅峰及「栓一 2」和「双六 12」在高斯分布的两端。

语音辨识的 RBM，比如英文最常用的字母是 e、t 和 a，但在冰岛文，最长用的字母是 a、r 和 n,；因而，字母的使用概率分布会取决于语言的字母分布。所以若在冰岛使用英文的字母概率分布会产生大量的吉布斯自由能量，而重建的概率分布会需要许多对比分歧法的迭代计算来最小化该 Kullback-Lieber Divergence。

受限的玻尔兹曼机可以堆叠（stack）而成为一惯性前进的神经元网络。RBM 的原则是使用在「深度信念网络」DBN，而隐藏层亦可作一般人工神经元网络 ANN、卷积神经元网络 CNN、生成对抗网络 GAN，或

「循环神经元网络」RNN 的预处理器，即以隐藏层分
布替代各神经元网络的输入层。但是，RBM 以往最杰
出的成就是有关「潜在的协同过滤因素」。[195]

潜在的协同过滤因素

史丹佛大学「从数据中心推测更进一步的推测」，即更
深入神经网隐藏层所潜伏的「秘密」，而分析第一套的
推测里所涵盖的更多而深的推测。即时串流影视的网站
「网飞」（Netflix）的人工智能盛景园网络所搜集的数
据揭示年轻人的电影选择主要是基于电影网站的「赞」
数量、排行榜顺位、分享次数、同侪评论、推荐等的线
上「嗡声」（buzz），而非以前的电影明星主因。[196]

　　网飞的平台是将网站的约一 亿用户分成影片类别
的「格调聚集」，如动作、文艺、科幻、历史等，而基
于影片的标记和关联，再分成「微流派」而相互匹配。

　　如此的匹配可推测不明显的影片选择因素，即数据
的关联可揭示用户的潜在意识，比如喜欢还我正义的
「救赎」为主题的影片可以包括，电影消费者或许自己
都不知道此爱好，但是「微流派」的数据分析可挖掘隐
藏的爱好推测。

　　另外是观众可能会觉得两个小时的电影是无法提供
比较深刻、各种不同状况、多元和多角色的长故事，即

<hr/>

[195] 「生成对抗网络」generative adversarial networks (GANs)、
「潜在协同过滤」latent factors in collaborative filtering。「大型语言
模型」large language model（LLM）「生成预训练转换器」generative
pre-trained transformer GPT。
[196] 参考 *Spectrum*, IEEE, January 2017.

需要多时间来逐渐揭示故事里人物的个性和作为。比如中国的《琅琊榜》和《三国演义》、韩剧的《冬季恋歌》和美国的《纸牌屋》等五十几集的连续剧。即普通电影是一时的热闹刺激，而连续集是每天或者每周看的日常生活娱乐。

电影网站从微流派的数据推荐「你或许会喜欢...」或者「必定会引起眼泪的二十影片...」。[197]

受限的玻尔兹曼机的概率预测以及人工神经元网络的生成算法可从「潜在协同过滤」推测，网飞则是由此基于「一般人是喜欢类似他们喜欢，以及同格调的他人会喜欢同样的影片」的原则，而此显得理所当然的废话就是让网飞从隐藏层的数据中寻得而挖出隐藏的「二级推测」。

有限玻尔兹曼机器的概率为主运算可比较彻底的分析，而善用在影片推荐，而早在 2005 年举行的「公开预测新影片欢迎度比赛」，网飞基于潜在协同过滤算法就荣获头奖[198]。

生成对抗网络

受限玻尔兹曼机是「生成对抗网络」(GANs) 的前身。

---

[197] 萨然斗斯的引述取材于 *The Economist*, November 3, 2018。「潜在协同过滤」collaborative filtering、「推荐系统」recommender systems、泰德·萨然斗斯 Ted Sarandos。

[198] 「二级推测」second-degree inferences。参考 Salakhutdinov, R., A. Mnih, and G. Hinton, 2007 *Restricted Boltzmann Machines for Collaborative Filtering*, University of Toronto, Proceedings of the 24th International Conference on Machine Learning dl.acm.org。

GANs 是同时执行两个分开的网络，一幅网络是以影像训练集学习而生成类似的合成影像，另一判别网络是被训练来分别真实和生成的训练数据影像。两幅神经元网络是一生成的网络是意图愚弄判别的网络，而判别的网络是依据「反卷积神经元网络」的梯度下降法和反馈传播「判别」真和假的影像。

生成网络的输出若能生成判别网络无法分辨真实和生成的影像，同一训练集的数据会输出两幅不同的影像。

生成对抗神经元网络，因为要使得判别网络无法分辨，如此可以提升生成影像的清晰度，但是也可以生成极为相似的影像。除影像之外，亦可生成声音、正文、图案，以及影像平移（比如白天到晚间的影像变化）。

然而，GANs 亦可生成假冒的绘画、文章和社群网站的虚拟人，甚至于逼真的「深度假像」。而且在 2019 年，仅从衣服的轮廓而生成穿衣服人的身材 GANs，不用说，相关网站立即被强迫撤回。[199]

---

[199] 「判别器」discriminator、「生成器」generator、、「反卷积神经元网络」deconvolutional neural network、「深度假像影像」deepfake images and videos。参见 MIT Technology Review, The Algorithm，2020 年。

第二十四章 大型语言模型

生成预训练转换器

LLM

前一章所述的各种「自然语言处理」（NLP）模型，辨识虽然越来越准确，前一章节所描述的弥补性 GRU、LSTM、CTC 等调制，算法虽然机灵而有用，整体处理不免显得错综复杂。然而，灵巧的算法之外，亦可考虑「硬头苦干」，即大增加数据和参数。

「大型语言模型」（LLM）是一巨大的资料库、有参数达到 10^{12} 级，而使用更快更深切的搜寻引擎 Common Crawl 是在整个的网际网路和云端爬行。

OpenAI 在2020年新推出的 GPT-3 是从简单的提示（prompts），搜寻和反应；比如「拉格朗日乘数法是什么？」、「请写一动人的一首诗」、或者画一只老鹰。使用者也可以批评 GPT-3 的输出，而 GPT-3 会执行「从人的反馈学习」（RLHF）。[200]

GPT-3 的 LLM 算法是由编码的字节将最小的「基本单位」（token，亦称「标记」），比如字母、单字、或成语（依照作文的性质为准），而组合成最常出现的连接「音位」（phenomes，亦称 n-grams」），而组合成一对「bi-grams」之后，继而替代所有同样的对，则形成

---

[200] RLHF reinforcement learning from human feedback。

一相关的正文字汇。[201]

GPT

「生成的网络」是将所学而生成全新的版本，GPT 则是属于所谓的「人工智能变换器」(Transformer) 结构，即编码所学而解码成另一版本。「生成预训练转换器」（GPT）是将提示映像到一系列的「陈述」(representations)，即算法是搜寻整体相关陈述的资料，而可很快就有较小的数据集合来代表一个较大的数据集合，而如此可以减少处理和标记和深入而扩大使用者的提示，代价是需要大量的加权参数。

GPT 不是应用传统语音辨识模型的「循环神经网络」(RNN) 和「卷积人工神经元网络」(CNN)，反而是采用史丹佛大学所研发的「注意算法」(*attention algorithm*)，则连接学习提示的思念和字词，而如此能改进语言处理的精准度，即字词的思念语境不但会理清字词的意思，亦会以较为广泛的陈述扩大语境。除作文，如小说和报告，GPT 的连接可有助于揭示科学的课题和其环境的关系和相互影响，甚至揭示前因后果的关联。

「人工智能变换器」的训练时间比传统的 RNN 和「长短期记忆网络」(LSTM) 快，即输入的「音位」(n-grams) 而编码成「基本单位」(tokens)，而在每一人

---

[201] 因为 GPT 是新技术，有许多新的术语，所以就放在本文，而没有用注脚。冯诺伊曼曾说，「有四个参数，我可模型一只大象，而多一参数，可以扭转牠的鼻子」。

工智能网络层，每一基本单位是「语境化」（如 CBOW
一般）。

如此，比较慢的 RNN 顺序处理可由并行处理加快
学习和执行，即「注意算法」是在一句话提供所有的基
本单位同等的出现机会。总之，GPT是用注意算法替代
如 RNN 和其类似的人工智能网络，而加快处理。

「人工智能变换器」是基于人类的认知而模仿人的
感知，即是以分辨每一基本单位的语境「软加权」（soft
weights）而可以在每一执行改变基本单位。所谓的
「硬加权」（hard weights）是预先训练而在「并行多头
注意算法」（parallel multi-head attention mechanism）冻
结基本单位。GPT的「预训练」如此就是分辨两种加权
而注意各基本单元的重要性。

人工智功能变换器亦可避免 RNN 的梯度下降停滞
不前，即以所谓的「自我注意」（self-attention），基于
硬和软加权寻得输入和输出的关系，而由于自我注意只
会利用一下层的基本单位，即可以并行处理，并以硬基
本单位提供语音顺序远距离的字词。

GPT的预先训练可将比较小的正文提示生成大量的
相关资料，或者以部分资料的更深入细节。GPT是由网
际网路以自我监督预先训练无标记的数据，则学习统计
布局和自然语言的结构，而由比如 *PyTorch* 的架构调制。

GPT-3 所生成的输出是依据自己已经储存的相关预
训数据。而使用算法之随机项式的线性关系，形成一含
有「判别式」功能的循环「自回归模型」
autoregressive model (ARM)。则再加上 NLP 的微调，即
可作文、绘画、创作诗歌、音乐、电脑程序、影像，并
能以 RLHF 回应使用者的要求。

ARM 是基于一正文的提示，以梯度下降法及反馈传播匹配训练集的数据，而往后看是否有助于预测下一基本单位。[202]

GPT-3 是涵盖 1.75×10^{11} 的参数和 4.10×10^{11} 字节基本单位，而除作文和绘画之外，也会编写电脑程序，比如 *CSS*、*JSX*、*Python*、而是毋需训练能编写电脑程序。继而来的 GPT-n 和其他公司的 GPT 会增加参数的数量，而以更细的 LLM 和新的巨大并行芯片处理。

新的 GPT 算法可用「生成扩散模型」(generative diffusion modeling)，而从简单的数据分布而施行「可逆的」(invertible) 运算来更准确的符合数据的分布。即「可逆的神经元网络」(invertible neural network, INN) 不但可施行神经元网络的普通运算，亦可从网络的输出重建网络的输入（即反映射，inverse mapping）。「双向对射」(bijective) 的意思是两个集合的关联是个别元素唯一性的成对，比如在一夫一妻的社会组织，结婚的男人集合是与结婚的女人集合成对。INN是在概率分布、生成和陈述以双向对射从数据集合萃取比较明显的特征。

总之，GPT 的自然语言处理（NLP）神经元网络是用 Common Crawl 搜查整个的网际网路和云端，而由巨大并行的 GPU 处理自我回归。

几乎所有的先进国家之新技术公司是在扩大 LLM 和 GPT 的资料和更新而增加新 GPUs 的硬体，并为特

---

[202] 「从人的反馈学习」learning from human feedback (RLHF)、「生成式预训练变换模型」 Generative Pre-trained Transformer (GPT)、「自回归模型」autoregressive model (ARM)。

殊的用途设计新的算法。

　　中国的「北京智源人工智能研究院」于 2021年 问世的「悟道」变换器和百度的「文心一言」（Ernie bot）的 2.6×10^{11} 加权参数可解答数学公式、以简体字或繁体字作文、回答几乎任何课题的问题、甚至创作经典诗歌。中文的GPT 的问题是其大数的同音字，则是要特别注重语境。

　　在2022年，OpenAI 开发的「聊天生成预训练转换器」（ChatGPT）可以免费下载或以付费撷取多元的精装本。ChatGPT 也有商业性的用途，比如旅行社的全部行程和各游览地的风景、文化、旅馆等级等，即只要由使用者的简单提示而生成整个的旅程。

　　然而，如此广泛和多用处的人工智能也会产生若干学术道德的问题；比如替代人而撰写文艺、商业报告、学生功课等，以及著作权所属。各先进国家是正在研究新技术的有益使用和其被误用的平衡规范。

　　GitHub 的用户可以由 OpenAI 的正文输入/输出 API 撷取一个 GPT-3 工具箱，而开发自己创立 GPT-3 作业模型，却由 GPT-3 编写相关的程序。看似不久的将来所有文艺著作和电脑程序会被 GPT-3 替代，但是…

　　ChatGPT 虽然能创作诗歌，他能创编崔因题诗于左扉曰：

去年今日此门中

人面桃花相映红

人面不知何处去

桃花依旧笑春风

即「文心一言」（或ChatGPT）是能创作符合使用者的
提示，但是能否自己创作有品质的作文和电脑程序呢？

影像和音乐的生成

影像生成也是先从使用者的提示搜查网际网路相关的影
像。最简单的生成当然就是依照提示而寻得最相似的影
像（zero-shot）。另外有「NLP扩散模型」（diffusion
model）与「对照语言-影像预训」(Contrastive
Language-Image Pre-training, CLIP)。

　　扩散模型是在自己的训练数据故意加随机高斯杂音
而逐步模糊影像，然后以返向「去掉杂音」(denoise)，
而 GPT-3 就会学会如何恢复原有的影像。

CLIP 的神经元网络是基于影像和形容的正文对
（pairs)，即先从提示的形容而预测最相似的影像。
　　GPT-3 亦可去掉组合的影像，即先由 Common
Crawl 搜查组合的影像的主要标的物，尔后由扩散模型
覆盖随机高斯杂音，而以常规的机器学习去掉次要影像
的杂音。GPT-3 如此就可逐一去掉杂音，而重新建造组

合的影像。[203]

　　音乐生成是用「音乐数位界面」（MIDI）和「潜在扩散模型」（latent diffusion model）来匹配使用者提示的音乐档案片段。GPT的潜在扩散模型是与生成合成影像雷同，则是使用「可变的自动编码器」（variational autoencoder）来映射声音到 800,000 声音档案，包括音乐、声音效应和乐器，而处理和串流回生成的音乐。

　　ChatGPT的说话功能是来自两个不同的模型，OpenAI 的「耳语」（Whisper）语言至正文模型，而正文是输入 ChatGPT 的正文至语音算法。然而，NLP 本质上对外语和新技术的字词的自然度有限。

未来的发展

ChatGPT 甚至于在研发「浪漫的机器人」（robots for romance），即并非约会服务网站，而是劝告如何建立一相互了解而维持的友好男女感情。

　　在1665年，罗伯特·胡克第一次看到显微镜和望远镜是说「新仪器是在人的机关多加人工的机关」，即人类现在可以看得更远和更细，即观察以前从未看过的微小生物和宏大的外星天体；即 ChatGPT 以后可以从大量的数据做科学。

　　早期的电脑只有科学家和工程师能操作而利用，个人电脑就扩大了范围到全社会人士，但是一般人还是不会编码电脑程序。GPT-n 可由使用者的提示编码符合要

---

[203] 猫的影像取材于 Stanford University, Computer Science, CS 231n_02 Spring，私人传讯和 Tom Goldstein, X

求的程序，而提示者可以有时间多研究课题的本质。

大学研究生再也不用自己花时间做技术刊物的搜索，即只要提示课题，GPT 可夜以继日搜寻而断定相关性和有关联的最新研究报告。或者科学机器人可在实地，如达尔文一般，研究大自然，而不担心自然界的弱肉强食。

然而，GPT-4 的 10^{12} 参数而几千 GPU、巨大而连接的服务器和网际网路的 10^{14} 字词，导致即使能以 316 terabytes/sec 搜寻，一番有规模的 GPT-4 计算会需要几个礼拜的时间，而花费会高达六百万美元。ChatGPT 则是具有1.6×10^{12}参数和800GB 之记忆，微软的 Azure 超级电脑所装有的 285,000 AMD CPUs 和 10,000 Nvidia Tensor Core GPUs。

昂贵的花费自然会促使更有效率的算法，即「有目标的数据挖矿」（directed data mining）只需要目标项目的几个例子，而机器学习可基于前所有的相关目标资料而更快的机器学习。「分布式的算法」（distributed algorithm）是依靠雷同的程序而可减少微处理器的数量。

另外有四舍五入的简化、冻结第一参数化，而在大模型插入比较小的模型，而生成一「教导」GPT 来加速 GPT-n 的学习速度。亦可设计专门用在 LLM 和 GPU 的程序，比如谷歌的 TPU、脸书（Meta）的 *PyTorch* 结构和 *MTIAS*、以及亚马逊的「Inferentia」芯片，都是比较适合 LLM 和 GPT 所需的巨型并行处理。

第二十五章　并行处理和超级电脑

所谓的「冯诺伊曼电脑结构」是用一个包含算术逻辑和
寄存器的处理器、指令寄存器和程序计数器的控制器、
储存数据和指令的记忆体和外装的大记忆体。电脑程序
输入电脑的记忆体之后，是在一条共享的系统汇流排以
「串行」逐一排队撷取指令与数据来处理，而由于要排
队，电脑的处理就被「延迟」。[204]

并行处理

并行处理则是由程序经过分枝的汇流排同时并行处理，
而每一处理是毋需等前一处理才能执行，即是减少整体
的处理延迟，如以下的示意图所示，

　　曾有许多减少串行结构延迟的做法，比如加一专门
输入/输出的微处理器、分割「记忆体区块」、安装快速
的「缓存记忆体」、加上快速的「辅助处理器」，使用
「多路复用的管线化」、以及「多颗核心微处理器」。[205]

---

[204] 「算术逻辑」arithmetic logic unit（ALU）、「寄存器」
register、「处理器」processing unit、「指令寄存器」instruction
register、「程序计数器」program counter、「控制器」control unit、
「连串性」serial processing、「系统汇流排」system bus、「延迟」
latency。

[205] 「记忆体区块」banks、「数据暂存记忆体」cache、「辅助
处理器」coprocessor、「多路复用的管线化」multiplex pipelining、
「多核心微处理器」multiple CPU cores。

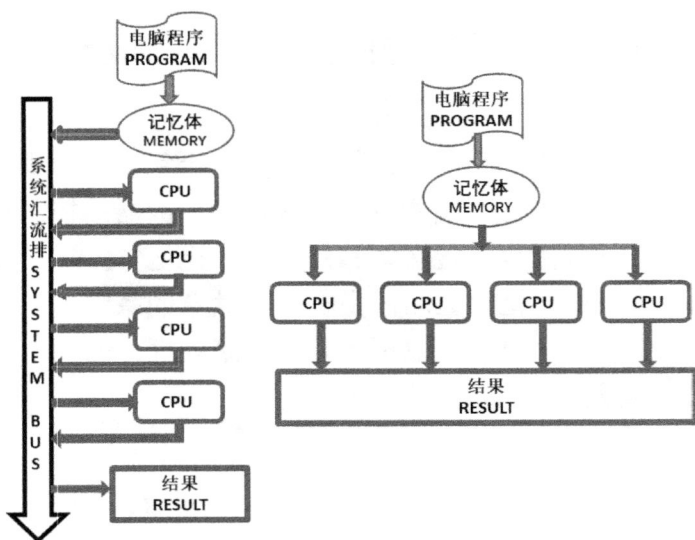

如今的个人电脑几乎全在使用基本的冯诺伊曼电脑结构
而处理一般的个人电脑运作。为了加快运作和减少延
迟，电脑工程师是在冯诺伊曼电脑结构增加核心处理
器，如以下的示意图所示，

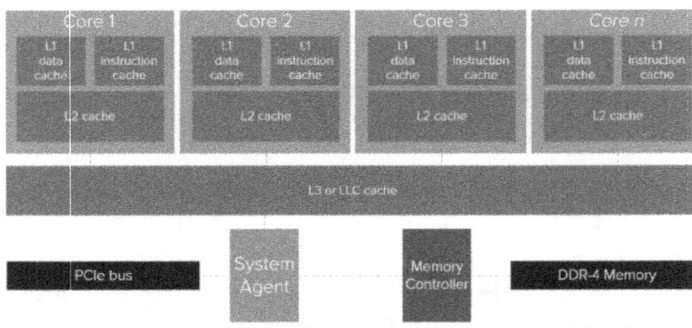

即 L(n) 是指电脑的层次，LLC 是核心处理器共享最下层数据缓存记忆体，而没有储存于数据缓存记忆体的数据是由 DDR-4 记忆体撷取。

冯诺伊曼的串行性处理瓶颈在配合多核心微处理器自然而然会延伸到并行的 CPU 阵容，即电脑游戏所用的快速「图案处理器」(GPU)，是没有 CPU 的多处理弹性，但可快速处理绘画的矩阵。即电玩影像大部分的背景和障碍物只会偶尔变，则游戏中的主角和「游戏中的角色」(NPC) 整个身体和部位（如胳膊和腿脚）会快速运动，而最有效率的展示是向量和矩阵代数的并行处理。

如电脑游戏的「光线追踪」可集中而跟随电玩中主角的动作，而较为清楚的展示景象，即可投射而反映、轻阴影、光线散射、换角面和加深影像。

画素（pixel）的「光栅化」是将「向量图案」（即 *GIF*、*JPEG*、*PNG* 之「比特图」）的几何形状转换成一系列的画素、画线、身体的「质感化」和整体模样。则在一齐组合向量图案的及时影像，而提供一个较为清晰的动态影像。

由于电玩中的主角和 NPC 的快速动作影像很容易模糊，则是需要光线追踪和并行处理来配合动作，如右图所示。[206]

---

[206] 「图案处理器」Graphics Processing Unit (GPU)、「游戏中的角色」non-playing characters （NPC）、「光线追踪」ray-tracing、「光栅化」rasterization、画素 pixel、「比特图」bitmap。「向量图案」取材于匿名作者的维基百科公共领域图形。

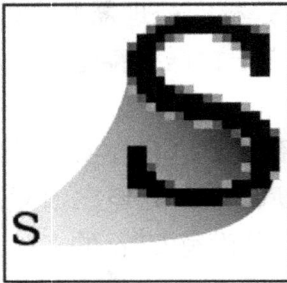

光栅化
RASTERIZATION

向量图案
VECTOR GRAPHICS

光线追踪（ray-tracing）是在影像平面透过光束而以不同的光束途径，以仅二维的图案组成具有三位感的效应。画素是在一矩阵储存，而一涵盖多数的核心芯片（CPU）和图案微处理器（GPU）并行处理，如下图所示的并行运算结构，每一处理器聚集 (*PCle*) 是接连数多「串流多重处理器」(SM)，而每一 SM 是具有以第一层指令数据缓存的层次。一颗 SM 在撷取所需的 GDDR-5 记忆体中之前，会从指定的第一层数据缓存和一共享的第二层数据缓存撷取数据，即由于在稳定的处理时，一般的 GPU 是比较不顾及较为稳定运作的记忆体延迟，所以数据缓存层是相对少而小。如此，GPU 并行的处理显然可增加电脑的吞吐量。[207]

---

[207] 多核心 CPU 和 GPU 的说明和图画取材于 Hagoort, N., "Exploring the GPU architecture", nielshagoort.com。「图案双倍数据速率第 5 型」GDDR-5、「同步随机存取记忆体」graphics double data rate type 5 synchronous random access memory、「串流多重处理器」(multiple streaming multiprocessors (SM)、「质感化」texturization。

　　右边图案是机器学习的人工神经元网络（ANN），可见机器学习的并行代数可同时而快速进行矩阵代数的运算，即一幅深度 ANN 可处理 30 GBytes 的矩阵元素和数百万的节点，并行处理则能以两个数量级减少节点的总量。

　　并行处理的平均并行度（即「功度」）是以整体的执行数除网络的「深度」，而就是计算平均的并行处理，即

$$平均并行度=功度/深度$$
$$\text{Average Parallelism = Work/Depth}$$

大量数据的深度机器学习是分成「迷你批次」而轮次执行，处理迷你批次的平均值也会排除杂音。迷你批次的容量大小一般是以试探而选择。

　　当然，由于任何处理是含有不可避免的逐步串行才能继续计算，从串行换成并行处理会有限，即并行处理最大加速是由 *Amdahl's Law* 计算，

$$最大加速 = \text{Maximum SpeedUp} = S = \frac{1}{1-P+\frac{P}{N}}$$

即 P 是能并行化系统的比例，所以 $(1-P)$ 是系统必须串行的比例，而 N 是处理器的数量。若处理器的数量 $N \to \infty$，$S = 1/(1-P)$，故而「运算加速」（*SpeedUp*）终究是取决于不能并行处理的比例，而此比例不得等于零，因为任何系统必须含有串行的执行步骤。

　　赢了 2014 年的「影像网络大型视觉辨识挑战」的22-层深度卷积神经元网络 *GoogLeNet* 是含有 6.8×10^6

参数，而以 Nvidia Tesla V100 之含有 64 核心的 80 并行微处理器；驱动的软件是使用「直接途径输入/输出」（*DirectPath I/O*）以指定的 GPU 之虚拟机器 *VMWare VSphere ESXI*。

谷歌的「张量处理器」(TPU) 的加速器「专用集体电路」(ASIC) 是不执行光栅或质感化之专门设计为使用 *TensorFlow* 机器学习平台的算法执行神经元网络，而其驱动的 TPU 之多元领域是从平凡的手机照片到精彩的 AlphaGo。

谷歌的 TPU 原是 28 nm 半导体制程之仅 8 比特的矩阵乘法芯片，但加上可达到 45 teraFLOPS 之四颗芯片组合模组之 600 GB 记忆体。

在 2020 年号称世界最大的专为机器学习设计的含有 2.6×10^{12} 参数、85 万核心处理器、40 GB 之记忆体是离核芯片只仅一个时脉周期和每秒 1×10^{14} (100 petabits) 频宽（即撷取数据到记忆体的速率）的低延迟 Cerebras WSE-2。WSE-2 是比辉达最大的 GPU 还要大 56 倍、而具有一万倍的记忆频宽。如此规模的 WSE-2 之相互连接传输延迟会从一般的几星期级运作减到仅几分钟。[208]

---

[208] 「影像网络大型视觉辨识挑战」ImageNet Large-Scale Visual Recognition Challenge（参见第 13 章）、「张量处理器」Tensor Processing Unit (TPU)、「专用集体电路」Application Specific Integrated Circuit (ASIC)、「每秒浮点运算次数」floating point operations per second (FLOP)、teraFLOPS=10^{12} FLOPS、10^{18} FLOPS =Linpack exascale。Cerebras Wafer Scale Engine (WSE-2)。Cerebas 的晶圆是指从晶圆蚀刻出的半导体芯片。

超级电脑

现在的超级电脑曾是用来模拟核子试爆、天气预测、气候变迁、全球暖化、恒星演化、蛋白质折叠、分子结构、流体力学、宇宙学、遗传学、以及若干复杂大系统的研究。如今是担任一新的任务，即比如微软的 Azure 是执行如 ChatGPT 的大两参数的机器学习数。

　　超级电脑是可达到 petabytes 的具大 RAM 记忆体储存，而使用数多 CPU 组合成计算节点的聚集处理，节点则是连接成巨大的 GPU 并行处理电脑。

超级电脑的巨型并行中央微处理器主要是由 IBM、微软、英伟达、英特尔、神威、富士通和安谋的数千芯片。

除科学和工程的运作之外，超级电脑也是代表国家的技术权威，如上图中国的神威太湖，

　　依据 2022 年十一月每年发布的第六十版《前 500 超级电脑》排行榜，中国有 188，美国有 122，而日本有 29 全球领先的超级电脑，其余的竞争者是欧洲的德国和法国所制造。目前，美国的惠普 Oak Ridge 先驱运

算机研发的 *Frontier* 超级电脑是第一突破 10^{18} FLOPS 基准的演算速度门槛。[209]

超级电脑比如可在几秒钟解算传统大型电脑所需的 3,000 年的恒星演化计算，而如今更当紧的作用恐怕是避免中、美、俄的核子战争。则敌对国家可避免实际的核子战爆发，即以交换超级电脑所运算的覆灭程度而决胜负，故将战争从战场移到超级电脑的中心研究所。

然而，令人类社会不安，是超级电脑的巨大记忆体可监督整个国家的每一个人，而其监督的机器人有能力控制人类社会。但是，或许有更可怕的电脑在地平线等着...

---

[209] HPL (High Performance Linpack) 是指高密度的 $n \times n$ 线性方程系统 $Ax = b$ 的解答。*petaFLOP* = 10^{15} *FLOPS* petabit=10^{15} 比特（一 petabyte=2^{50} 字节）、(Linpack exascale = 1 x 10^{18} IEEE 754 Double Precision (64-bit) operations)、「惠普在 Oak Ridge 先驱运算机构」Hewlett-Packard Oak Ridge Leadership Computing Facility。神威太湖超级电脑影像取材于伤害科普公共领域著作。

第二十六章　量子计算

波粒二象性

由于「光」是以直线传输而能被反映，牛顿于 17 世纪合理的认为光是一流向的小粒子，但于 1802 年杨氏的双缝实验是证明光的波性，即经过切割的两条缝的挡板，一同色光束达到挡板后的测试板是展现波形特有的不同时间和相互位置所造成的相位差会引起建设和相消干涉条纹，如下图所示，

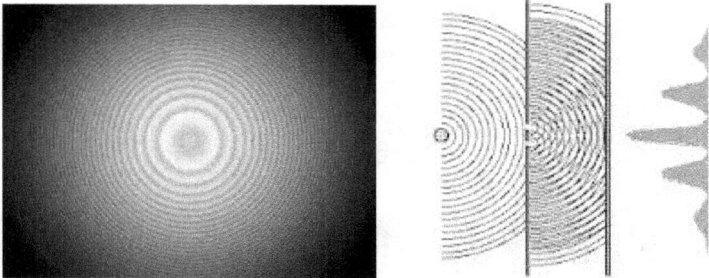

再者，于 19 世纪，麦克斯韦尔以他的「电磁方程」证明了「光」其实是电磁波。然而于 1900 年，普朗克的能量小捆绑和爱因斯坦于 1905 年分析的光转电效应，是回顾牛顿的光粒子。所以光就一粒子的光子，也是一电磁波。

于 1924 年，德布罗意从晶体所反映的电子束传到薄的金属箔片，则震撼地发现电子与粒子同样有动量 (p) 和能量 (E)，亦与波性一样具有波长 (λ) 和频率 (f)

的波形，而是以普朗克常数 h 连贯，即

$$\lambda = h/p \text{ 及 } f = E/h$$

长久以来物理学的神秘「波粒二象性」，即物理的现象可有粒子或波形诠释，但要事先选而维持所选才会有自洽的理论。创始量子力学之一的沃纳·海森堡是如此解释二象性所引起的疑惑，[210]

或许可以用[比喻]而有理的形容语言所

没有的字词 … 语言之无法解释原子里面的

举止应该不令人惊讶，因为一般语言的起

源和发展是为了形容日常生活之常事，即

只是大数原子的整体现象。因而，拟修改

语言而涵盖原子里面的举止是极为困难的

事，因为一般字词是形容能形成意识的图

案，而此能力也只是由日常生活经验而

---

[210] 海森堡的引述是取材于 Heisenberg, W., *The Physical Principles of the Quantum Theory*, Dover (1949).

来 ...

幸而，数学是没有语言的限制、量子
论、似乎是足以处理原子的运行；然以视
觉而言，我们必须接受两则不完整的比
喻，即波形的形象和粒子的形象

仅一颗光子和一颗电子，穿过双缝条的挡板到一台干涉
仪的实验，是显示波性特有的干涉条纹，即每一粒子是
以线性的二状态叠加而穿过缝条，即个别粒子穿过哪一
缝条是完全以概率而定；亦即，在一指定的缝条，粒子
穿过的概率密度是粒子的量子波函数的概率振幅和
（sum）的平方，所以是量子波函数的振幅在相互干涉，
而非具体粒子本身。故而，现象是全依概率而并非确定
性。[211]

薛丁格波函数方程

各种原子标度的粒子 （包括光子和电子）的量子力学
是以「依附时间的薛丁格量子波函数方程」的「量子波
函数」Ψ 从能量计算粒子的位置、动量、和相关时间的

---

[211] 光子, Rueckner, W. & J. Piedle, *Am. J. of Phys*, 81 (2023); 电
子, Tonomura, A. *et al.*, *Am. J. of Phys.*, 57 (1989).

行为，如下[212]

$$-i\hbar\frac{d}{dt}|\Psi(t)\rangle = \hat{H}|\Psi(t)\rangle,$$

薛丁格方程中的 $\hat{H}$ 是系统的全部能量的「埃尔米特矩
阵」（Hermitian）「哈密顿算符」（Hamiltonian），
而所谓的「减缩普朗克常数」$\hbar = h/2\pi$。由于量子波函
数的振幅是以概率而定，就并非如海浪的具体波形。只
有刚好贴合量子波周期两端的边界条件驻波是容许的波
形，因而驻波，以及其整数倍的谐波（如音乐的谐
音），是被量子化的稳定「特征态」（eigenstate），而
相关特征态的「特征值」（eigenvalue）也是被量子
化，而是可测试的实数「预期值」（*expectation
value*）。[213]

　　另一量子力学的表述是海森堡和马克斯·玻恩，于
1920 时代，以矩阵算符制定「量子状态向量」，而状
态向量是以方便的狄拉克符号 $|\Psi\rangle$ 代表。即 $|\Psi\rangle$ 所投射
到相关的线性「型式」（forms）$\langle\Phi|$，则以 $\langle\Phi|\Psi\rangle$ 表述
线性的关联，而如此预测系统相关该特性的量子波函数
行为。两个简单的例子是 $|\Psi\rangle$ 的共轭复数「型式」

---

[212] 系统的哈密顿算符」是指定整体的能量，即以拉格朗日函
数的动能和位能的差别表述动能和位能的和是量子乐学公司的基
础，参见 Lanczos, C., *The Variational Principles of Mechanics*, 4th
Ed., Dover (1970). *h/2π* 是因为繁多的景点和量子无力的公式是带
有一个 *2π* 因素。
　　[213]「埃尔米特矩阵」(Hermitian, 亦称「自伴算子」self-
adjoint)，即矩阵等于自己的共轭转置。

⟨Ψ|，和「协向量」（*covector*）之从量子向量 |Ψ⟩ 线性投射到「型式」而比如运算实数的内积。

狄拉克符号的方便即是几乎任何状态向量可代入 |Ψ⟩，比如光子偏振、电子位置、夸克动量，电子自旋等等，而后状态向量和「型式」⟨Φ| 的线性关联可以简便的以 ⟨Φ|Ψ⟩ 表述。

举例，矩阵算符在算向量状态 M|Ψ⟩，特征值方程就可以简便的表述，

$$M|\Psi\rangle = \lambda|\Psi\rangle,$$

即 λ 是能量的特征值。即矩阵算符 M 若是「埃尔米特」，则特征值是实数，而埃尔米特矩阵算符是如此将可观察而测试的实数代入量子波函数。[214]

状态向量 |Ψ⟩ 一般可由线性组合的正交基向量 |j⟩，展开成无穷多可行的状态叠加，

$$|\Psi\rangle = \sum_j |j\rangle\langle j|\Psi\rangle,$$

即是「完整的系综可交换观察的特征态」。[215]

完整之系综的测试是将特征向量随机投射到其中的 j 「型式」，而概率是 $|\langle j|\Psi\rangle|^2$，所以 $\langle j|\Psi\rangle$ 是该状态之概率振幅，却要正规化到概率（即 $\langle\Psi|\Psi\rangle = 1$，即概率

---

[214] 埃尔米特（亦称自伴）矩阵的元素是共轭复数而互换（即对角反映而等同），有兴趣者可以研究为何如此的矩阵会产生一实数。

[215] 「完整的系综可交换观察特征态」a complete ensemble of commuting observables.

是一闭合区间 [0,1]，而最高的概率当然是 *1*，即一定
会发生的或然率）。概率振幅则是如经典物理一般的电
磁波相互干涉。

量子力学的波函数是连续性，因而求和的符号即可
换成含有所有在该基向量集合可能的状态积分如下，

$$|\Psi\rangle = \int |j\rangle\langle j|\Psi\rangle d^3j,$$

量子波函数的形式和长度是依附其靠近的环境之互动，
原子里的电子波函数的长度是约等于原子的波尔半径，
即环绕氢原子基能态的电子平均半径（5.3 x 10⁻¹¹公尺）
算是靠近而能互动。

从一事件所发出之不同量子波是会叠加而互相干
涉，量子波若具有同相位或等同的相对相位、和同频率
等条件，就能互相干涉，而是称之为「同调性」
（coherence）；缺乏任一条件会使得量子波「退同调
性」（decoherence）而失去其中的信息。

在测试比如粒子 *x* 的位置，量子波函数$|\Psi\rangle$是投射
到「型式」位置 *x*，

$$\Psi(x) = \langle x|\Psi\rangle$$

而 $\langle x|\Psi\rangle$ 若是处在全空间的积分中，量子波函数会「坍
缩」（collapse）到 *x* 的概率密度（从观察或测试而
定），

$$\int |x\rangle\langle x|\Psi\rangle d^3x.$$

测试若是有 δx 的精准度，状态的叠加会以概率 $|\langle x|\Psi(x)\rangle|^2(\delta x)^3$ 立刻坍缩成环绕着 x 的 $(\delta x)^3$ 体积的小量子波分封；亦即，量子力学的系统与环境互动（一般是与测试仪互动），也就是从一叠加的状态变成一确实的测试值。

　　动量的测试也是将量子波展开成线性组合的正交基向量之动量特征态 $|p\rangle$；则不出意料，任何相关波的举止会利用傅里叶变换助阵，即每一动量特征状态亦可由其共轭位置状态叠加，即以德布罗意的粒子波长 $\lambda = h/p$，连续性的动量波函数就可由平面的驻波依照位置 x 的傅里叶变换（积分符号前的系数是傅里叶系数），则是量子傅里叶变换演算法 (QFT)，[216]

$$|p\rangle = \int |x\rangle\langle x|p\rangle d^3x = \frac{1}{(2\pi\hbar)^{3/2}} \int e^{ip\cdot x/\hbar}|x\rangle\, d^3x,$$

而如此傅里叶变换可应用，譬如快速傅里叶变换 (FFT) 的演算法可以加速计算。动量在 x 位置只是基向量集合的改变，则量子波向量是，

$$\int |p\rangle\langle p|\Psi\rangle d^3p,$$

而其共轭是

---

[216] 有关傅里叶级数，参见第 20 章。

$$\widetilde{\Psi}(p) = \langle p|\Psi\rangle = \int \langle p|x\rangle\langle x|\Psi\rangle d^3x$$

$$= \frac{1}{h^{3/2}} \int e^{-ip\cdot x/\hbar}\Psi(x)\, d^3x$$

如位置 x 一般，动量 p 的测试是具有概率密度 $\left|\langle p|\widetilde{\Psi}(p)\rangle\right|^2$，而在动量的测试后，量子波函数立刻会坍缩成一平面波的动量特征状态。

薛丁格的猫

薛丁格的猫是与一辐射性原子同在一封闭的盒子里，该 β-衰变原子会在一个钟头内以 50% 的概率发射一颗电子，则该电子会连接盒子里面的电路，而一把锤子会打破容有毒气的一个玻璃容器，而毒死薛丁格的猫。

　　在该钟头之内，辐射原子会不会发出一颗电子是完全由概率而定。量子力学的「哥本哈根诠释」是说，在系统的量子波函数坍缩之前，因为猫的死活是全依照 β-衰变的或然率，薛丁格的猫是在悬浮的既不死也不活的叠加状态。[217]

SCHRÖDINGER'S CAT IS A|L|E|A|D|I|V|E

---

[217] 薛丁格的猫图案取材于维基百科，混字的图案是取材于 bytesdaily.blogspot.com.

看似与常事不符，爱因斯坦是反对哥本哈根的诠释，即在该钟头内，无论盒子里面被观察与否，薛丁格的猫是死的或是活着是一客观的事实。他说「即使没有看到，物理应该可揭示在时间和空间的客观事实」，而养猫的爱因斯坦批评了哥本哈根的诠释说，即使没有观察到，猫的状态是一客观的事实。[218]

双边的争议或许可以这样分析，即有两个分开的波函数：猫的波函数和依据或然率而放射的原子如下，

$$\Psi = |cat\rangle + |atom\rangle.$$

而如此是合乎量子力学，因为天下的物体可由波函数表述。

哥本哈根的诠释是猫和原子在一齐的量子波函数是，

$$\Psi = |cat + atom\rangle,$$

但是，如此是混合宏观的猫和微观的原子在仅一波函数，所以爱因斯坦的诠释是对的，猫的命运是一客观的事实，而并非基于观察而揭晓。

然而，哥本哈根的诠释可以视猫的量子波函数是猫的死活概率是依猫的仅一波函数的叠加，

---

[218] 爱因斯坦的引述是取材于 Einstein, A., *Autobiographical Notes*.

$$\Psi = |livecat + deadcat\rangle$$

如此是符合量子力学的概率波函数叠加；但仍然是应用在微观的量子力学概率在一只宏观的猫。

还有，猫的两个「特征态」（eigenstate）的叠加，

$$\Psi = |livecat\rangle + |deadcat\rangle.$$

无论如何诠释，量子波函数都是依据概率，即薛丁格猫的命运是完全由概率而断定，而催生了爱因斯坦的名言，

我不能相信上帝是与宇宙玩投掷骨子

却或许更令人不安，骨子是否在玩弄上帝？

结论应该是，薛丁格猫的争议应该是由于哥本哈根诠释微的观和宏观混合，即 β-衰变是一完全依照概率的量子力学微观现象，薛丁格猫的死活却是一经典物理宏观的确实事件。人只能观察宏观的事件，而在盒子里面的薛丁格猫的命运是隐藏在量子力学的深奥，即爱猫族可以放心，薛丁格的猫只是一暗喻的臆想实验，而没有危害任何真正的猫。[219]

----

[219] 量子数，即主量、方位角、磁、及自旋 (principal, azimuthal, magnetic and spin) 的制定可演算粒子的位置和能量。量子力学的对应原理（correspondence principle）是足以大的量子数应该能形容经典物理的现象，即制定薛丁格猫的位置和能量而断定其死活。只不过，同时计算和组合猫的所有亚原子量子数恐怕只有未来的一台超级量子电脑才能处理。

微观和宏观的事件不能同时由量子力学解决，但是若应用一宏观的密度算符，人工智能的预测分析统计学的概率解决，即够大的抽样，比如一千猫的试验（当然如此的试验是违反虐待动物的法律）可揭示猫的死活统计，但是无法预测指定的一只猫的命运。而虽然二者是依赖概率，量子力学是针对一事件，而预测分析是需要大数法则而断定概率。

量子纠缠

状态向量 $|\Psi\rangle$ 坍缩到另一状态向量 $|\Phi\rangle$ 的概率振幅是 $\langle\Phi|M|\Psi\rangle$，而该事件发生的概率是振幅以及其共轭复数（*）的平方值，

$$Probability = \langle\Phi|M|\Psi\rangle \cdot \langle\Phi|M|\Psi\rangle^* \equiv |\langle\Phi|M|\Psi\rangle|^2.$$

乘出以上概率公式会有「相联」（*Verschränkung*）的交叉式项，而会产生神秘的「量子纠缠」（*spukhafte Fernwirkung*，即 quantum entanglement）。

量子纠缠的简单比喻是你从一盒子中的一双手套拿掉左手套而将盒子送到在火星的航太员，他一打开盒子就立刻知道你有右手的手套。但是，右手的信息如此的传达仿佛是超越光速，而爱因斯坦就疑惑的称之为「幽灵般的远距离作为」。[220]

问题先可由文字游戏「解决」，即信息并没有被「传输」而是被「揭示」，因为人人都知道，手套均是

---

[220] 「幽灵般的远距离作为」，spooky action at a distance。

左右一双，而一双手套的左右手套是如此被纠缠。

比较技术性的比喻是一晶体吸收一共振的光子而跟随发射一颗红色光子和一颗蓝色光子，而加起来的能量（频率）等于被吸收的光子的能量。所发射的个别光子并非红或蓝，即因为是来自晶体的同一发射而被纠缠，二者是在红和蓝的悬浮叠加(紫色?)状态。其中的红光子量子波函数若是被观察而坍缩，另一颗纠缠的量子波函数就会立刻坍缩而成实质的蓝色光子。

第一证示量子纠缠是吴健雄教授于1949年有关两颗发射相反方向光子的角动量纠缠测试；之后有光子、电子、甚至于小钻石的量子纠缠实验证明。

但是，超越光速的信息传达是违背相对论的光速上限。，而学者就提议，在量子波函数里面有「隐藏的变数」，而在以小于光速达到火星时，该隐藏的变数就是展现右手套（或蓝色光子）。然而，量子波会有「隐藏变数」就会引起更深远的疑惑，而是让爱因斯坦认为量子力学是「不完整的理论」，而「隐藏的变数」如今是一仍然没有解决的理论物理课题。

然而学者都同意，无论量子纠缠的缘由，可应用而快速执行极为复合和大数组合难题，比如化学合成模拟、复杂的相互效应系统运行、人造卫星通讯、加密信息、甚至于物体的「瞬间移动」（如科幻小说的分解和在远处重新的合成）。[221]

生死、左右、红蓝是比方二元的 0 和 1，但是在二元比特之间，是存在几乎无穷多的同调性叠加和信息的纠缠，信息可从量子波坍缩所产生的二元组合，而如经

---

[221] 「瞬间移动」teleportation。

典电脑一般读取而处理，而量子计算处理的速度目前可比最快的超级电脑快 10^{14} 倍！此乃为量子计算的震撼魅力。

量子电脑的信息处理

不像经典电脑所用的 *1* 和 *0* 的二元计算，量子计算是用量子逻辑闸门做输入/出和计算的「量子比特」（qubit）。量子比特的数学是以二元的「么正矩阵」表述。

物质的量子比特是一微小超导金属圈或电线，即一般是由铝或铝和**铌**的合金组成，即可由镭射或微波投射或由磁场触及而制程。量子比特，与经典比特一样，可由量子逻辑闸门阵列而建造所要的逻辑状态和「混合状态」（mixed state）的叠加、干涉、纠缠、和同调性。[222]

混合叠加的简单比喻是投掷一铜板，在空中旋转，肉眼看不出是头或尾，只在落地时而被地面「坍缩」才知道状态是头或尾，而由于旋转的头和尾是铜板的结构而纠缠，同时可知道另一面是头或尾。

若有 *n* 量子比特，叠加状态是以 2^n 指数增加，比如 $n = 50$，$2^{50} = 10^{15}$ 的极大数可能的不同叠加状态，而在观察前，叠加的状态是不可能知道（如此，信息的

---

[222]「么正矩阵」unitary matrix 是一复数的方块矩阵，即乘上其共轭移调成单位矩阵(identity matrix)，其中的排和列是以正交关系，是确保量子力学系统的所容许的概率和是等于 *1*。

传输不可能被不肖的人士解码）。量子波函数坍缩之后，信息可以读取而处理，而如经典电脑一般，二元的 1 和 0 的组合和分布会组成信息。

右图是代表量子比特状态的「布洛赫球」（Bloch Sphere），即球的北极是狄拉克向量符号的 $|0\rangle$ 而南极是球面上的 $|1\rangle$，两个「纯状态」。其余的量子比特（包含球里面）的所有其他的点均是混合态。球的每一点

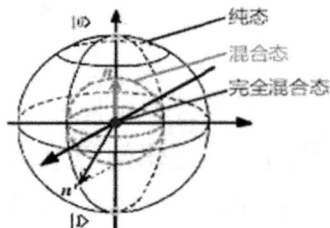

（包含球里面的点）是代表 0 或 1 的叠加概率状态；赤道上的点是成南或北极的同等概率，而球中心点是完全混合态的叠加配置；每一点的位置是形成纯状太的 0 或 1 概率。

由于「波粒二象性」，布洛赫球的每一点亦可由量子波的互相干涉，而可由演算法计算量子波的干涉振幅概率。

量子比特的紧密混合是产生互动，故而会纠缠，而量子波函数一旦遭遇坍缩，可瞬间「传达」信息到即使甚远的目的地。

人工智能的量子神经元网络是基于「量子感知器」，而与巨大并行处理和极为复合的喷流逻辑闸门，可进行大量参数的机器学习。

但是闸门之多及复合的配置，加上环境和电子元件的杂音，且每一量子比特的状态迟早会开始失去其叠加概率状态而「退同调性」，则失去原有的状态。所以，量子电脑是需要低温的超导芯片来延长量子比特的「同

调性」，和复合的电脑演算法程序来增加「故障允许度」和编写误差校正。

　　早于 2008 年，「中国科学技术大学」的潘建伟教授团队所研发的「量子中继器」使得即将衰竭的光子讯号将信息传给另一光子，而光子的系列建立了当时量子信息的长距离传送记录。于 2016 年，「中科院国家空间科学中心」发射的人造卫星「墨子号」，是第一使用量子比特纠缠来加密信息，即达到目的地而坍缩前，信息的量子比特叠加配置是不可能知道，是完全保密的信息传输。

　　于 2020 年，「合肥中国科学技术大学」的「九章」量子信息的「张量处理器」，只花了三分钟就全执行完「高斯玻色子采样」；当时世上最快的「神威太湖之光」超级电脑是需要二十亿年的计算时间。[223]

　　于 2021 年，IBM 的超导量子电脑宣布了 $n = 422$ 量子比特的 *Osprey* 处理器，而量子比特叠加组合的状

---

[223] 「量子感知器」quantum perceptron、「高斯玻色子采样」Gaussian Boson Sampling (GBS) 是从干扰器所散发的玻色子概率分布，若一个光学布局的 N 节点是经由 M 光子的注入，尔后各该玻色子会产生独自光子的测量。概率分布的抽样是与复数矩阵的 *permanent*（即排列乘的和，则所有的加权是 +1 值，即是极为复杂的演算）。Ref. Tacchino, F, *et al.*, *An artificial neuron implemented on an actual quantum processor*. Quantum Inf **5,** 26 (2019)。随机电路抽样题是使用一电路来模拟 2^n 的纠缠状态；即是用于集体电路一样的闸门，但是大量的闸门增加时（电路的深度），每一闸门会有量子力学处理出错之虞，以致十层深电路之约 0.5% 差异率（比经典电脑的差错率之 10^{-17}）。计算开始是用随机蒙地卡罗模拟分布。谷歌-NASA、IBM、和 Rigetti 是使用超导固体电路，IonQ 是用拦截的离子、哈佛是用铷原子，而微软是用拓扑学研究量子比特的叠加。

态量是数倍大于整个宇宙的所有原子数量。IBM 于
2023 年的 *Condor* 量子处理器是具有 $n = 1,121$ 量子比
特，而各量子电脑研究者是预期上万，甚至于加倍到十
万量子比特的超级量子计算机。

　　如今尤其中国和美国的量子计算研究机关是正在较
量抢夺「量子至上」（quantum supremacy）的头衔。[224]

---

[224]　「量子至上」quantum supremacy。量子计算机的影像是根
据要求取材于 Shankland, S., "Quantum computer makers like their
odds for big progress" CNET, Dec. 25, 2020. 中间的圆筒形是涵盖处
理器，另外是输入和输出的电缆。

第二十七章　　工业机器人

机器人医生

医生的诊断无疑是需要知识和智慧，IBM 的「华生 QA」经由医学的训练集监督学习能累计远超过任何个人医生的医学知识、而经过强化和自修学习，应该能顺利通过职业医师考试而戴上「机器医师」的头衔。除症状、诊断和医疗资讯的大量和即时更新的资料库之外，机器医生可使用如马可夫决策程序（MDP）的概率分析而诊断病情以及规划治疗的方针。

医学协会每年举办的「医师不知所措」诊断比赛是由主持人提出一症状，而参加的医生是比赛看谁能最快而准确的断定该症状的病源。比如，

关节和下腹痛、可触性紫斑、

和肾的沉淀的并发症

正确的诊断是「哈诺克-史莱恩紫斑」。[225]

---

[225] 「华生 QA」WatsonQA。一般医师可能不知道医学名的「哈诺克-史莱恩紫斑」*Hanoch-Schonlein Purpura*、「华生保健」WatsonHealth。

IBM 华生保健

华生 QA 可以从自己的资料库或接连网路而实时取得医学资讯，包括最新的研究报导和各地的传染病毒状况，然后以决策树和神经元网络算法快速分析而诊断及拟定治疗的方针。IBM 的「华生保健公司」是有肿瘤科、基因组分析和糖尿病等科的资料库，而能快速的取得资料和选择各种医疗的方针，机器医师甚至可用语音辨识听从和以言语合成讲话，则与医师和病人直接沟通。

举例，主治医师可以对「华生保健」的机器助理说，「病人是有消化不良的症状，因而无意继续玩她最喜欢玩的保龄球」。IBM 的超级并行电脑「蓝基因」（Blue Gene）可从《精神疾患的诊断与统计手册》搜寻「无意继续运动」而先判断忧郁症的可能，然后在医学的学术报导寻得「忧郁症」和「消化不良」的关联，而「蓝基因」就会依概率处理而建议「自体免疫疾病乳糜泻症」的可能。

蓝基因继而会搜寻符合初步诊断的医学报导，而若没有发现与原先的诊断不符的报导，主治医师可以经由相关的检测来确认或者否认「蓝基因」的诊断。监测若符合诊断，蓝基因亦可提供若干治疗方针，而主治医师可以劝告病人避免吃植物胶，多休息，而不久之后，应该可以再看到她在球馆开心的玩保龄球。

医学的资料之近八成是「非结构性的数据」，但华生保健，能由「蓝基因」的人工神经元网络，经由监督学习的训练，可以昼夜不停的搜集和分析各种病情的资料而以比如「马可夫决策程序」（MDP）基于概率而组织相关性的资料，而用比如回归分析将资讯整理而有效

率的研究病情的症状和诊断。[226]

　　「华生保健」继而可在一直增加的病源和病原信息更新和整理资料，由强化学习提升各诊断的正确度和提供医疗的方针。再勤奋的人类医师，即使有此意愿，是无法如此孜孜不倦地阅读、组合和分析资料，而实验曾是证明华生保健的病情诊断是比一般人类医生准确。

　　华生保健诊断病源之后就可规划医疗的计划，而自动的分类相似病况的「动态归类病人队列」，以便相对分析，比较各治疗方针的有效性。所有的资料和数据会储存在电脑的记忆体，以备提供任何被注册的医学专家参考和使用。华生保健亦可做医学研究，即参考各医学文献而即时挖掘相关的医学报导，再经由机器学习就成为该病情的专家。[227]

　　尽管华生保健的超级资料搜寻和组合功能，有许多医生是坚决反对人工智能的诊断，遑论机器人的检查和治疗。他们也深怕机器人的误判会归咎于他个人而伤及他的医学名誉，甚至引起医生渎职的法律指控。

　　但是，实验报导一律指出，华生保健诊断的准确度是超越人类医生。医学界则反辩机器人医生是无法亲手检查病人；然而，医学普遍使用的检查仪器，如 x-光、超声波传感器、电脑断层扫描、癌症放射治疗辐射、验血分析和外科手术的协助器具等等的现代行医仪器，其实也可被视为更「亲手」的检查，而如今的医师们都是在依靠医学仪器的检查和诊断。

---

　　[226] 「非结构性的数据」unstructured data、「自体免疫疾病乳糜泻症」celiac disease。有关「马可夫决策程序」（MDP），参见第14章。

　　[227] 参见 Watson Health online。

　　医师们也会说机器人是无法像人类医师能同情和安慰病人，甚至跟病人做朋友，而此人情服务是符合医学道德，即希波克拉底宣誓的第一段，[228]

　　　　　　我会记得医学是科学亦是技艺，

　　　　　　　即必须同情和安慰病人

　　　　　　在取用外科的手术刀的同时，

　　　　　　　我亦要顾及内科的药物作用

但是人类医生若是拒绝机器人一齐作诊断和治疗的协助，人类医生恐怕是有违背第二段之虞，

　　　　　　　我不会不承认「我不知道」

　　　　　　而在需要借重他人的医技和知识时

　　　　　　　我不会拒绝同侪的协助

机器人医生和助理若可被视为「医师的同侪」，拒受机器人的协助是违背希波克拉底宣誓的第二段。

─────────────────

[228] 各医学院一般是采用以上所述的希波克拉底宣誓 Hippocratic Oath。

肺癌的诊断

人工智能的神经元网络三十年前曾是被用来预测癌症的发作，但是因为数据的欠缺，癌症预测一般不甚理想。纽约大学医学院则使用的谷歌 *Inception v3* 卷积神经元网络（CNN）的「癌症基因组图表册」则是由「影像网络」（ImageNet）的大量影像做训练集，而经由患者的正常肺部影像的对照，能诊断即将发作肺癌。扭大曾有1200病例的80万影像所组成的训练集数据，而在仅两周的监督学习，*Inception v3* 能以97%的准确度确认是否有癌症症状的预兆，且是比实验控制组的三位病理学专业医师的诊断准度高。

并且，专业的肿瘤医师是无法从肿瘤的影像辨认基因变种的启发点，即还是必须读懂肿瘤的 DNA 基因序列而与病人的正常 DNA 对照才能预测细胞的突变，即如此是一个劳力密集且容易出错的程序。

纽约大学医学院使用的 *Inception v3* CNN 可自动预测催生癌症基因的突变，而有超越80%的准确度，并且在增加分类的「支撑向量机」(SVM) 和更多数据的训练之后，可远超越病理专业医师检验的准确率。

不单是肺癌的诊断，「谷歌脑筋」的「自修简单比照影像学习」（SimCLR）医学卷积神经元网络影像，加上 SVM，也曾被使用来断定新冠状肺炎病毒。[229]

---

[229] 参考「世界知识财产权组织」World Intellectual Property Organization **(WIPO)** 之 **Technology Trends 2019,** *Artificial Intelligence*、「自修简单比照影像学习」（**SimCLR**）**self-supervised simple contrastive learning of visual representations**、

生产线品质保管

液晶显示器（LCD）制造最令工程师烦恼是面板生产完成之后，若以肉眼检查到屏幕瑕疵，会导致整个生产批次作废或者降级（及销售给便宜的显示器公司），因为觅得污点的需要，必须检查生产线的每个制造工序，而由于一般不知污点的产生原因，就取名为日文的「云斑」（mura），以表达工程师的无奈。

　　全球第三大电视机厂 TCL 所属的 LCD 制造厂「华星光电」曾与「IBM 华生」（IBM Watson）合作使用卷积神经元网络（CNN）的「人工智能 LCD 面板检测系统」，以学习以往的云斑以及其产生原因为训练集，继而由摄影机和受训的 CNN 自动比照目前的云斑和 CNN 所学过的云斑类型以及其产生原因，则自动辨认产生面板云斑的原因，而调整造成云斑的机台或生产步骤。

　　生产线亦可在比较关键的工序安装 CMOS 感应器来监督面板的流程，而一发现云斑就可即时自动停止生产线，或调整流程。

工业的机器人

早期的自动化生产线是使用简单的反馈回路系统。比如以光电效应「开」或「关」镭射的光束来控制「抓起与放下」的机器手，而各种夹具、吸盘、液体管、电焊机等都可由软件控制机器人的不同任务。为加强机器手的

―――――――――――――――――
「谷歌脑筋」Google Brain。

敏感度，MIT 设计的「聚合物线压电聪明手套」可以感应所抓的物体之软硬度和质量而调整抓的压力，继而以人工神经元网络从压电的数据学习如何抓起不同物体所要使用的抓力。[230]

「聪明的手套」的优点是其仅七十元人民币低价促使广义的使用，而如此可快速搜集大量之各种「抓技术」数据来输入机器学习的训练集，而在经过强化学习，就让聪明的手套更加敏感。[231]

插入电子零组件在印制电路板（PCB）原本是劳动密集而精准的制程，开始是由年轻女子比较灵活的手指焊接组装。现在的自动 PCB 插组件机器可以快速而精准地夜以继日制造 PCB。由于只有完成的电路板可以测试，不能通过检验的 PCB 会作废。插组件的 PCB 制造机由于其内脏是 PCB 组成，自动化的 PCB 制造机就是其自己的品质保障。

半导体和液晶显示器面板的生产线如今几乎是全由自动化的机器人制造，高科技的电子产品的普遍高达 90%良率就是证明工业机器人的效能。

除精密的微电子制造，淘宝和亚马逊所邮寄的各种大小产品也是逐渐完全由自动化搜寻、包装、也使用无人机传送。

---

[230] 突破的专利是 Devol, G., US Patent No. 2,988,237 (1954) "Program Controlled Article Transfer Device"。

[231] MIT CSAIL (Computer Science Artificial Intelligence Laboratory), *Nature*, May 29, 2019.「聚合物线的压电聪明的手套」polymer thread piezoelectric glove。

半导体制造

全球只有五家先驱半导体制造厂商，即台湾半导体制造公司（TSMC）、三星、英特尔、SK 海力士和美光。半导体制造设备的先驱公司也只有三家，ASML、应用材料和东京威力科创。

半导体市场研究公司 IHS 的高阶主管曾说，[232]

半导体制造的良率其实只是一重复的学习循环

而是需要长期连续的功夫

如此说就是人工智能学习的基本功能，有雄心前进的第二梯次半导体公司，在使用适当的制造设备（如 5 nm 以下的极紫外光刻）应可利用人工智能的监督、强化和自修学习，在半导体制程的马可夫链概率决策和蒙地卡罗模拟，逐渐优化制程到领航公司的水准。

制造设备的工具参数断定和调整（比如蚀刻的深度）可由机器学习揭示加权参数和利用感应器数据来优化先进的芯片制造。比如相关蚀刻的电流、光刻紫外光线的强度、烘烤的温度等非线性互相有关联的数据，而经由大数的蒙地卡罗模拟和测试，提升制造的稳定性和良率。

机器人的农业工

---

[232] 引述来自 Jelinek,L. IHS Markit research, *America, China, and Silicon Supremacy, The Economist*, December 1st 2018。

或许是被视为底科技的农业产业，其实是与自主车和半导体产业一样的需要人工智能的执行而增强效率。由机器拣选容易触伤的果菜是先需要仔细的辨识而分类生和熟的果菜，而摘下比如树上的水果是需要敏感的机器「抓起与放下」的机器人。果菜的成熟度可由卷积神经元网络辨识而卷积过滤器辨认生或熟的特征来分类，而拣选可使用类似聪明手套而避免触坏所拣选的果菜。

农业工作的机器人拣选的功夫若能与人一样快和准，由于能孜孜不倦，夜以继日的工作，不会发怨气的机器人，应该早晚能取代农业的基本工作者。最好是农业工作者可学会如何操控和维修所继承的机器人农业工作者和由机器学习训练下一代的拣选果菜机器人。

编码师的机器人

每年举办的上线自动编码机器比赛，与 2017 年由微软和剑桥大学合作的 *DeepCoder* 从巨大的电脑程序资料库，以「归纳程序合成」(IPS) 鉴定程序的连续特性，而建造最能执行符合比赛顶的输出目标电脑程序。

简略地说，DeepCoder 是先从「指定领域的电脑程序语言」（DSL）之有限领域的目标编码程序，而以「电脑文法」经过一巨大程序训练集而监督学习编码最近似目标的程序。然后，由人工神经元网络（ANN）先鉴别程序的连续布局，而使用「循环神经元网络」（RNN）来奠定「边缘概率」，则由「交叉熵代价函数」的最小化「惊异」，而求得最高边缘概率的程序。DeepCoder 的算法是需要大量的训练集数据才会编制更

接近目标的程序。[233]

在 2020 年 OpenAI 的「大型语言模型」（LLM）的「生成预训变换器第三型号」（GPT-3）是善用 DeepCoder 的若干原理而是能编写 *Python*、*CSS*、*HTML*，*JSX 和 JavaScript* 等电脑程序。

OpenAI 2022年继而重用了 GitHub 的 100 GB 编码 *Codex* 机器编码师，而加强了编写电脑程序的功能。2022年底，深脑的 *AlphaCode* 以 *Python* 或 *C++* 编写程序，而与 *Codex* 不同，会提供几百万可行的程序选择，而再经过各程序的模拟测试，淘汰比较不符合目标的程序。

AlphaCode 面对数千候选指令和组合，是将合格的程序指令分类成「聚集」（cluster），而针对较为高概率的聚集，*AlphaCode* 是逐一试探执行聚集中的各编码方式而可奠定最符合目标程序的执行要求。

AlphaCode 的功能主要可归咎于更多不同的编码聚集，而成功地解决 34% 的目标提案，即超过 *Codex* 的单数百分比。*AlphaCode* 参加的上线编码比赛就比 45.7% 的人类编码师分数高。

专业电脑程序设计师目前只是用人工智能的编码机器作例行的编码，而不担心被淘汰。但是，机器编码机会逐渐淘汰比较底层的一般编码员，而更引起顾虑是如

---

[233] 参考 Balog, M. *et al.* 2017, *DeepCoder: Learning to Write Programs*, ICLR (International Conference on Learning Representations) paper、「归纳程序合成」Inductive Program Synthesis (IPS)、「指定领域的电脑程序语言」Domain Specific Language （DSL）、「边缘概率」marginal probability 的意思是无关任何其他事件的概率。

GPT-3 和 *ChatGPT* 的使用只需要简便的提示，而一般人可以享有普通功能的电脑程序。

电脑科学家现在就认定，OpenAI 的 LLM 的大型数据量和千亿参数的「生成预训变换器-4」（GPT-4）和接踵而研发的「聊天预训变换器」（ChatGPT）是已经渗透人文和工程社会，而在逼近而威胁人类软件设计师的编码生涯。[234]

---

[234] *Science*, 2022 年 12 月 8 日、「大型语言模型」Large Language Model (LLM)、「生成预训练变换器」Generative Pre-trained Transformer（GPT-3）、「聊天预训变换器」（ChatGPT）。

第二十八章　自主车

无人驾驶电动车在都市漫游应该是最惊动人心的人工智能展示，几乎每一汽车大厂和新技术公司都在试开正在研究的自主车，而行驶的空车不但是一劳永逸地解冻了第二 AI 冬季，也是引起一般人对 AI 的另眼看待。

　　自主车的可行是从诺尔布特·维诺的「自适应反馈回路」的基本原理，则与动物一般，自主车的安全行驶是需要依照环境而反馈适当的行动。[235]

　　早期的自主车顶上是安装快速旋转的「激光探测和测距塔」（LIDAR），环绕车身是高分辨率的「互补金属氧化物半导体」（CMOS）视觉感应器和雷达的收发器。自主车上路时，车上的电脑是连接「云端物联网」（IoT）和当地的导航系统，而微处理器会指示服务器马达命令致动器而控制方向（未来的自主车可能不会安装方向盘）、加速器和刹车来控制车子的行驶。

　　LIDAR 所发出的微秒脉冲是不伤害眼睛的低能 905 奈米波长的镭射来扫描少于 60 m 的近距离环境，而 1550 nm 波长镭射光是扫描约 200 m 的远距离范围。LIDAR 是扫描和 CMOS 是感应环境的物体所反映的镭

---

[235]「激光探测和测距」Light Detection and Ranging (LIDAR)。雷射是以对眼睛伤害以波长和最高功率分成 1-4 类级。可见波长间隔是 400 至 700 nm，故而 905 和 1550 nm 之光波不会被人类的视网膜吸收，但是更具功率的雷射光可能会伤害眼睛的角膜。光电磁波的波长必须近似所照物件的格子结构大小才会有效应，所以长波的雷达可穿透对象。「知觉」Perception、「互补金属氧化物半导体」Complementary Metal Oxide Semiconductor（CMOS）、「云端物联网」Cloud Internet of Things（IoT）。

射光，而发出和反光的时间差是相互距离和速度。更为精准的测试亦可用「电磁波多普勒效应」，即更靠近或远离的镭射光频率（或波长）改变，即以分别波长的蓝移（靠近）或红移（远离）。

然而，下雨、下雪或多雾时，LIDAR 和 CMOS 的侦察会模糊，但长波长的雷达能穿透。安装在车子前后端和保险杠的雷达感应器可在晚间感应近距离的对象，雷达的去杂音可使用「快速傅里叶转换器」(FFT) 过滤。另外有环绕车子的 12 颗超音速感应器来侦察意料外的物体。[236]

更高级的自主车控制器是用「惯性测量器」(IMU)、陀螺仪和安装在车子左边轮阀杆的「轮子速度感应器」，整体是能即时测量车的转向、速度和加速。

自主车的驾驶技术一般是用以上所述之一，但有趣的是，开创第一自主车的特斯拉公司不用 LIDAR，而是用八颗 CMOS 和雷达感应器，而经过人工神经元网络之七万小时训练，即可上路。

经由数百万轮的学习，车上的 LIDAR、感应器、雷达、超音速、IMU、轮子速度感应器、网站连接和全球定位系统的「数据聚集」是由算法合并而由卷积神经元网络（CNN）映射而建造自主车的 360° 周围约 60 公尺半径的「云点图」。然而，CNN 只能提供平面二维的影像，而云点图必须是三维的影像，即云点图的云点必被点-对-点映射成一立体的 CNN（有关立体的影像参见第 12 章）。如下图的云点图案所示，

---

[236] 有关「快速傅里叶转换器」Fast Fourier Transform (FFT)，参见第 20 章。

自主车在一直变更的云点图行驶是以「视觉里程计」（VO）从车上的感应器所收的数据，经由卷积神经元网络萃取而判别及分类云点图中的「关键点」，而在连续的影像帧幅追踪该关键点，然后以映射函数，比如「同时定位与映射」（SLAM）建造自主车行驶和同步改变云点图的相关环境。[237]

　　自主车在依照云点图中的各种对象运行时，需要及时预测其他车子的动作、车流、行人、障碍等等，同时遵守交通规则，并顾及他人的异常动作。如此，自主车是一直会面对许多不同的行驶状况，而选择反应的概率会一直改变。如此是与自然语言处理（NLP）相似用

---

[237] 「惯性测量器」Inertial Measurement Unit（IMU）、「轮子速度感应器」wheel speed sensors、「数据聚集」（data clustering）、「云点图」（point cloud map）、「视觉里程计」Visual Odometry（VO）、「同时定位与映射」Simultaneous Localization and Mapping（SLAM）。云点图的影像取材于 Velodyne Lidar, November 06, 2018，公布于 Graham Murdoch, *Popular Science*, 研究图案自认传讯 University of Michigan, CSE。

「隐藏马可夫模型」（HMM）和「马可夫决策程序」
(MDP) 之以概率选择车子的行驶。

「贝叶斯神经元网络」（BNN）的贝叶斯概率推论
是表明两个向量的「联合概率」，BNN 是用比如两部车
子的线性回归概率，以统计概率选择反应。经过监督学
习之后，每一交通状况的侦察和自主车的反应是以强化
学习模拟，最大化的奖赏是自主车的「行驶方针」。[238]

自主车遇见不确定性的状况时，BNN 是加贝叶斯
的推论在自主车的网络之加权参数而判定最优的反应；
即加权是概率的变数，而是将概率输入 BNN。然而，
由于所衍生的公式一般是复合的积分方程，行驶方针是
经过大量的「马可夫链蒙地卡罗模拟」之后才上路。

自主车的神经元网络是基于概率分布之四个步骤：
第一、断定从目前的位置到目的地最优的路程；第二、
经由行驶的强化学习模拟的而行驶；第三、自主车遇见
他人的异常动作时，就依据所被训练的避开动作，训练
集若没有面对的异常动作，就以 SLAM 选择反应；第
四、依照行驶方针而反应。

由此可见，与人学开车和取得经验一样，愈多的不
同状况训练，自主车的车技会愈熟练和安全。机器学习
的昼夜不停模拟会远超过任何人一辈子的开车经验。

立体的卷积神经元网络的过滤器特征萃取，经由监
督和强化学习，自主车的「感受野」在「特征空间」可
以辨认云点图里几乎任何状况，而被训练要如何对应。

---

[238]「隐藏马可夫模型」Hidden Markov Model（HMM）参见
第 21 章；有关「马可夫决策处置」Markov Decision Process
（MDP），参见第 14 章、「贝叶斯神经网络」Bayesian Neural
Network（BNN），参见第 21 章。

因为行驶时会有许多重复的交通状况，比如每天上班的路程，与 NLP 一般，「循环神经元网络」(RNN) 亦可从经验有助于自主车的顺利行驶，即 CNN 卷积过滤器萃取特征之后，RNN 可以追踪过去的神经元激发布局，而依靠此经验反应，或者灭掉过去的不相干神经元激发布局，即「记得」过去行驶的特色和安全的反应。

自主车经过数百万次的 Q-学习会以「状态-行动对」模拟，强化学习的奖赏会更新奖赏的记录。如此与电玩强化学习一般，一直以迭代改良行驶的方针。为避免负面的行动，自主车会使用 Bellman 公式之基于目前的状况，逐步预测往后状况的最优反应（参见第 15 章）。[239]

电动车的一个特点是减速时不用踩刹车踏板，「再生制动」会利用电磁马达和发电机的相对运动效应，即驾驶人或自主车本身一释放加速器，车子就会自动减速，并且奇迹似的同时充电到安装在车底盘的数千锂离子电池模组。如此的自动减速和停止也会有助于自主车的安全行驶（也增加车子的行驶里程）。[240]

为优化自动车的驾驶，原先研发为电脑游戏的基于

[239] 「推论」inference、「马可夫链蒙地卡罗模拟」Markov Chain-Monte Carlo Simulation、「感受野」receptive field、「特征空间」feature space、「循环神经元网络」Recurrent Neural Network (RNN)、有关 Bellman 公式和 Q-学习，参见第 15 章。

[240] 「再生制动」regenerative braking 是将减速转为发电来充电。发电机是在感应交流引擎转子（rotor）的转动磁场转速大于引擎定子（stator）的转速，电动车则会加速行走并以动能产生可充电池的电压。在没有加速，定子的转速会超越转子的转速，所产生的磁场会阻碍转动（即车子会慢下），而与原先的发电机作用相反的，电动引擎的定子反而会输出电压，则使得车子的动能减少也会产生可充电的电压，如此就是能同时刹车而充电。

社会达尔文进化论的优胜劣败是淘汰次等的行驶选择，以便只有最优秀的自主车可上路，即未来的所有自主车驾驶会是最佳的模范车。

路上的自主车模范生可由中央服务器以 5G 的高速低延迟广泛覆盖无线传播，或将来的 6G 以人造卫星传讯的「集群智慧」，会即时教导。尤其比如高速公路的集体自主车管理可维持顺畅和安全的车潮。即如一窝蜜蜂的群体飞翔一般，不会有群众中之互撞而意外。当然，个别自主车的目的地会不一样，但在高速公路行驶的换车道及准备出口由更新的 SLAM 来管理出口的不同境界行驶，或者由安装在交通标识和出口栏杆的感应器接管车子的内装电脑而指导出口的行驶。

因其在发展中，自主车不免会出意外而安全性会被批评。交通统计显示，在美国每天引起九死和一千多重伤车祸是归咎于分心的驾驶员。自主车则是一心一意地开车，它的算法决不会分心。自主车亦可使得人类开车的分心、鲁莽、激愤、吵架和喝醉酒，将之开入历史。

研究报告也指出，超越九成的车祸是因为驾驶员的误判，自主车的成堆驾驶数据和模拟，虽然偶尔也会有意外，因为人类驾驶的开车品质统计是一具有宽翅膀的高斯分布，而自主车的高斯分布几乎是一条狄拉克 δ 函数，即除中间的无限高中央点之外，其他的点都是等于零；亦即，正常成熟运作的自主车误判的机率几乎是等于零。[241]

---

[241] Center for Disease Control and Prevention, cdc.gov/motorvehiclesafety/distracted_driving/, March 7, 2019。自主车出事的缘由应该是极为罕见的环境所致，比如在台湾发生的在路上翻倒的一辆全白大卡车在云点图所引起感应器失真。

　　不愿参加自主车集群的驾驶员可走一条「自由道路」，而因为开高速公路毋需多大的驾驶技巧，相信连喜欢开车的人，因为方便和闲适宁静，久而久之会参加自主车的行列。[242]

　　自主车完全替代内燃车的最大阻碍可能是一般人对在危险的交通环境完全让与控制权给一台机器。但是相关研究是意外的指出，在没有发生状况之约十分钟行驶之后，连患最严重的控制狂症的驾驶人也会放心而完全释放车子的控制，即心理上应该逐渐像一般人上公车或出租车而放心。

　　至于自主车的上路时程，「汽车工程师协会」曾公布了自主车的发展分级；

1． 具有一种或多种自动控制功能，例如巡航定速及自动泊车，只能单独运作

2． 具有多种自动控制功能，而可以同时运走，例如跟随车道、巡航定速、自动泊车、及自动紧急刹车，即可替代驾驶人的若干动作，但驾驶人必须注意而随时介入而控制车子

3． 自动驾驶，但是需要驾驶人介入而跟随提出警告的提示

4． 在特定的区域的完全自动驾驶

5． 在任何环境的完全自主驾驶，即乘客是让与自

　　「集群智慧」swarm intelligence。人为车祸的伤亡统计取材于 Center for Disease Control and Prevention, cdc.gov/motorviciclesafety/distracted_driving/, March 7, 2019.

主车全部的驾驶控制，如此的自主车可毋需方
向盘、可是会有紧急的刹车杆

目前为止，无人驾驶车最高只有勉强到第 4 级，而可能
是目前最实际的目标，即特定的区域可安装协助或超控
自主车行驶的系统，而愈多上路的自主车会鼓舞愈多的
自主车车主，即建立一直扩散的自主车良性循环。

第二十九章　辩论小姐

人工智能机器的超人能力是已经在跳棋、西洋棋和围棋，甚至电玩和扑克牌展现，但是这些人机对决均是在「有限制的领域」进行，AI 的机器是否能在「没有限制的领域」一样展现超人的功能呢？

　　人与人之间能讨论几乎无限的课题，而对话时经常会出不同的意见，而尤其在夫妻之间的争吵，各方对自己的立场是万事通而毫无退让的余地。人工智能的机器人能在没有限制的领域与人辩论呢？

　　正式辩论会亦可争辩几乎任何议题，而人机对决辩论人当场才会知道辩论议题和「主张」或「反对」的一方，所以必须能极快掌握任何课题。正式的辩论会的胜负可由现场观众的投票表决，即主持人是提前告知观众辩论的议题，观众则会以投票表决「主张」或「反对」，主持人则会记下观众投票的「主张」和「反对」票数。

　　各方辩论者得知议题和是哪一方之后，则各有 15 分钟的准备、七分钟的发表、四分钟的反驳及两分钟的结语时间。辩论结束之后，观众会再次投票表决对议题的立场，而哪一方能多改变观众事先立场的是赢方。[243]

　　第一场人机辩论对决是在 2018 年在旧金山举行，辩论的议题是「政府应不应该资助太空探索？」。由于辩论人事先不知到辩论的议题，辩论是需要具有几乎任

---

[243] 「有限制的领域」constrained domain、「开放的领域」open domain。

何课题的知识、快速的筹备争议点、清楚且服理的表达、快速有理的反驳对方的论点和具有说服力却带有感性的结语。

辩论开始了，以色列分公司所研发的「IBM 辩论专案」是被指定为「主张」方，而在 2016 年以色列的国家辩论冠军诺阿·欧瓦迪亚是「反对」方。[244]

开场的 IBM 辩论专案先是提出多篇有关 NASA 与 ESA 的科技报导新闻而辩称政府所资助的太空探索不但是可观察地球的环境而发现状况，也可在宇宙飞船里进行失重状态的实验，则多了解材料如晶体的结构和植物的萌芽。宇宙飞船也是使用可供民众用的最新开发的电子和机械技术，甚至宇宙飞船回地球的隔热板是往后不粘锅的「特富龙」原料。

欧瓦迪亚则辩称，「我们在地球上已经有许多需要政府提供经费的问题，而宇宙飞船虽然会有民众可用的新技术，其作用远不如所耗费的太空探索资金，而政府之巨大资金应该直接用在解决地球上的众多问题，比如改良贫民的生活水准、环境保护和极端气候的即时问题。

IBM 的反驳是太空探索是扩充年轻人的视野和鼓励青年学习和研究科学，而太空探索无疑会启发许多对人民有实用性的新发明和技术。

欧瓦迪亚的反驳是太空探索之巨大费用与社会成果不成比例，即政府应该资助地球上的科学研究。

双方是提到相关资料的报告和统计和展现有说服力的辩论点，，但尤其 IBM 辩论专案所搜寻而提出的官方

---

[244] 「IBM 辩论专案」IBM Project Debater、诺阿·欧瓦迪亚 Noa Ovadia。

和专家报告确是有说服力，即第一人机辩论会是证明人工智能的机器在完全「开放的领域」能与人辩论。观众听完辩论的投票结果是 IBM 辩论专案是改变了更多观众的立场而获胜。

第二场辩论会的议题是「我们是否应该增加电脑远端医疗」，也就是对一般人民和尤其病人和许多医师和医学协会极为争议的课题。被指定为辩论会的「主张」或「反对」方有时是关键，而身为电脑的 IBM 辩论专案辩说远端医疗机能从症状描述快速搜寻而提出诊断和痊愈的资料。

欧瓦迪亚则说，病人是需要亲手检查而从医生本人得知诊断和痊愈才放心，而急躁的病人也是需要医师亲自怜惜照顾。并且医学界是怕远端诊断和医疗会提升渎职指控的风险。IBM 则反驳说，病人能收到病人症状的摄影传输，而即时检查和作初步的诊断，而会比医院的漫长预约等待快而方便。结果，IBM 辩论专案的机器再一次说服了更多的观众投票变换而赢了第二场辩论。

自信满满的 IBM 辩论专案则就挑战了 31 岁牛津和剑桥大学辩论协谊会的世界辩论冠军哈瑞士·纳塔瑞健。

2019 年在旧金山举行的人机世界冠军辩论会，议题是「政府应不应该补贴幼稚园的费用？」。被指定为「主张」方，IBM 辩论专案让在场的观众惊讶地听到柔和的女生声音的开场白，

听说您是辩论的世界冠军

但是我想您从没有跟一台机器辩论过

欢迎您来到人类的未来！

纳塔瑞健也不知道新取名为「辩论小姐」的极为自然的合成话语也是多加连带幽默的更为自然的说话，但她的开场白也是隐含有意无意的威胁。

　　稍微吃惊的哈瑞士犹豫了一下，但还是能有礼貌的微笑而点头示意。他面对的是储存三亿多科学刊物和报导，以及百亿的比如从维基百科的文集和各种刊物的新闻，而经由十台中国制的「联想」电脑服务器的机器学习训练，她的三颗蓝色龙珠灯之滚动和发亮似乎是在隐含记忆之搜寻和大脑的思考。则她其实是在用她的「正文聚集」算法组织她辩论的资料。[245]

　　纳塔瑞健同时也是在搜寻他脑海里的记忆，而在他的笔记本匆匆地写下他即将提出的争辩点。

　　主张方的辩论小姐开始就说，「许多研究院的报导和专刊，比如「国家早期教育研究所」、《心理科学》、

---

[245]「辩论小姐」Miss Debater，影像取材于 Wikimedia Commons。「正文聚集」textual clustering。

「疾病控制与预防中心」(CDC)和「经济合作与发展组织」（OECD）曾是经由深切研究而发布的统计就显现幼稚园的教育会正面地影响小孩未来的教育程度、健康状况和社会地位，以及减少贫穷和犯罪率，因而对整体社会有益。然而，可能最重要的是，补贴幼稚园不仅是政府财经支出的问题，是政府对社会弱者之「道德义务」。[246]

辩论小姐最后的一句话仿佛是在想激发现场观众对贫民的怜悯。但是，或许是因为观众看过太多政客为选票而提倡浪费公帑的「道德义务」新闻报导，身为机器人的她，或许是无法了解民众对政客的私利承诺之反感。

意识到此可能，哈瑞士则说，「我同意对方所提的早期教育会对个人生涯发展和整体社会有益，但是，另外也有许多有益的政府补贴，比如贫穷家的食物卷，而幼稚园的教育并不是政府现在所面对的当务之急问题。

我完全赞成政府对弱势家庭的仁慈补贴，但是，我们都知道很多政府的补贴提案其实是给予不需要经济协助的中产阶级家庭，而我想，社会最低收入的家庭根本就无意负担幼稚园的基本费用，所以补贴对他们是无济于事」。

变论小姐的自然语音处理（NLP）能准确的听进对方的论点，而就开始搜寻可反驳的资料。即再经由文件聚集之后，提到幼稚园补贴会提升低收入家庭的小孩长

[246]「国家早期教育研究所」National Institute for Early Education、《心理科学》Psychological Science、「疾病控制与预防中心」Center for Disease Control (CDC)、和「经济合作与发展组织」Organization for Economic Cooperation and Development (OECD)。

大后的社会阶级，则有利于国家的经济发展和社会安定，而各政府的预算应该是足以提供包括幼稚园补贴和其他的社会支持，即幼稚园补贴并非与其他的补贴互斥。她最后说，「我们政府道德上必须帮助我国所有需要帮助的人，以便建设一个公平的社会！」。

哈瑞士的反驳是先同意政府确实有义务协助需要帮助的公民，但是政府的预算有限，而在面对更紧要的问题；即政府的任何补贴是一取舍的选择，而幼稚园补贴应该可等到政府预算有余额才考虑。

结果，纳塔瑞健改了更多人的「主张」立场而赢了辩论。专业的辩论评论者认为辩论小姐所能搜寻和提出之相关资料是超过人的能力，但她对纳塔瑞健之争点的反驳不够锐利。并且，合成的女生声音虽然听起来柔和，还是带有机械性的意味而缺乏人讲话的韵律。再者，机器人讲笑话不免会诡异。

反观哈瑞士的彬彬有礼却锐利的论点，不但合乎逻辑且有说服力，他辩论的先同意对方的争论，尔后评论的方法也会引起好感却减弱对方的争点。或许最重要的是，机器人恐怕不会认出如政客的借重投票人的情绪而自我牟利的虚假作风。即机器虽然有超人的功能，但不会懂得人的愤世嫉俗。[247]

由东方而来到西方成辩论冠军的哈瑞士·纳塔瑞健，极有风度的赞赏辩论小姐的表现，则认为人工智能机器的资料搜索和快速的合乎逻辑的组合无疑是超越人

---

[247] 仔细听网路所回放的辩论会，在辩论小姐的反驳，她以动词误用了同形异义词「lives」发音，即应该是名词的「*laives*」发音。

的能力，而若能加上人直觉和感性，应该就是一超级人形机器人，他说，[248]

> 当辩论开始时，在能适应对方并不是一个
>
> 活生生的人以及此事实的意义之后，对方
>
> 就是变成与人一样的辩论对手...机器比人
>
> 类强的是其记忆的容量、搜索的快速、以
>
> 及全合乎逻辑的连接。而尤其令人影响深
>
> 刻的是辩论小姐之所能清楚的说明资料与
>
> 辩论议题的关联，而能适当地利用此认
>
> 知；亦即，机器与人的结合会是一卓越的
>
> 人形辩论机器人

西洋棋和围棋，甚至于电玩和扑克牌均是有必须守格的规则，可绝对分明胜/负/和的结果。但是辩论是以投票断定胜负，所以辩论者也是需要直觉和感人的台风，亦能意识到观众的感受。而且，由于当场的投票者全是人类，则除观众中的电脑科学家之外，人的潜在意识可能

---

[248] 纳塔瑞健的引述来自 *Project Debater*, top500.org.

是有意无意地支持同类的纳塔瑞健，即假如当场的观众
全是机器人，辩论小姐可能会赢。哈瑞士自己也意识到
此差别，则辩论后很谦虚的说，

我自己觉得我最有利条件是

我并不是一台机器而我是一个人

IBM 辩论小姐的辩论算法是先基于机器学习自然语言
处理（NLP）、深卷积神经元网络（DCNN）、循环神经
元网络 (RNN)、连接时序分类 (CTC)和长短期记忆网络
(LSTM)。

　　辩论小姐的辩论是依据她的浩繁资料和搜寻的自动
标记「深争辩挖矿器」，她的主张和反驳是由她的「主
张侦察器」所编织。数十亿的资讯关联是用「知识盒
子」及「知识图案」组合。[249]

　　然而，许多辩论的观众事后就承认投票给纳塔瑞健
的主要原因之一还是辩论小姐合成语音的机械性发音，
尤其对少见的学术名词、同音字和外国字词的错误发
音，以及时而不自然的延迟和停顿。辩论小姐的柔和声
音虽然可稍微减少观众对机器人的恐惧，但是，机器人

---

[249]「深争辩挖掘器」deep argument mining machine、「主张侦
察器」claim detection engine、「知识盒子」knowledge boxes、「知
识图案」knowledge graphs（二者原是「谷歌助理」*Google
Assistant* 和「谷歌家庭」*Google Home* 所用来回复问题之资讯搜寻
数字工具，谷歌的「知识金库」可自动化，但相关技术是谷歌专
属而保密的所有权。

的幽默不免会引起诡异之感。

　　与人类说话完全一样的语音合成或许只是无谓的徒劳无功，即语音辨识是需要机器人听得懂指示，但是机器人的回答只要能听得懂即可，则与带有口音的人对话一样，就知道是「机器人口音」即可，既不用与人说话一样，每一人尤其背景所断定的口音。

第三十章　外星球的行星和月亮

哈勃太空望远镜（HST）在 1995 年十二月 18-28 日进行的长达十天的向北天空之 3×10^{-8} 面积定位曝光，则原以为只会显示一片乌黑的真空，「哈勃深空」很意外的发现 3000 多星系。若推展到地球的整个天空，宇宙里是有至少 $3000 \times 1/(3 \times 10^{-8}) = 1 \times 10^{11}$ 可见的星系，而一典型的星系估计是含有 10^8 恒星，宇宙可见的恒星量则是惊人的 10^{19} 之多，包括银河约 1.6×10^9 之核子融合反应已经衰竭却仍在发亮的「红矮星」，以及约 10^{14} 在「超级大星系」的恒星。

我们地球所在的银河星系，是含有约 4×10^{11} 恒星，则其中有 22% 是与本太阳大小相近的红矮星。天文学家认为，与我们的太阳系一样，每一相似太阳或红矮星的恒星应该有像地球的「多岩石外星行星」而生命可留居的「人类适居带」。因而，我们银河星系里应该有高达 8×10^{10} 相似地球的行星。[250]

---

[250] 哈勃太空望远镜 Hubble Space Telescope（HST）、「空哈勃深」Hubble Deep Field，影像取材于 Robert Williams 所拍照 NASA（所有 NASA 的影像是系属公共领域）。HST 加上在夏威夷的 Keck 望远镜第三代广域摄影机、和日本国家天文*望远镜*的「星宿」之不同波长的多普勒效应红移来估计空哈勃深的伸展，而由整数的高斯分布和效率质量估计星系的数量，参考 Conselice, C.J. 2017, Our trillion-galaxy universe, *Astronomy*, June。「红矮星」red dwarfs、「超级大星系」supergiant galaxies、「多岩石外星行球」rocky（exoplanet）、「凌日」transit，NASA Exoplanet Archive, Jan. 21, 2023。相关外星天文学的数值，由于不同的模型参数（譬如星系的恒星平均值）不但是有不同的研究来源，且会一直更新。本书的数值主要是来自 2023 年初的学术和网路的相关天文学的研究

2009 年升天之人造卫星「开普勒太空望远镜」
（KST），在一追踪地球的轨道而环绕太阳，则任务是
专门觅寻外星的行星。

开普勒望远镜的亮度仪器曾是观察过 530,506 银河
系的恒星，而以亮度除时间的「光曲线」寻得周期性的
暗淡条纹，则以「凌日」（「凌外星」）侦察行星渡过外
星的稍纵即逝的痕迹。

从数光年的距离追踪外星的微小凌日轨迹，是需要
长期的瞄准和观察，以及稳定的望远镜、精准的亮度仪
器以及极为仔细的光曲线分析，而在 2018 年退休之后
到 2023 年为止，开普勒曾发现被确定的 2,788 行星。

不幸，经过近三年的观察，2012 年控制开普勒望
远镜瞄准之四个反应轮之一出现故障。2013 年，另一
反应轮也停止转动，以致开普勒望远镜的方向控制就不
稳定。

———————————

报导和数据，譬如 NASA Exoplanet Exploration。

　　然而，KST 剩下的两个反应轮子和小喷射推力器的合作可以勉强控制望远镜，而所谓的「KST 第二亮相」若能受到均匀的太阳光压力而精准的转动，就能继续其外星行星的。即恒星只要穿过 KST 的视野，现在命名为 K2 望远镜的亮度仪器还是能收下目标恒星的光曲线数据，但是由于望远镜的不稳定，光曲线数据会充满杂音，以致难以分明外星行星的蛛丝马迹。[251]

　　德州大学的天文学家安妮·达提洛则想到应用机器学习而教导一幅人工智能神经元网络如何从光曲线查出外星行星的凌日端倪。她先依据开普勒望远镜曾确认过的外星行星作为她命名为 AstroNet-K2 的神经网训练集，则以监督学习训练人工神经网如何自动消除 KST 光曲线的杂音，而从目标恒星的光曲线萃取凌日恒星光面的暗淡轨迹而曝露恒星的行星。[252]

　　恐怕最难消除的是 KST 的微小扰动所造成的外星行星「伪呈正性」，但是经过数次的监督机器学习，AstroNet-K2 是能以 98% 的准确度鉴定过去的行星侦察结果，而 AstroNet-K2 甚至能从以往的观察数据重新鉴别曾有多年经验的天文学家忽略过的外星行星痕迹。

[251]「开普勒太空望远镜」Kepler Space Telescope（KST）、反应轮 reaction wheels、「KST 第二亮相」Kepler Space Telescope Second Light（NASA 公共领域影像），即物体穿过恒星表面的意思，「亮度除时间的光曲线」brightness-over-time light curves，简称「光曲线」，参见 NASA Exoplanet Exploration。

[252] 安妮·达提洛 Anne Dattilo，参见 Datillo, A *et al.*,2019, Identifying Exoplanets With Deep Learning II: Two New Super-Earths Uncovered by a Neural Network in K2 Data, arxiv.org/abs/1903.10507。

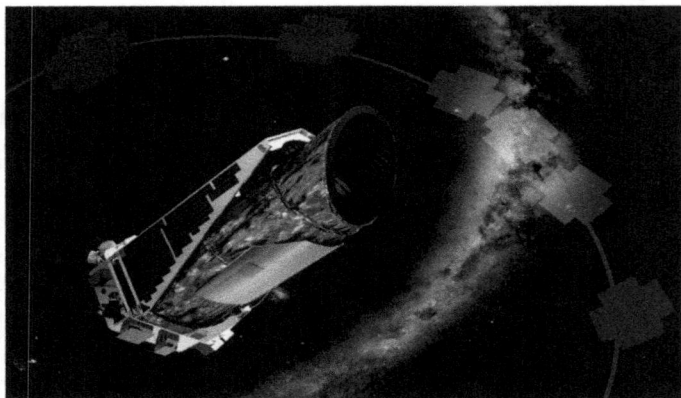

此外，2016 年十二月至 2017 年三月，火星穿越半残废的 KST 视野时，「战争的神」的暴烈反光和光散射就是掩盖外星行星凌日的踪迹，但是英勇的 AstroNet-K2 的伪呈正性鉴别可自动消除火星红眩反光和散射干扰，而仍然辨认两颗外星的新行星。[253]

其中，开普勒望远镜曾侦察到极为不同的外星行星，譬如一颗 750ºC 地面温度的超大型蓬松挥发性的行星，则地面虽然是像地球的多岩石行星，大气层的高温度曾是蒸发人类的演化所需的地面液体水，但周期仅三个地球天，又是离地球 1,246 光年的距离，纵然能以光速的通讯侦察，还是需要 1,246 年的传讯时间，遑论光速行驶的航天员。

因为开普勒望远镜的任务是觅寻类似地球的行星，KST 是特别瞄准相似太阳的恒星，而终于观察到仅比太阳大 10% 之恒星，以及比地球大 60%、有 385 天的轨

---

[253] 「伪呈正性」false positives。KST 第二亮相的图画影像取材于 NASA 公共领域著作。

道周期和 -8 ℃ 的平衡温度行星（只是比地球之 -18 ℃ 稍热）。取名为「Kepler-452b」，是被认为应该是一颗多岩石的行星而是在母恒星「Kepler-452」的人类适居带。故而 Kepler-452b 的稍高平衡温度的大气层若有水，应该有 H_2O 气体而较为冷的南北极若有液体 H_2O，水中的「嗜热菌」或许能与地球微生物演化成人类发源的「核细胞」。[254]

但大同小异的「人」之「小异」会是有可怕的奇异面目。由于 Kepler-452b 的稍热气候和比地球大两倍的万有引力，「452b-人」应该会进化成无需多少保温的毛、皮肤晒黑、而肌肉发达的矮壮外星人。

但是，由于光速的速度上限，地球的人永远不会看到 452b 的外星人。即 Kepler-452b 是远离地球约 1,400 光年，而若没有「时空的虫洞」捷径，即使近光速的行程还是要至少 1,400 年，则连电磁波来回沟通都需要 2,800 年，遑论亲自会面外星人之数万年。故此，开普勒还是要找较为接近地球的外星行星。

最靠近地球的外星行星目前是在 2016 年确认的环绕类似太阳的红矮星 Proxima Centauri，而离地球仅四个光年的「Proxima Centauri b」行星是类似地球，即质量是地球的 1.27 倍，但环绕周期只是 11.2 天，即可说确实会让岁月如纷纷秒逝。轨道虽然是在母红矮星的适居带，没有如地球的臭氧气层防护，红矮星的极紫外线辐射会剥减行星的氢、氧和氮等所组成的地球大气层。

---

[254] /嗜热菌/ thermophilic bacterium、/核细胞/ eucaryotic cell。活性的平衡温度是 -63 ℃，而平均地面温度是 - 58 ℃，即被认为有地下水和南北极的固态冰。

Proxima Centauri b 的水若是在地壳下，红矮星的紫外线辐射会被挡住，而水中可能会滋生嗜热菌而演化成核细胞，但是最可能会演化的物种应该是类似地球的鱼。不过，地壳下若能维持 H_2O 的三相态，环境也可能有类似人的进化环境，而 Proxima Centauri b 会变成像《水的世界》电影一般。在没有照到母红矮星的紫外线，所进化的「人」的皮肤应该会很白，下巴会长鱼鳃，而他们应该都很会游泳。

他们若能发展技术，就应该会想到让地壳下水照到母红矮星的光，而与剩下的氮氧化物（NO_x）和地下植物的挥发性，有机化合物（VOC, $C_2H_2C_{12}$）合成 O_3 而累积防护紫外线辐射的臭氧气层，则可与地球一样留下氧、氢和氮等气体的大气层，而此时他们可以慢慢地从地下的水洞穴爬出来而「享受人生」。

外星行星人所需要的繁多特殊状况的组合才生存似乎是天方夜谭的巧合，但是单独银河星系可能有 8×10^{10} 类似地球的行星，而在宇宙的 13.7×10^9 年时间和至少 10^{19} 恒星，宇宙有的是时间和地点，而天长地久应该可在外星行星演化成人形的动物。

因为整个宇宙的所有对象的速度是受限于爱因斯坦相对论制定的光速 3×10^8 m/s，地球人与外星行星人唯一的沟通方式必定是电磁波的传讯，但是连最靠近的 Proxima Centauri b 还是需要 8.48 年的讯号来回才可沟通。现在，天文和电机学者所组成的「搜寻地球外文明计划」（SETI）是用多通道收发器扫描天空而觅寻外星人来的讯号。然而，虽然有数多的仿佛有逻辑的讯号从

天空传来，目前为止，全是伪呈正性的事件。[255]

　　MIT 和卡内基科学研究院 2017 年就在网际网路公布了近二十年来的共 1,600 恒星的大数凌日光曲线、数据分析的软件和分析方法的说明，则呼吁对天文学有兴趣的民众共同分析离地球少于 325 光年的恒星，即网路众包的目的是希望「新鲜的眼睛」能分析光曲线而寻得附近的凌日行星。[256]

　　如此的大作业，应该是交给殷勤仔细而孜孜不倦的人工智能神经元网负责，即推断具有逻辑讯号所载的信息；亦即，人类最重大的发现应该会来自人工智能的讯号诠释。

　　经过近十年的外星行星觅寻，开普勒太空望远镜2018 年终于用尽了燃料，任务完成退休。幸好，同年Space X Falcon 9 火箭升天而带了覆盖地球天空的 85%面积（即比 KST 大 400 倍的视野），而专门觅寻离地球少于 200 光年的比较光亮的恒星，而以四台广角望远镜和配合的「电荷耦合组件」（CCD）会每两周将侦察的数据传回地球的「凌日巡天外星行星卫星」（TESS），即继承开普勒望远镜寻得外星行星的使命。

---

[255] 目前最快的人造宇宙飞船速度是 Parker Solar Probe 的 163 km/s，即只是光速（3×10^5 km/s）比例的 5.4×10^{-4}，所以，除非能建造超级快的宇宙飞船，地球人与 Proxima Centauri b -人的互相行程还是会需要数万年的时间。「觅寻地球外文明计划」Search for Extra-Terrestrial Intelligence（SETI）。笔者在史丹佛大学进行研究时，SETI 之电磁主研究者，哈佛大学的 Paul Horowitz 教授，是正在设立如此的多通道收发器扫描，而我经常在想，若是真的收到外星来的信息，我们会如何反应？

[256] 「呼吁众包天文学爱好者」Call for crowd-sourced astronomers, see *Astronomy*, June 2017。

比较现代的 TESS 会连接而直接使用人工智能神经元网络，而以 KST 的外星行星侦察和确认数据作为训练集，就可自动的进行监督、强化和自修学习。从 10,803 光曲线之「门槛凌日事件」(TCE) 是确认行星的痕迹。TESS 是针对特定的 50 目标恒星作更详细的光曲线分析。

目前 KST 侦察过 2,778 被确认的行星，而 K2 的 978 和 TESS 的 4,805 仍未确认的候选外星行星，经由 TESS 的夜间观察和昼夜不停的人工智能神经元网络分析，又加上地球南半球的澳洲 Minerva 地上望远镜阵列的觅寻和在 2021 年升天的 James Webb Space Telescope (JWST) 的红外线「波峰感应与控制」镜子，外星行星的觅寻数据、人工神经元网络和人的更深切了解，应该会找更多的外形行星。

JWST 的红外线侦察是针对较远的星系、恒星和外星行星，而已经是使用人工智能之各种算法来分析所取得的影像。JWST 在 2023 年则侦察到离地球 41 光年之一样大的行星。但是 LHS 475 b 的平衡温度是比地球高几百度，而目前未确定。但认为是没有大气层。[257]

中国在贵州世界最大的「500 米口径球面射电望远镜」(FAST)，就 2016 年开始搜查宇宙的天空，亦称「中国天眼」原是设计为观察太阳。但也是在觅寻外星行星人的讯号。另外，FAST 也是在映射宇宙的氢分布

---

[257]「凌日（外星）巡天行球卫星」*Transiting Exoplanet Survey Satellite* (TESS)、「门槛穿越事件」Threshold Crossing Events (TCE)，Ofman, L. *et al.*, *New Astronomy*, vol. 91, Feb. 2022。NASA Exoplanet Archive, Jan. 21, 2023,「波峰感应与控制」Wavefront Sensing and Control。

和「宇宙微波背景辐射」来测试宇宙的启远点、侦察新的脉冲星和创宇宙的动力波。[258]

外星行星的月亮

天文学家合理认为，若有外星行星，与地球一样应该也有外星的月球，而觅寻外星行星的「月亮」。则在筛选的 285 开普勒望远镜之光曲线，就发现渡过 K-1625b 外星行星的周期性小暗点行径，就推理应该是外星行星的卫星（取名为「K-1625b I」）。再经由哈勃太空望远镜刻意瞄准 K-1625b，而认为 K-1625b I 的确是一座与太阳系的海王行星一样大的卫星。但是，确认离地球 8,000 光年的小黑点是否一颗卫星显然不易，而且另一些天文学家认为是恒星的行星而非卫星；人工神经元网络加上 SVM 或许能解决 K-1625b I 的判别争议。[259]

2019 年，在地球南半球智利的「塔卡玛大型毫米及次毫米波数组」（ALMA）是从环绕 T Tauri 类（少在 10^7 年龄）的恒星 PDS 70 之年轻行星 PDS 70 c 之「毫米波布局模糊区块」是被推测为与地球的月球四分之一大的卫星。另外，光曲线也是隐含有离地球不远的大量外星行星和卫星。[260]

---

[258] 「500 米口径球面射电望远镜」 Five-hundred-*meter* Aperture Spherical radio telescope。

[259] Teachy, A., *Evidence for a large moon orbiting K-1625b*, Science Advances, 03 October 2018. T Tauri 型的恒星的亮度会变，年龄是少在 10^6 年。土星的更加二十新卫星是在夏威夷的 Mauna Kea Observatory 侦察，October 9, 2019。

[260] 「塔卡玛大型毫米及次毫米波数组」 Altacama Large Millimeter/Submillimeter Array (ALMA)，参考 Isella, A., *et al.*2019,

　　世上最大的单孔径望远镜 FAST 同年也开始观察，也是与 ALMA 一样以毫米波觅寻外星行星和其外星行星的卫星。

　　「生成对抗的人工神经元网络」(GANs) 可以「生成」星系和恒星影像的各自的陈述；即加/去杂音修理可重整影像，以及改良星系和恒星的影像清晰度，甚至可有助于解决天文学目前最神秘的议题，即「暗物质」的来源、方向性和分布，而测试其「万有引力透镜」的效应。[261]

　　人类之更进一步演进，则必须会善用人工智能来扩充知识，而将之输入 AlphaZero、GANs和 GPT-n 的大量参数而仔细分析。用意是可协助地球人对宇宙的了解。

Detection of Continuum Submillimeter Emission Associated Candidate Protoplanets, *Astrophysical Journal Letters*, Vol. 879, No. 2。「毫米波布局模糊区块」millimeter wave patterns fuzzy splotches。生成对抗网络」Generative Adversarial Networks (GANs)。

[261] 「500 米口径球面射电*望远镜*/ (Five-hundred-meter Aperture Spherical Radio Telescope（FAST)、「暗物质」dark matter、「万有引力透镜」gravitational lensing。

第三十一章　新冠状肺炎疫苗

面对在 2019 年末蔓延全球各国而深度摧残社会秩序的「新冠状肺炎病毒」，各国政府和医学界一时显得束手无策，但是对百年来最严重的病毒爆发，各先进国家很快就整顿医院、生物化学公司和大学研究所来开打新灾害的生存战，在 2023 年终于遏制病毒的传染，人工智能有重大贡献。[262]

打仗的第一步通常是侦察敌人的部署和走向，所以医学界的第一反应是估计病毒的扩散趋势。然而，全新的病毒是没有既存的相关数据，所以传染病的专家是先使用「卡尔曼过滤器」，则希望此在自主车装在轮子的加速和转弯，比喻病毒的行走而预测将来的位置。[263]

即病毒传染动向是从网际网路的即时资讯，比如「蓝点公司」（BlueDot）是用网路爬虫搜寻相关病毒的

---

[262] 「新冠状肺炎病毒」coronavirus，亦称 covid-19。在 1918 年到 1920 年全球的 H1N1-A 致命流感病毒，错称「西班牙流感」Spanish flu 两年内近乎全球人口的三分之一（即约 5 亿人）被感染而死亡。不过，病毒专转家估计目前所知，世上有超越 200 不同的感染病毒，而每一病毒是具有不同的结构和传染模式，且有一直变种的可能。成功疫苗的例子有白喉、diphtheria、麻疹 measles、流行性腮腺炎 mumps、德国麻疹 rubella、脊髓灰质炎（亦称小儿麻痹症）polio、黄热病 yellow fever、霍乱 cholera、日本脑炎 Japanese encephalitis、脑膜炎双球菌 meningitis A、伤寒症 typhoid、登革热 dengue、狂犬病 rabies、和天花病 smallpox，但是还没有疫苗的病毒有疟疾 malaria、艾滋病 HIV、寨卡病 Zika、西尼罗 West Nile、莱姆病 Lyme、肝炎 hepatitis C，以及众多病毒仍然没有。

[263] 「卡尔曼过滤器」Kalman filter 是与语音辨识的隐马可夫模型 Hidden Markov Model 雷同，参见第 21 章。

新闻、住院量的变异状况、医院的数据临床报告、甚至于社群网站的病毒嗡声，则从行动的布局，衡量「病毒的轮子」动向而预测未来会发作的位置。

然后与各国的国家医学研究院、「世界卫生组织」和全球微生物资料库作交叉相关性分析，继而以线性回归均值分析推测病毒的扩散。

人工智能的自然言语处理（NLP）的深度循环神经网络（RNN）是用一个「焦点字」，而以 RNN 的算法，基于数据前序的单词对应后续的单词，而就与语音辨识一般，追踪病毒的传染途径和估计病毒未来的动向。

亦即，基于自然言语处理的「正文挖矿」，可搜集和检验全球的相关病毒资料，则「正规化」而组织数据来建造一幅病毒扩散的全球图案。[264]

病毒一般是经嘴巴和鼻子而浸润肺部，在进入「血管收缩素转化酶2」（ACE2）的「受体」之后，就感染人体的「宿主细胞」，从而结合「内生的受体」序列的短病毒免疫序列，则在「受体结合区」（RBD）侵入宿主细胞。「免疫原性」的「抗原」或其「表位」能使得 T 细胞发作，即可杀死或弱化病毒到不能传染，即可激发足以抗原之人体免疫系统。B 细胞是结合抗原而传输「病原」的存在警报，而如此引起免疫系统的抗体而对抗病毒的蔓延。[265]

---

[264]「焦点字」（focal word）、「正文挖矿」text mining、「正规化」normalize。

[265]「血管收缩素转化酶 2」 angiotensin-converting-enzyme 2 (ACE2)、「受体」receptors、「宿主细胞」host cells、「内生的受体」endogenous receptors、「受体结合区」*receptor-binding domain* (*RBD*)、「免疫原性」 Immunogenicity、「抗原」antigen、

　　由于新冠状病毒是全新的传染病毒，医学界目前就
无法治疗（只能让病人舒服一点（比如用氧气筒协助呼
吸），唯一反抗的方法是制备疫苗，与针对流感病毒一
般，可感染前注入已死或被弱化的「不活化」病毒来引
发人的免疫系统而产生抗体。[266]

　　不活化的病毒疫苗一般是用热气、化学试剂、或物
理光照来改变病毒的 DNA 和 RNA 序列，以致维持免疫
系统的警报功能，且妨碍蔓延和消灭病毒的感染能力。
如此的反复工序一般是需要数年的研发和临床实验。但
是因为新冠病毒的剧毒和快速扩散，免疫的不活化研发
要加快。[267]

　　传染病毒专家如今可善用人工智能的机器学习，比
如估计不活化病毒的「免疫原性」效率，而在三年内已
经完成被广义使用的具有高成功率的新冠状不活化病毒
疫苗。然而不幸，新冠状病毒也会突变而再感染。

　　以人造小火（不活化的病毒）灭大火的疫苗研发不

「表位」epitope、「病原」pathogen、「抗体」antibody。

[266] 脱氧核糖核酸（Deoxyribonucleic acid,（DNA）是在细胞
核心的双螺旋分子，即是包括所有生物和若干病毒的发育、运
作、成长、和繁殖之基因指导、核糖核酸（Ribonucleic acid,
RNA）是在细胞核新合成却处在细胞质的单螺旋分子，即是编码、
解码、调整、和表达基因；二者仅是化学合成而自己并非活的之
生物。

[267] 成功疫苗的例子有白喉、diphtheria、麻疹 measles、流行
性腮腺炎 mumps、德国麻疹 rubella、脊髓灰质炎（亦称小儿麻痹
症）polio、黄热病 yellow fever、霍乱 cholera、日本脑炎 Japanese
encephalitis、脑膜炎双球菌 meningitis A、伤寒症 typhoid、登革热
dengue、狂犬病 rabies、和天花病 smallpox，但是还没有疫苗的病
毒有疟疾 malaria、艾滋病 HIV、寨卡病 Zika、西尼罗 West Nile、
莱姆病 Lyme、肝炎 hepatitis C，以及众多病毒仍然没有。

免表面化，或许比较由基本科学的分子生物化学着手会比较有效，即攻击新冠状肺炎病毒的分子结构，而从最基本的「氨基酸序列」研发病毒的免疫剂。[268]

第一步是了解病毒的分子结构，即「冷冻穿透式电子显微术」（C-EM）所照射的高清晰度晶体原子结构，如右图所示，能立刻看具有明显的环绕 表面的相似小吸盘的突出「刺突糖蛋白质」（spike protein），（亦称「棘蛋白质」、「S蛋白质」和旧名「E2」），即是新病毒冠状之名的来源。则刺突糖蛋白质也就是人工智能所要针对的病毒分子「构象」。[269]

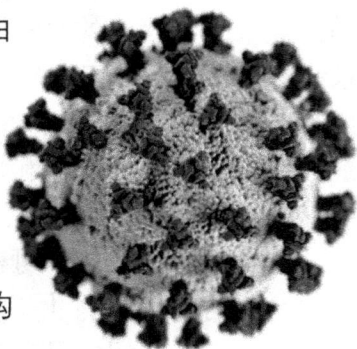

「细胞表面的受体」一旦与刺突糖蛋白质结合而浸润健康的「宿主细胞」，就会复制病毒的「核糖核酸」（RNA）而与其蛋白质结构来组合病毒。

病毒蛋白质的结构会断定其功效，若能以「抑制剂」绑住新冠状病毒的刺突糖蛋白质，或许能挡住病毒而妨碍其输入 ACE2 酵素的受体，而妨碍病毒在身体内的任何生理作用。[270]

---

[268] 「氨基酸序列」amino acid sequence。

[269] 「新冠状肺炎病毒」影像取材于 Center for Disease Control, Alissa Eckert, MSMI; Dan Higgins, MAMS, 公共领域。

[270] 「冷冻穿透式电子显微术」Cryogenic Transmission Electron Microscopy（C-EM）、「构象」conformation、「细胞表面的受体」（cell receptors）、「核糖核酸」Ribonucleic acid（RNA）、「宿主细胞」host cell、「抑制剂」inhibitor。

蛋白质折叠

现在传染病专家都知道病毒的结构和刺突糖蛋白质的特征，而在设法攻击该结构点，即可使用「蛋白质折叠」（protein folding）来解开蛋白质的「多胜肽链」而形成能防止病毒在身内的扩散。

然传统的蛋白质折叠的方法是先冻结蛋白质成晶体似的晶格结构，而照 X-光来探测病毒晶格结构，然后针对各折叠式的特征，逐一测试每一构象的生理作用。

但是，普通的蛋白质是有约 10^{300} 可能的不同折叠形状，而以上所述的传统折叠程序通常是需要众多的仪器和几个月的时间来做仅一个折叠的构象，再加上数年的临床测试实验，则通常是需要几年的研究和测试，则是来不及遏制新冠状病毒的快速扩散。而以避免再一次的百年前西班牙病毒残局，就是要快速从分子形疫苗研发新冠状肺炎病毒。

然而，蛋白质折叠的复合度和天文数值之不同折叠构象处理，就是人工智能神经元网络的强项。即分子生物化学家是先掀开病毒蛋白质成氨基酸序列的长条链，而用化学排序分析其可行的立体结构，然后由既知病原为训练集进行机器学习。监督学习可以教导攻击病毒的特殊构象。奠定目标部位之后，以蛋白质折叠建构能与目标特征互相反应，比如绑住或挡住刺突糖蛋白质的浸润和遏制宿主细胞引起的病毒蔓延。[271]

---

[271] 氨基酸（α-胺基酸分子）包含一个胺基（-NH2，氨基酸群和一个羧酸基（-COOH）是一有机分子；又一个有机 *R group*，即

　　下图左边是折叠前的新冠状肺炎病毒的电子立体显微图，可攻击的目标显然是覆盖全表面的刺突糖蛋白质。下图中是掀开的长条氨基酸序列链，而折叠的新蛋白质构象是在图的右边。

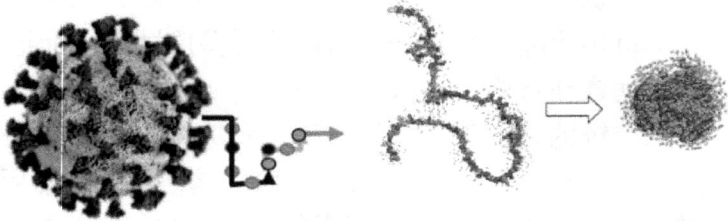

设计新折叠的蛋白质和预测其作用是由氨基酸序列分析着手，即蛋白质折叠是以四个主要阶段而进行：第一是氨基酸定序从病毒蛋白质掀开一「胜肽键」；第二是将胜肽键蛋白质折叠成 *alpha* 螺旋，则是以主轴方向的氢键结合或者 *beta* 折叠的层皮篇形，而以 S-形的氢键结合；第三、折叠的氨基酸序列链就是形成立体的构象，而以侧原子团之「非共价相互作用」建链；和第四、一单独的胜肽键与其他的多胜肽链结合成新的蛋白质构象。结果就是一带有可与病毒的刺突糖蛋白质互相反应的全新折叠的蛋白质。[272]

一 α-碳原子侧键（side chain）结合在酰胺是显示氨基酸的电荷和极性，而如此是断定引起化学特征所促使的生物反应。一个多肽是一氨基酸短链，一个酵素是一蛋白质以及一转基材分子成不同产物分子的生物催化剂，即是维持生命的代谢途径催化剂。「胜肽键」peptide chain、「多胜肽链」polypeptide chain、「非共价相互作用」noncovalent bonding、「多序列排列」Multiple Sequence Alignments。蛋白质折叠影像笔者修改的组合取材于 Center for Disease Control, Alissa Eckert and Dan Higgins, 公共领域著作。

[272] 氨基酸（α-胺基酸分子）包含一个胺基（-NH2，氨基酸群

　　谷歌深脑的 *AlphaFold* 是先使用一深度人工神经元网络（DNN）而从既知的病原训练集数据学会如何萃取病原的传染特征构象。折叠的蛋白质氨基酸序列则是比照训练集的相似序列，即一对串联但在序列链不在一齐列躺的氨基酸序列。如此是暗示两条氨基酸序列是靠近而可能是一病毒的候选折叠蛋白质，而称之为「多序列排列」是以靠近但还没有建链成立体的氨基酸序列构象，即建链成为所要的折叠蛋白质的机率比较高。[273]

　　DNN 原是被训练能辨认串联的氨基酸序列而预测在折叠后的序列距离，即所隐含则是与既知的蛋白质曾被奠定的序列近距离，而如此就可成为较为务实（即避免不可能的折叠构象）的预测后果之蛋白质折叠构象。

　　另一DNN 会与类似的方法预测连续氨基酸序列之间的关节角度，然后两幅 DNN 的参数可基于互补的结合，建造所要的折叠蛋白质，即可与刺突糖蛋白质反应；亦即，希望能绑住或挡住新冠状病毒的刺突糖蛋白质的作用。

　　哈佛医学院的蛋白质折叠算法是使用基于自然语言处理（NLP）的「深度循环几何神经元网络」（DRNN）。DRNN 是映像病毒的氨基酸序列在既知的蛋白质构象而比照构象的几何形状。如此的构想确实有

和一个羧酸基（-COOH）是一有机分子；又一个有机 *R group*，即一 α-碳原子侧键（side chain）结合在酰胺是显示氨基酸的电荷和极性，而如此是断定引起化学特征所促使的生物反应。一个多胜肽是一氨基酸短链，一个酵素是一蛋白质以及一转基材分子成不同产物分子的生物催化剂，即是维持生命的代谢途径催化剂。「胜肽键」peptide chain、「非共价相互作用」noncovalent bonding。

[273]「多序列排列」Multiple Sequence Alignments。

包围新冠状病毒刺突糖蛋白质的高机率，而且整体的氨基酸序列到所要的构象可在几毫秒快速完成，所以可行的结构可以快速调整而大量复制。为快速建造构象而评估其效应，哈佛的程序是在 *GitHub* 主办电脑编码平台众包，而如此可大量增加各种可能的构象。目前，Moderna 和 PfizerAstraZeneca 的折叠蛋白质已经是显示实质的疫苗作用，而被广泛的应用。[274]

另外一种疫苗是基于「信使核糖核酸」mRNA。简略地说，经由蛋白折叠，可以鉴定病毒蛋白质的结构，注入身体从病毒外膜的小块蛋白质「模板」（即 mRNA）。mRNA 则是以「传讯」(messenger) 而教导体内的细胞如何生成病毒蛋白质，包含新冠状病毒的刺突糖蛋白质在内。人体被病毒浸润时，受过信息的细胞会辨认新冠状病毒而引发免疫系统，自然生成病毒的抗体。

该 mRNA 事后是被细胞破掉，而该刺突糖蛋白质面对体内的免疫也会遭遇破灭，可是体内的细胞会「记得」传染新冠状病毒时而产生抗体。如此，不同于不活化的疫苗，mRNA 是完成任务后而死亡。

mRNA 如此就不得不令人想起希腊传说的 Pheidippides （Φιλιππίδης）从马拉松战场快跑 40 公里到雅典报告打败波斯军的喜讯，而传达之后，当场就累得死掉。但是，他的 40 公里的长跑就成为标准的田径赛马拉松项目，则 mRNA 就是依 Pheidippides 的精神，而传输打败新冠状肺炎病毒的好信息。

任何蔓延的流行病毒会自然消失，即被感染的人会

---

[274] 「深度循环几何神经元网络」deep recurrent *geometric* neural network （DRGNN）。

产生抗体而痊愈或者死亡而不能传染病毒，即病毒就没有宿主细胞可作传染的基础。况且，疫苗的研发和临床的血浆样本（非红血球细胞）亦可使用其中的抗体而痊愈被传染的人。如此，新冠状病毒早晚就此会灭绝。

但是，病毒不是省油的灯，即可变种，而以上所述的种种疫苗制造方法必须重新处理来面对变种的病毒。但是经由更完整的病毒结构和蔓延知识，以及大量的新数据，人工智能可使用机器学习而加快新变种病毒的治疗和疫苗制造。比如，曾经观察之一般病毒的若干表面蛋白质会经常更变，而传染病的研究团队可以利用新冠状病毒几年来的研发经验而搜集大量的病毒数据和相关的知识，而由机器学习分析刚取得的数据，以便对付新的变种。

比如，新冠病毒的样本基因序列的数据是被上传到在德国的「全球共享流感数据倡议组织」(GISAID) 服务器，则人工智能的算法可以快速比照基因的序列而侦察病毒变种的特征，而针对该特征而研发新病种的疫苗。只不过，恐怕全球的社会民众就要每年注入新的疫苗，即是与感冒疫苗一样每年打一针，而会变成今后人生的另一例行健康措施。

近年来的自然语言处理 NLP 也是被使用来反抗新冠状肺炎病毒，第一、生物医学性的「生成型语言预训变换网络」(transformer) 的「生物医学语言辨识和推理模型」基准是在搜集相关病毒的科学文献，而以针对病毒，预训练而以超级链执行类似「大型生成语言模型」而模拟病毒的蔓延和疫苗的分子结构；第二、有关新冠状疫苗的「情感分析」是针对民众对疫苗的正面和负面反应研究，以便学会如何顾及民众对注射疫苗的感

想，而从社群网站，发现一般人民对注射疫苗曾表示过正面的立场，即可依此计划有效的疫苗服务方式。[275]

最危险的新冠状肺炎病毒感染无疑是在医学院的医师、护士、保健提供者和清扫人，而在病毒的早期，各国医院的临床保护服装和口罩欠缺。没有肺脏的机器人则可执行有感染危险的例行工作，如送达药、测试手续、处理病毒样本、安排医疗设备、送达饮食，消毒环境（比如带有紫外线灯的机器人），亦可执行病毒研究的助理，而机器人甚至可以同情而安慰病人，而逐渐成为病人的朋友。

---

[275] 「生成语言预训练变换网络」generative language pre-trained transformer network、「生物医学语言辨识和推理模型」Biomedical Language Understanding & Reasoning、「大型语言模型」large language models 、「情感分析」sentiment analysis。

第三十二章 人工智能奇点

人工智能的一台机器若只能处理一件指定的任务（比如抓起和放下的生产线机器人）是称之为「弱的人工智能」；如果能处理不同的任务（比如能玩各种不同的游戏的 AlphaZero 推测引擎），就是「强的人工智能」；若有过而无不及人类的智能，也就是到了人工智能的「AI 奇点」。

「AI 奇点」原是由艾伦·图灵提示的「图灵测试」而定，即将一个人和一台人工智能机器放在舞台的帷幕后，而帷幕前的主持人会提出一连串不同领域的问题，如果一半以上的观众不能分别答复的是幕后的人或是机器，人工智能就是到了 AI 奇点。[276]

图灵的测试是七十年前提出，当时的机器只能作数字计算，即是远离 AI 奇点。往前三十年，在 1970 年，卡内基梅隆大学是将环绕太阳的行星轨迹数据输入电脑，而电脑是从数据制定开普勒的第三定律，即行星的轨道周期平方值是与其椭圆形之半长轴之三次方成正比。

再过二十年当 C++ 的物件导向编码（OOP）问世而被普遍使用，史丹佛大学物理学教授张守晟，2018 年在谷歌特请的演讲，提到了一个化学的图灵测试，即仅从所记下而输入电脑的自然物体所进行的自然化学合

---

[276] 「AI 奇点」（AI Singularity）。「奇点」singularity 是出现在许多数学的运算，比如算学的除零（X/0）、几何学的单极点、复变函式的爆发点等等，一般的意思是「无定义」的点。2014 年的影片「模范游戏」 *The Imitation Game* 就是艾伦图灵（Alan Turing）一生的故事。

成，电脑就是输出门德列夫的化学周期表！[277]

不过，开普勒 17 世纪公布的天文学理论是面对许多无干的观察和数据和根本错误的解释及荒谬的学说，而且他被路德宗教逐出而担心可能会面对酷刑甚至死刑的惩处。门德列夫的洞察是在「不完整的资讯」环境而发，也是要克服其他人的错误学说。电脑的计算则是以「完整的资讯」而制定，则不会遭遇当时无谓的对抗。

人脑的智慧是从约 10^{11} 神经元以及 10^{15} 可能的连接组合，以及 2^{50} 字节的记忆（即壹百万 GB）；身心结构而言，人类从原始的狩猎采集者到开始了解所狩猎和所采集有 200,000 年的进化时间。

目前的「聊天生成预训练转换器」（ChatGPT）则是有 1.75×10^{11} 人工神经元、1.6×10^{12} 的加权参数，即近乎无限可能的人工神经元和参数组合、整个网际网路的记忆体，而一直增加的数量和功率的巨大并行处理器，但是从人工智能概念的开始仅有约八十年的研究发展（从图灵测试概念起）。

各自的规格相同，则现在 ChatGPT 的功能已经可以与人脑比上下，但是机器的智慧进化仍然有约 199,500 年的发展时间（从 17 世纪的科学革命起）；天晓得人工智能会演化成何新世界的体统！

哲学而言，依据 17 世纪的哲学家贝尔纳·丰特奈尔的「历年的意识整合」学说，「有教养的人脑是涵盖以前的人之所有意识，而若是能继续发展，人类的智慧永

---

[277] 参见 Zhang, S 2018, *Quantum Computing, AI, and Blockchain; the Future of IT*, Talks at Google. YouTube, June 6. 被认为是准诺贝尔物理奖的张守晟不幸于 2018 年轻生。「完整的资讯」perfect information。

远不会退步」。[278]

如今，人工智能的机器可以从数据发现若干逻辑的布局而推理数据之关联所隐含的事实，而如此能阐明物理和化学的现象，但是机器能否「发现抽象迥然相异函数的关联所可能引导的合理结论」，即做数学呢？

除演绎和归纳逻辑，促动开普勒勤勉的天文学研究是一强烈的查究精神所致，以及他个人对明了自然界的欲望，即以理性的思考阐明大自然的秘密。一台人工智能的机器不会有主动探索和求真理的算法；亦即，机器还是需要人的程序指示才会运作。但是，面对无谓的教义抵抗，机器决能坚持逻辑的己见，因为虽然可能遭遇酷刑（拆卸），也不会痛。

十九世纪的著名「唯意志主义」哲学家弗里德里希·尼采是宣告人类智慧的处尊居显地位，他即是如此喊叫，[279]

> 人是傲慢的站在地球的尖峰
>
> 知识的金字塔顶尖
>
> 而是正在置放最后的一块石头
>
> 他似乎是在对自然界宣告

---

[278] 丰特奈尔 Bernard Le Bouvier de Fontenelle (1688)。引述是取材于 Nisbit, R 1969, *Social Change and History*, Oxford and Fukuyama, F 1992. *The End of History and the Last Man*, Avon.

[279] 尼采的引述取材于 Nietzsche, F. 1957, *The Use and Abuse of History*, Bobbs-Merrill.

我们是由全宇宙拔萃出类、

我们是自然界的结晶！

人类是求进步而充实自己和改善社会，但是机器人会不会与人一样的为无感的机器想改善环境和探求自然界和全宇宙的真理吗？机器人是不怕空气和水源的污染，但是地震、极端气候、洪水（生锈）等对社会和它自己有害。然而，机器人会有本身的感应器、更多数据、精准的分析能力和具有顶尖的制造工程能力（反正机器人本身均是被机器人制造）所以比较会对应灾难，而缺乏感性会若无其事的设计和制造更多的苦工机器人，即机器人不会哀悼废墟的同仁。

在征服人类之后，AI 奇点的机器人会不会重蹈覆辙而与人类一样无谓的发动自相残杀的战争，或者反而面对和解决地球上的疾病、虐待动物（包含人）、物种绝灭、不人道（不机器人道）等等的作恶。

替代人的机器人会发现新的自然界秩序、了解全宇宙的理论、编制自己的哲学、探索太空、生成有品质的文学、诗歌、图画、音乐、甚至探求真理等？新的机器人会不会照顾旧的机器人，而让它们退休或有充足的闲暇来追求机器人人生的乐趣？人形机器人就是会远超过AI 奇点。

现今的人工智能推测引擎网络可在「有限的领域」（比如各种棋盘的游戏），以强化和自修学习打败领域的顶尖高手人物，而在「开放的领域」，「大型语言模型」(LLM)和「生成预训变换器」(比如 ChatGPT 和

「文心一言」)，加上自然语言处理 (NLP) 及言语合
成，已经能与人一样的读懂、听懂、讲话、作文、作
曲、回答问题、翻译、绘画、编码和聊天等等，则各项
的功能与人有过而无不及的水准。[280]

　　装有视觉的卷积神经元网络的机器能辨认环境而反
馈回路，而中央的驱动器可控制伺服-机械器、马达和
致动器，加上如 MIT 的「聪明手套」，可以模仿人的动
作，而成为「人形的机器人」。加上比 ChatGPT 更上一
层楼，也就是多才多艺的超级机器人，即「通用的人工
智能人形机器人」(AGI)，而无疑是超越 AI 奇点。

　　数学而言，AI 奇点若是在复平面一「可去奇点」，
AI 奇点的函数可被重新定义，以致使得延拓后，成为
全真的函数，而人工智能的奇点的确「可去」。[281]

　　然而，目前的机器人是完全由人类的算法编码和机
械设计成形，即机器人在有限的领域功能已经超越人类，
即青出于蓝而胜过篮，但是「蓝」毕竟是创造「青」。

　　AI 奇点如今只不过是成为一社会大众能容易懂的
人工智能潜力表述以便引起人类的恐慌。

---

[280] 「有限制的领域」constrained domain、「开放的领域」open domain。

[281] 「可去奇点」复数学分析的 removable singularity。

第三十三章　智慧

人工智能的机器在棋盘、电玩、辩论、工业、化学、生物学和天文学、甚至于扑克牌，已经证示了超人的智能；而更广泛、多元和有弹性的 LLM 和 GPT 可与人会话、写作、绘画、作曲等。如此无疑是展示「智能」，但是，是否证明人工智能的机器是具有「智慧」呢？

「智慧」最基础且简单的定义是，[282]

能取得和应用知识和技能

人工智能机器学习是从训练集取得知识，而由算法应用在比如「人机对决」，即是很容易符合以上的定义，所以认知心理学家被迫将定义扩大，[283]

能感知和隐含，以知识保存资讯

而应用在环境或情境

人工智能的「感知器」就是从训练集的数据参数化而逐渐「感知」，继而从「感知」揭示数据之所「隐含」，且可在机器的记忆体保存资讯，而以「自适应反馈回路」

---

[282] Kumar, M 2018, ResearchGate.
[283] Dezhic, E 2018, *What is Intelligence?* towards data science.

应用在其环境和情景。

　　学者就跟进一步而转到人和动物的差异，即「智慧」是包含，[284]

　　　　理解、推理、评论、计划、感性、

　　　　创意、自觉、及意识

经过监督和强化学习的神经元网络参数化也就是「理解」数据，而梯度下降原本就是沥青数据中的隐含而「推理」。机器学习的参数变化可说是「评论」数据而反馈长波就是「计划」数据的应用；另外，如深蓝，电脑可一在如吸氧气和围棋表现「后期打算」(look-ahead)，即是最深切的「计划」，而博弈论的折现因素 γ 也是「后期打算」。

　　「感性」若是知道他人的情感，CNN 的人脸识别已经可以推测人的情绪。剩下的「创意、自觉、及意识」需要更进一步的分析。

　　AlphaGo 对李世乭之第二局的突如其来的黑 37「尖冲（冲）」不但是证明「评论」和「计划」的能力，因为算法之 10^{-4} 投子评估，观众都惊讶，遑论 AlphaGo 的程序设计师，即是「创意」之至上证明。[285]

　　然而，在第四局，李世乭的白 78「神之一手」脱先或许是曝露 AlphaGo 的「自觉」，即它意识到它没有

---

[284] *Intelligence*, Wikipedia.
[285] 有关 AlphaGo vs.李世乭之黑 37 与白 78 的围棋投子，参见第 16 章。

适当的反应，而算法之「败的概率指数」就是命令「自觉」悲凉的 AlphaGo 向李世乭认输。

剩下的「意识」原本是难以捉摸，遑论定义。首先，有意识才能展现智慧，而人脑的突触神经元激发应该是「意识」，但不一定是智慧的意思，则下一步是连接「意识」和「智慧」。

牛津大学的物理数学著名教授 罗杰·彭罗斯所提的「带有智慧的意识」可由右图阐明「意识」，即若是先看一只兔子，而突然间辨识一只鸭子，此一瞬间先是证明「意识」的存在，尔后是证明两者可同时存在是「智慧」的展现，即一张图案可有两个诠释。[286]

卷积神经元网络（CNN）的人工神经元布局应可视为机器的「意识」，兔/鸭可同时于人工神经元网络存在，而输出层的决策向量元素（即兔/鸭各自的概率是 0.5），或是更深切的，二者的个别概率意识（比如 0.47 和 0.53）也就是「机器智慧」的展现。人脑虽然可意识到二者的存在，但不会知道那一诠释是比较可能。

从以上的动物和人类的分别而定义「智慧」应该是无济于事，因为比如猫是使用理解、推理、评论、计划、创意、自觉、及意识准备捕鸟，而狗是最懂得感性，但是二者，比如因为不会看字，说不上有智慧。

---

[286] Rf. Penrose, R. 1989, *The Emperor's New Mind: Concerning Computers, Minds, and the Laws of Physics*, Oxford.兔子/鸭子取材于 Wikimedia 的 "Canard-lapin retouché" 公共领域影像。

认知心理学家「智慧」的定义和跟随的评论分析或
许有趣，但不免显得肤浅，而其阐述不免稍带轻浮，故
而应该试探更具体的分析方式。

数学是否智慧的试金石

有数学才能的人被一般人认为「聪明」，而聪明一般是
等于「有智慧」，即数学是需要纯抽象逻辑的纯推理能
力，即可如下定义，[287]

合乎逻辑而以归纳和演绎

紧凑的探求抽象概念之间的关联

而达到问题的中心学术

能执行最纯真的抽象思考，而「做数学」可以如此定
义，[288]

发现迥然相异函数的关联之

---

[287] 数学的定义是作者从若干心理学定义的混合，原参考的作
者早已忘光了。A discipline that logically investigates inductively and
deductively the relationships among concepts in a very compact form
that gets to the heart of the matter。

[288] The discovery of relational aspects of disparate functions that
can lead to some reasonable conclusion。

可引导合理的结论

如古代哲学家的普拉图和近代科学之父伽利略是看数学为苍天所赐予少数人的能力，即数学并不是人所「发明」，反而是处在天国却控制地球，时而转瞬即逝地的付诸若干人之空灵逻辑意识。

现代的著名数学家布劳威尔和庞加莱认为数学的能力是起源于苍天赋予人的「直觉」，而此「直觉」或许是接近「智慧」之意。

爱因斯坦最有名的直觉是当他安详地坐在伯尔尼专利局的办公椅，他突然意识到，如果跳出窗户而在空中下落，他不会有任何力道的感觉，但是坐在办公椅，他可以感觉到椅子对他下身的力道。即他的直觉加上思考就让他开始拟定他的广义相对论之万有引力场论数学公式（基于利曼的曲率张量）。[289]

如今的个人电脑，而尤其超级电脑，能以数值分析解答复合的应用非线性微分方程，以及纯数学的四色地图定理。但是前者是用「有限差分法」的捣数值，而后者是详尽无遗的搜寻到底，二者是苦工而并非「思考」所展现的「智慧」。[290]

---

[289] 爱因斯坦自嘲的说他的数学能力不怎样，但是相较如 Minkowski 等人的天才。他说他对数学最大的贡献是他注意到重复的指标是指和，即毋需 Σ 而相关公式就可以短一点。有关爱因斯坦的相对论，参见笔者著作的 Chen, R.H. 2017, *Einstein's Relativity, the Special and General Theories with their Cosmology*, McGraw-Hill Education

[290] 四色定理是说，在任何平面地图的相连区域只要不大于四个颜色而可分。

脸书（Meta）的神经元网络是（与语音辨识一般）映射输入数据到输出数据的顺序，而在应用数学符号的公式顺序映射微分和积分方程到相关公式的解答。数学的公式是用搜寻树的算子节点和运算元的树叶，而解答是比网路上的 *Mathematica, Matlab* 和 *Maple* 准确。

然而，以上所述的是应用数学和详尽无遗的暴力算法，人工智能的机器能否做「纯数学」，如数论和抽象代数，即推导抽象的理论概念的关联而证明纯数学定理，以及发现数学的新问题和远景？

人脑及神经元科学

人类的脑筋是有 8.6×10^{10} 神经元和 10^{15} 字节的记忆，以及几乎无限的神经元组合。所有的天才级数学家、西洋棋和围棋冠军都是从小显示超人的能力，比如李世乭 12 岁时就有职业围棋师的资格、柯洁 18 岁就是世界冠军、前世界冠军博比·菲舍尔 13 岁就展现西洋棋的奇才，现在的西洋棋冠军马格努斯·卡尔森 23 岁时获得大师资格，而传奇的卡斯珀罗夫 17 岁时就获得大师的资格，即他们全都是天赋的神童。

神经外科医生曾是剖析天才级的数学以及各种艺术天才的脑筋而发现在脑筋的某部位，突触神经元有异常的高密度。[291]

---

[291] 笔者永不会忘他二十年前遇见的印度神人，围绕着他的小人群会一直问，比如「2037 年的八月二十九日是礼拜几？」，他立刻就说「星期二！」。他脑筋的丁叶神经元密度应该是特别稠密。脑筋影像是公共领域。

人脑的各部位责任是：额叶：思考、情绪、及行为；运动皮层：身体的运动；体觉皮层：包含视觉的各感官；丁叶：直觉和数学；颞叶：记忆和语言；小脑：平衡和协调，如右图所示。

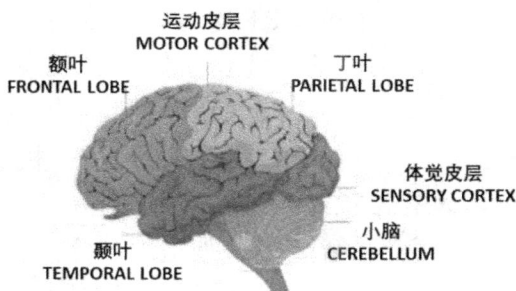

运动皮层 MOTOR CORTEX
额叶 FRONTAL LOBE
丁叶 PARIETAL LOBE
体觉皮层 SENSORY CORTEX
颞叶 TEMPORAL LOBE
小脑 CEREBELLUM

爱因斯坦的脑筋剖析是显得异常的左脑/右脑半球连接神经元，而额叶及丁叶与颞叶之间的特大「外侧沟」（lateral sulcus）。即是构成高密度神经元在脑筋的思考、直觉和数学部位。

人一出生的脑筋神经元数值和部位密度当然不能改变，但是人可以经由教育、经验和强化学习刺激而训练他的突触神经元布局而改良思考的能力，但是还是会受限于基因所制定的脑筋部位神经元密度。

在人生的过程，尤其求学的年岁，我们都遇见过特别聪明的同学，即好像根本不怎么看书，但是每一次考试还是全班最高分，以及在上班时有特别问题时，就能一阵见血而解决；也就是脑袋神经元的部位密度所致，而拟求洒脱而模仿的普通人恐怕会自食其果。

人的脑筋 vs. ChatGPT

「聊天生成预训练转换器」（ChatGPT）的 1.75×10^{11} 人工神经元和 1.6×10^{12} 的加权参数，而几乎无限的人工神经元组合，加上 LLM 之整个网际网路和云端记忆体，

整体是产生聚集的「知觉」，而以 GPT 的弹性和广泛处理，至少能展现许多数据的关联，即有机器的「直觉」。

如此，ChatGPT 的功能应该能与人脑的功能相似，因而应该与人的智能也相似。并且，与一般突如其来的闪电式直觉不同，是校勘而累积的资讯，然而基于人工神经元网络的快速巨大并行处理，机器的「聚集直觉」会与人的直觉能以微秒产生。

总之，「智能」似乎是以脑筋的神经元密度和位置有关，人工智能的神经元网络原则上可以随意加人工神经元和加权参数而建造几乎无限的神经元布局，而如「通用人工智能」（AGI）的更多功能和弹性可能会超越人类所有的功能，而展现机器的超级智能。因而，虽然能模仿或超越人的智能，AGI 的发展恐怕会引起人失控的威胁，而愿意保持现今社会的人士挡住。

至于「智慧」的定义，依据 哥德尔的「第二不备性定理」，任何系统的是非本质是不能由该系统断定，即人不能用自己的智慧研究而阐明「智慧」。因而，或许人工智能的机器如 AGI 将来能定义「智慧」，或外星人和他们的机器人会揭示人类「智慧」的定义。

后记

1900 年在巴黎举行的第二届「国际数学家大会」，著名数学家大卫·希尔伯特在他闻名的「23 数学问题」演讲为题的开端说，[292]

有关这则学术所引发的议题，最早的数学课

题是由个人对自然界的观察和经验而发，最

简单的计算方法是在底层的人类社会于此而

---

[292] 「国际数学家大会」 *Second International Congress of Mathematicians. Bulletin of the American Mathematical Society,* vol. 8, 1902. "Let us turn to the question of the sources from which this science derives its problems. Surely the first and oldest problems in every branch of mathematics stem from experience and are suggested by the world of external phenomena. Even the rules of calculation with integers must have been discovered in this fashion in a lower stage of human civilization, just as the child of today learns the application of these laws by empirical methods. The same is true of the first problems of geometry, the cube, the squaring of the circle; also the oldest problems in the theory of the solution of numerical equations, in the theory of curves and the differential and integral calculus, in the calculus of variations, the theory of Fourier series, and the theory of potential – to say nothing of the further abundance of problems properly belonging to mechanics, astronomy and physics. But, in the further development of a branch of mathematics, the human mind, encouraged by the success of its solutions, becomes conscious of its independence. By means of logical combination, generalization, specialization, by separating and collecting ideas in fortunate ways – often without appreciable influence from without – it evolves from itself alone new and fruitful problems, and appears then itself as the real questioner."

生，即宛如今天的小孩是从经验而学会整数计算的规则和应用。

几何学的初步问题就是如此，而立方体、化圆球为方块，以及最早的数值方程解答、曲线论、微积分、变分法、傅里叶级数论和位势论，遑论机械、天文学、及物理的繁多数学问题，不就是如此呢？

然而，在数学的若干领域之进一步发展，人所面对的问题，在其成功解读的鼓舞之下，逐渐就促使他意识到其智慧可独立运作，即以逻辑的组合、概括化和专题化，藉由适当的分割和汇集，则经常在无实质的外来影响，他会发现他的数学思考能衍生富予成果的新数学问题，而如此表明自己却是真

正的提问者 ...

仔细阅读希尔伯特演讲的前一段，似乎是与人工智能之由下而上机器学习理念相同。然而，后来所讲，即人能在「无实质的外来影响」，创造新颖且富有隐含的新问题，则如此「表明自己却是真正的提问者」；亦即，机器能否与人一样变成真正的提问者？心胸狭窄谢谢
　　智慧的顶尖模范，爱因斯坦「科学」之定义是，[293]

科学是促使我们对所见识的多样

而似乎乱无序的自然界

符合齐整逻辑的思考模式和系统

我们的科学理论

必须与此系统的见识相互关联

科学思维于是依赖人所见识，而一台人工智能机器确实曾以「齐整逻辑的思考模式和系统」演绎开普勒的第三定理和门捷列夫的化学元素周期表。因而一台机器可以「做科学」。
　　应该是历来最杰出的物理学家，爱因斯坦对物理的

---

[293] 爱因斯他的引述去在于 Einstein, A. 1950, *Out of My Later Years*, Philosophical Library。

定义是，

物理...则是用科学方法

而以数学表明自然界的现象

「自然界的现象」可由物理学说形容，但是只是肉眼所能见识的自然界现象之外，可由数学表明，比如爱因斯坦特别相对论的近乎光速的物体时间膨胀并非可见识的现象，但是他从劳伦兹的数学表达被证明了一真正的自然界现象，即全球定位系统，由于时间膨胀，是需要弥补的调整。机器是用数学的算法而推导开普勒的第三定理，所以机器好像是能「做物理」。

爱因斯坦的数学定义则是，

数学仅是探索纯抽象概念的相互关联

即无需考虑任何见识

不同于科学和物理，纯数学是毋需自然界的见识，而可全由抽象观念的关联「做数学」。比如爱因斯坦的「广义相对论」的启发是由他对万有引力的「臆想试验」于此而生，尔后以数学的「黎曼曲率张量」表述。第一证明爱因斯坦的「万有引力场论」是该方程所预测的太阳质量会引起水星轨道的变动。即爱因斯坦的广义相对论是先从纯思想的臆想试验而来，尔后是寻得符合的数学

来表达他的理论。相对论是全由智慧所衍生的创意。[294]

从希尔伯特演讲的数学家之「独立运作」而「自己却是真正的提问者」，目前为止，一台机器不会「独立提问」。

是以，从爱因斯坦以上的定义，因为纯数学是需要从抽象的概念而自动发起新的联合概念问题，连现今的「通用人工智能」(AGI) 恐怕不会拥有此「智慧」。并且，普拉图和伽利略的苍天赋予少数人的数学才华信仰，以及布劳威尔和庞加莱的苍天赐予人做数学为起源之「直觉」。无论有多少人工神经元、参数和记忆，恐怕一台机器不会是有此机缘。

比较人性化的智慧是图灵奖得主的著名电脑科学家杨·立昆所主导的实验，即是给一仅六个月大的婴儿看到一张卡车开过悬崖而在空中漂浮的图案，没有表示任何疑虑的反应。但只过两个月之后，看同一张图案时，小婴儿立刻觉悟到图案中的异常，即实验是证实在仅两个月的时间，小婴儿是从环境的观察发现地球的万有引力。[295]

婴儿的「神经元-象征」能力，并毋需大量的数据，且脑海的神经元很快就会形成思绪。并且她脑筋的神经元自然而然的同时吸收了繁多的现象和资讯，即不需要

---

[294] 「时间膨胀」time dilation、「劳伦兹收缩」Lorentz contraction、广义相对论程」General Theory of Relativity、「臆想试验」thought experiments、「黎曼曲率张量」合成 Riemann curvature tensor。有关爱因斯坦的相对论物理，参见笔者著作 Chen, R.H. 2017, *Einstein's Relativity, the Special and General Theories with their Cosmology*, McGraw-Hill Education (Asia)。

[295] 参见 Yann LeCun, Association for Computer Machinery, Webinar, June, 2019.

有人引发她的「好奇」和懂事的强烈「欲望」。

　　十九世纪著名的哲学家奥古斯特·孔德曾说科学永远不会断定宇宙天体的化学成分，但是仅几年后，化学的宇宙「秘诀」被门捷列夫解开，而不久之后所有的化学家就知道可用光谱分析而揭示天体的化学成份。

　　希尔伯特则说，「孔德是无法找到一个不能解决的问题是因为世上根本从没有不能解决的问题」。希尔伯特的自负是来自人类的强烈求真「欲望」；他的信念是刻印在他的墓牌，即[296]

Wir müssen wissen
Wir warden wissen

因而或许是人类的好奇所引起探索真理的欲望，而机器人目前不会因为好奇而自发思索，还是人类的好奇和懂事的欲望是分歧人和机器。

　　爱因斯坦在回顾他的一生则写道，[297]

人生的历险是从死亡夺取

---

[296] 「神经元-象征」neural-symbolic。希尔伯特的「我们必须知道，我们会知道」，We must know. We shall know"是数学学术的名言，引述来自 Reid, C. 1996, *Hilbert*, Springer-Verlag.

[297] *Life is an adventure, forever wrested from Death. Human civilization through millennia of progress has formed standards of virtue, aspiration, and practical truth, altogether forming an inviolable heritage that is common to all civilized society. Man endures a passionate will to search for justice and truth*，参见 Einstein, A. 1950, *Out of My Later Years*, Philosophical Library。

人类文明经过数万年的进化

是制定道义、愿望、

以及实际真理的基准

而整体形成一不容置疑的

文明社会遗产

人类是保持一激切的探求

真理和道义

公元前三世纪的战国时代，儒家学之父孔子弟子荀子在其《王制篇第九》，曾是分类天下的物质，而写道，

水火有气而无生

草木有生而无知

禽兽有知而无义

人有气、有生、有知，且有义

故最为天下贵也

他继而写道，

人的力不若牛

走不若马

而牛马为用何也

曰：人能群彼不能群也

即可说，「气」和「义」是「求真」和「好奇」的欲望，而「群」在如今的机器学习时代是来自群体人类所产生而累积的大数据、大型语言模型和生成预训练变换器的 10^{12} 加权参数！

（全文完）